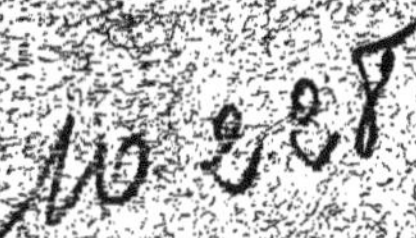

UNIVERSITÉ DE FRANCE

FACULTÉ DE DROIT DE PARIS

DROIT ROMAIN

LA CAUTIO DAMNI INFECTI

DROIT FRANÇAIS

DE LA

RECHERCHE ET DE L'EXPLOITATION DES MINES

AU POINT DE VUE

Des dommages et indemnités qui peuvent en résulter

ET DU RETRAIT DES CONCESSIONS DE MINES

THÈSE POUR LE DOCTORAT

PRÉSENTÉE ET SOUTENUE

Le samedi 29 novembre 1890, à 1 heure

PAR

Jean MAZODIER

Président : M. DUCROCQ, *professeur.*

Suffragants { MM. GARSONNET, HENRY MICHEL, } *professeurs.*
LE POITTEVIN, *agrégé.*

Le Candidat répondra, en outre, aux questions qui lui seront faites sur les autres matières de l'enseignement.

PARIS

<table>
<tr><td>A. GIARD
Libraire-Éditeur
16, Rue Soufflot, 16</td><td>H. JOUVE
Imprimerie des Écoles
15, Rue Racine, 15</td></tr>
</table>

1890

DROIT ROMAIN

LA CAUTIO DAMNI INFECTI

DROIT FRANÇAIS

DE LA

RECHERCHE ET DE L'EXPLOITATION DES MINES

AU POINT DE VUE

Des dommages et indemnités qui peuvent en résulter

ET DU RETRAIT DES CONCESSIONS DE MINES

THÈSE POUR LE DOCTORAT

PRÉSENTÉE ET SOUTENUE

Le samedi 29 novembre 1890, à 1 heure

PAR

Jean MAZODIER

Président : M. DUCROCQ, *professeur.*

Suffragants : { MM. GARSONNET, HENRY MICHEL, } *professeurs.* LE POITTEVIN, *agrégé.*

Le Candidat répondra, en outre, aux questions qui lui seront faites sur les autres matières de l'enseignement.

PARIS

<table>
<tr><td>A. GIARD
Libraire-Éditeur
16, Rue Soufflot, 16</td><td>H. JOUVE
Imprimerie des Écoles
15, Rue Racine, 15</td></tr>
</table>

1890

A LA MÉMOIRE DE MON PÈRE

A MA MÈRE

A MA GRAND'MÈRE

DROIT ROMAIN

LA
CAUTIO DAMNI INFECTI

(De damno infecto et de suggrundis, et
protectionibus, Digest. ; lib. XXXIX,
tit. 2).

En principe, le propriétaire peut user de sa chose en toute liberté, sans se préoccuper des inconvénients que l'exercice de son droit peut occasionner à autrui. *Qui jure suo utitur, neminem lædit* (55, D., *de regulis juris*, 50, 17). Cette règle est d'ailleurs commune à tous les droits ; elle s'affirme seulement d'une manière plus énergique pour le droit de propriété, le plus absolu et le plus exclusif de tous les droits.

On conçoit cependant qu'une bonne législation n'autorise pas l'exercice d'un droit pratiqué dans la seule intention de nuire à autrui ; *neque malitiis indulgendum est*, dit une règle de bon sens que la loi positive hésite à formuler, de peur qu'elle soit appliquée avec trop peu de discrétion et de réserve.

Cette restriction n'est pas la seule. Le droit du propriétaire est encore limité par la loi, assez fréquemment

dans un intérêt public, quelquefois même dans l'intérêt
des particuliers. Comme toutes les institutions fondées
sur l'idée de conquête, la propriété à Rome était régle-
mentée assez minutieusement. Longue est l'énumération
des charges et servitudes que la loi fait peser sur le sol :
les unes dans l'intérêt même de la terre et de la culture,
telles que les servitudes d'écoulement des eaux, servitudes de bornage, etc. ; les autres dans l'intérêt de la sûreté publique, de la salubrité, des chemins, du culte, etc.
(Cf. Maynz, 4e édition, tom. 1, § 95, n° 3).

Mais parmi les restrictions que la loi fait subir au droit
de propriété, dans l'intérêt des particuliers, il faut citer
au premier rang celles qui ont pour but de pacifier les
relations de voisinage. Deux fonds de terre contigus sont
plus ou moins serfs l'un de l'autre. Le propriétaire d'un
fonds ne doit pas pouvoir impunément priver le fonds
voisin de certaines tolérances indispensables. Si la loi le
laissait faire, elle devrait pareillement autoriser le propriétaire indirectement évincé à se porter, par voie de
représailles, à de semblables excès. Les relations de voisinage deviendraient ainsi, par la nécessité des choses,
une guerre incessante faite de vexations et d'entreprises
haineuses : *commercium belli*. Sources intarissables de
contestations, elles mettraient en conflit permanent, sous
le couvert des intérêts matériels, les rivalités et les jalou-
sies des individus. Il importe donc, par un arbitrage désintéressé que la loi impose, d'empêcher toutes ces luttes.

L'examen des rapports juridiques que font naître les
relations de voisinage serait peut-être la préface naturelle des observations que nous aurons l'occasion de faire

au sujet de la *cautio damni infecti*. Ces rapports constituent, en effet, le droit commun dans une matière où la *cautio* intervient à titre d'exception et de supplément. Mais il ne nous est pas permis, sous peine de fausser entièrement le caractère de cette étude, d'analyser les règles qui gouvernent ces rapports. Qu'il nous suffise d'indiquer brièvement d'après quels principes se réglait à Rome la réparation des dommages causés à la propriété par les entreprises injustes du propriétaire voisin : nous connaîtrons ainsi les arguments d'utilité qui ont fait admettre par la jurisprudence prétorienne la *cautio damni infecti*, et l'ont fait prendre rang parmi les institutions juridiques les plus solidement établies. Nous étudierons ensuite le mécanisme de cette *cautio* et son fonctionnement.

Pour une plus grande clarté, nous indiquons dès à présent la division de cette étude :

§ 1. — Utilité de la *cautio damni infecti*.

§ 2. — Dans quels cas peut-on demander la *cautio damni infecti ?*

§ 3. — Qui peut demander la *cautio damni infecti ?*

§ 4. — A qui peut-on demander la *cautio damni infecti ?*

§ 5. — Procédure de l'instance qui aboutit à la *cautio*. Des pouvoirs du magistrat dans les incidents que cette procédure peut soulever.

§ 6. — Effets de la *cautio*.

§ 7. — Les envois en possession *damni infecti causa*.

§ 8. — L'*actio in factum damni infecti causa*.

§ 9. — A propos d'un fragment de la loi Rubria.

— 8 —

§ 1. — *Utilité de la* cautio damni infecti.

*Aquilia tenetur ob hoc, quod damnum taliter qualiter
dederit* (L. 1, § 2, D. ; 47, 2). En ces termes si compréhensifs Ulpien semble dire que la loi Aquilia concerne
toute espèce de dommage causé injustement. Ailleurs il
fait observer (L. 1, pr. *ad legem Aquiliam*) que la même
loi a eu pour effet d'abroger toutes les dispositions antérieures qui visaient des cas spéciaux de *damnum injuria
datum*. Sans examiner si cette observation n'est pas trop
absolue et si elle n'est pas contredite par des textes du
Digeste qui font mention de quelques actions en indemnité d'une nature spéciale, telles que l'*actio de pastu*, l'*actio urborum furtim cæsarum*, qui dérivent des Douze
Tables (L. 1. D. ; 47, 7), il faut indiquer dans quelles
limites la loi Aquilia réglementait ordinairement la répression des actes dommageables et illicites.

La loi Aquilia comprend trois chefs d'application. Les
deux premiers qui visent, l'un le meurtre de l'esclave et
la mort donnée à certains animaux appartenant à autrui,
l'autre l'acceptilation faite par un *adstipulator* en fraude
des droits du créancier direct, ne touchent pas à notre
sujet. Le troisième est relatif à tous autres dommages causés à autrui à condition : 1° qu'il s'agisse de dommages
injustes, c'est-à-dire imputables au dol ou à la faute de
leur auteur ; du reste, la faute la plus légère suffit pour
donner ouverture à l'application de la loi : *in lege Aquilia
et levissima culpa venit* (L. 44, *ad legem Aquiliam ; —*
2° qu'il s'agisse de dommages résultant d'un acte positif,

d'un fait impliquant l'intervention active de l'individu et non pas simplement d'une omission et d'une négligence passive ; — 3° qu'il s'agisse de dommages causés à une chose corporelle, et consistant dans une détérioration ou une destruction matérielle : *damnum corpori datum* ; — 4° enfin que les dommages soient causés par le fait même, par l'intervention personnelle du délinquant : *damnum corpore datum*. Il importe peu, du reste, que l'œuvre nuisible ait été accomplie par le délinquant lui-même, ou par un instrument, un corps quelconque, une force qu'il ait mise en mouvement.

Réduite dans les limites que nous venons d'indiquer, l'application de la loi Aquilia se trouvait bien restreinte. Cette loi, d'une origine très ancienne (408 de Rome), améliora sans doute la législation antérieure touchant la réparation des dommages causés par les actes délictueux. Elle restait néanmoins très incomplète et aurait sans doute été abrogée, si l'œuvre de l'expérience et des jurisconsultes ne lui avait donné le développement et les corrections nécessaires. La loi Aquilia ne visait que le dommage causé au propriétaire ; grâce au procédé des actions utiles, on donna l'action utile de la loi Aquilia à l'usufruitier, à l'usager, peut-être même au créancier gagiste (L. 11, § 10 ; L. 12 ; L. 30, § 1, *ad Leg. Aq.*). La loi ne pouvait s'appliquer lorsqu'il ne s'agissait pas du *damnum corpore datum* ; ici encore l'action utile dépassera les bornes trop étroites de la loi et atteindra le dommage causé sans qu'il y ait à considérer si le délinquant en est la cause efficiente et directe. Il fallait enfin que le dommage fût matériel, *damnum corpori datum* ; cette condition disparut à son tour et l'on cessa de se préoccuper de la nature du préjudice causé.

Ainsi étendue, la loi Aquilia était-elle devenue applicable aux dommages causés non plus par l'individu mais par les choses qui lui appartiennent ? Nous supposons, bien entendu, que le propriétaire est demeuré personnellement étranger au fait dommageable, et qu'il n'est pas devenu par son intervention active le véritable auteur du préjudice. Le propriétaire est hors de cause ; l'action nuisible est bien l'œuvre de la *res damnosa :* il s'agit, par exemple, d'accidents occasionnés par un animal domestique échappé à la vigilante surveillance de son maître, ou encore par la chute d'un arbre qui s'abat d'une façon fortuite et sans qu'on puisse reprocher aucune faute au propriétaire. Il semble bien qu'en semblables hypothèses aucune responsabilité ne devrait être engagée. En dehors d'un acte libre qui la fait naître, les jurisconsultes romains auraient sans doute déclaré qu'aucune obligation n'est possible, si par une méconnaissance persistante des droits de la personne humaine, ils ne comptaient au nombre des choses un être intelligent, capable de vouloir et par suite, de mal vouloir : l'esclave. L'esclave, le plus souvent dénué d'éducation et de sens moral, semble destiné à commettre des délits sans autre retenue que la peur du châtiment : et pourquoi serait-il châtié si son délit n'a pas nui à son maître ?

Voilà pourquoi la loi des Douze Tables permet de diriger contre le maître, l'action en réparation du dommage causé par son esclave. Cette décision est juste : n'est-ce pas toujours un peu la faute du maître si l'esclave est

dépravé, s'il viole les lois de la justice ? Au reste, si
l'acte dommageable n'a pas le caractère délictueux, la
responsabilité du maître n'a plus la même base et l'on
admet seulement qu'il sera tenu s'il a retiré un bénéfice
de l'acte dommageable conquis par l'esclave et jusqu'à
concurrence de ce bénéfice. Même dans le cas où le dommage résulte d'un fait délictueux, le maître ne sera pas
aussi rigoureusement obligé que s'il en était lui-même
l'auteur : il aura la faculté d'échapper à toute poursuite
en abandonnant à la victime du dommage l'esclave coupable (Gaïus, IV, §§ 75, 76). L'action destinée à réparer
le dommage causé par le délit de l'esclave, n'est pas, il
est vrai, donnée toujours contre celui qui détenait l'esclave au moment du délit, puisqu'elle est dirigée contre
le possesseur actuel de l'esclave : *noxalis actio caput
requitur* (Gaïus, IV, § 77). Néanmoins elle rejaillit, en
définitive, contre le maître dont la vigilance insuffisante a
permis à l'esclave de commettre des actes nuisibles, car
le détenteur actuel a le droit d'appeler en garantie celui
qui lui a cédé un esclave noxal, c'est-à-dire un esclave
atteint d'un vice redhibitoire (L. 1, § 1 ; *de Æditio edicto*).

Du dommage causé par l'esclave au dommage causé par
un animal, il ne devait pas y avoir à Rome, de différence
essentielle. On ne s'étonne guère de rencontrer au Digeste
une action, dite *actio de pauperie*, que Justinien fait remon-
ter jusqu'aux Douze Tables, et qui a pour objet d'étendre
le système des actions noxales au dommage causé par les
animaux (Inst., Lib. IV, tit. IV, pr.) L'*actio de pauperie*
créée originairement pour le dommage causé par un qua-
drupède, puis étendue à ceux causés par d'autres animaux

domestiques, repose comme l'action noxale, sur cette idée : que le propriétaire doit être rendu responsable des instincts mauvais et dangereux qu'il a laissé se développer chez les êtres animés qui sont à son service. Ce qui le prouve c'est que l'action n'est donnée que lorsque l'animal a agi contrairement à ce qu'il est raisonnable d'attendre de son naturel. Ainsi pas d'action *de pauperie* lorsqu'une bête fauve a échappé à la surveillance de son maître et a commis des dégâts : elle n'a pas agi *contra naturam* en devenant nuisible, et par suite le maître ne peut se reprocher d'avoir vicié son humeur (L. 1, § 7; 10, D. IX. 1).

L'action noxale et l'action *de pauperie* sont données l'une et l'autre parce qu'il est présumable que le propriétaire n'est pas entièrement innocent du dommage causé. Mais, s'il y avait plus qu'une présomption, et s'il était prouvé que le propriétaire de l'esclave ou de l'animal fût en faute, et eût occasionné le dommage, par son fait, même le moins grave, ce n'est plus alors une simple action noxale, mais l'action de la loi Aquilia qui serait donnée (L. 2, § 1, de *nox. act.*).

Restent les dommages causés par les choses inanimées. Une maison s'écroule et entraîne dans sa ruine la maison voisine; une tuile se détache d'un toit et en tombant blesse un passant : si dans des accidents de ce genre on n'aperçoit pas comme cause une intervention active, de la part du propriétaire de la *res damnosa*, toute application de la loi Aquilia se trouve écartée. S'il s'agissait d'une maison en construction ou en réparation, on pourrait voir dans les travaux entrepris cette faute active qui entraîne la responsabilité du propriétaire. Mais nous supposons que le dommage est causé par la chose elle-même et résulte d'un vice quelconque de sa nature. Le propriétaire peut tout au plus être blâmé de son inaction pour avoir négligé de réparer son bien et pour ne s'être pas opposé à son action nuisible; il ne peut être puni puisque la loi Aquilia n'atteint pas celui qui a laissé le mal s'accomplir et ne l'a pas déterminé.

Faut-il ici, comme pour l'esclave et les animaux domestiques, établir à l'encontre du propriétaire de la *res damnosa* une présomption de faute légitimant l'exercice d'une *actio damni injuria dati*, avec faculté de libération, pour le propriétaire poursuivi, au moyen de l'abandon de la chose nuisible, de la *noxa ?* Rien évidemment ne s'oppose à ce qu'une sorte d'action *de pauperie* soit accordée à la victime du dommage : mais quel bénéfice pourra-t-elle retirer de l'abandon noxal, alors que la chose nuisible est le plus souvent sans valeur aucune et consiste en débris et décombres? D'une manière générale, l'obligation dont est tenu un propriétaire *propter rem detentam*, ne peut dépasser la valeur de ce bien. En notre hypothèse, la valeur du bien dommageable étant nulle, l'obligation du propriétaire de ce bien disparaît faute d'objet. C'est là ce que donne à entendre Ulpien, lorsqu'il dit : *cum enim animalia quæ noxam commiserunt, non ultra nos solent onerare quam ut noxæ ea dedamus; multo magis ea quæ anima carent, ultra nos deberent onerare; præsertim cum res quidem animales, quæ damnum dederint, ipsæ extent; œdes autem, si ruina sua damnum dederunt, desierunt extare* (L. 7, § 1, *de damno infecto*).

Gaïus dit de même que le propriétaire de la chose nuisible est quitte de toute obligation en abandonnant *pro derelicto* les objets qui ont occasionné le dommage. On ne pourrait même pas le contraindre à enlever ces décombres lorsque, au lieu de constituer un avantage pour le propriétaire victimé qui a le droit de les retenir à titre d'indemnité, ils ne font qu'aggraver son préjudice : *evenit, ut nonnunquam damno dato nulla nobis competat actio, non interposita antea cautione, veluti si vicini œdes ruinosœ in meas œdes ceciderical : adeo ut plerisque placuerit, nec cogi quidem eum posse ut rudera tollat, si modo omnia quœ jaceant, pro derelicto habeat* (L. 6, *eod. tit.*).

Gaïus rapporte l'opinion généralement admise des jurisconsultes : *ut plerisque placuerit.* Mais, au dire d'Ulpien (L. 7, § 2), Julien accorde au propriétaire lésé le droit de faire rendre un interdit contre l'auteur du préjudice, pour le mettre en demeure d'enlever les décombres sous peine d'être tenu de délaisser tout l'immeuble, alors même qu'une portion seulement du bien a été dommageable.

En supposant même que l'opinion de Julien ait prévalu, on voit combien était insuffisant le recours accordé à la victime d'un dommage causé par une chose inanimée. Un propriétaire pouvait donc occasionner presque impunément les plus graves dommages à ses voisins en laissant dépérir son bien. Nul ne pouvait le contraindre à prévenir les dangers que ce bien faisait courir à la propriété d'autrui ; nul n'avait le droit de se plaindre lorsque les menaces de danger se réalisaient. Cette situation était particulièrement insupportable à Rome où « le « riche seul pouvait avoir une habitation à lui, tandis

« que la classe moyenne et les pauvres, très nombreux,
« étaient obligés de louer leurs logements. Les maté-
« riaux dont on faisait les constructions étaient légers et
« de mauvaise qualité, et l'on élevait étages sur étages,
« sans se soucier des améliorations indispensables. Les
« propriétaires exigeaient des loyers exorbitants pour
« compenser des pertes d'argent occasionnées par *les*
« *écroulements et les incendies, deux accidents qui arri-*
« *vaient journellement à Rome* (1). »

Sans doute, à Rome, les maisons étaient isolées les unes
des autres, et même, sur les façades qui ne longeaient pas
la voie publique, environnées d'un terrain vague, espace
vide qui servait de passage (*ambitus*). Mais cette pratique, au lieu d'offrir des garanties de sécurité, encoura-
geait le propriétaire à demeurer plus dégagé de l'intérêt
du voisin et à se montrer plus exclusif dans l'exercice de
son droit.

A la différence de la loi Aquilia qui ne pouvait parer
aux inconvénients de cette situation, une loi ancienne
avait organisé une mesure de garantie dont parle Gaïus
(Com. IV, § 31) : *tantum ex duabus causis permissum est
lege agere : damni infecti et si centumvirale judicium fit...
propter damnum infectum nemo vult lege agere, sed potius
stipulatione quæ in edicta proposita est... quod et commo-
dius jus et plenius est. Per pignoris...* Sur ce texte mutilé
on ne peut faire que des conjectures. M. Accarias (2) suppose que la *legis actio* dont parle Gaïus devait être une

1. *La vie antique*, 2ᵉ partie, p. 104. E. Guhl et W. Koner ; tra-
duction de Trawinski.

2. Tom. II, 3ᵉ édit., p. 773.

pignoris capio. Cette hypothèse peut s'appuyer sur la dernière phrase inachevée de la citation de Gaïus et aussi
sur l'analogie que l'on peut découvrir entre l'ancienne
pignoris capio et la *missio in possessionem* que le préteur
décrète dans la procédure de la *cautio damni infecti* (1).

Au temps de Gaius, le remède apporté à la fâcheuse
situation que nous avons décrite n'était plus l'ancienne
voie de recours, trouvée incommode et incomplète, mais
une mesure plus large et plus avantageuse, organisée
par le préteur, et qui porte le nom de *cautio damni infecti*.

Le préteur, en vertu de son *imperium*, peut faire les
règlements nécessaires pour seconder, compléter ou
corriger la loi (L. 7, § 1, *de Just. et Jur.*) et il a à
sa disposition des moyens de contrainte pour en assurer
l'exécution. Tantôt il empêchera par une exception l'exercice abusif d'un droit. Tantôt il détournera une action de
son objet habituel et l'appliquera à des causes similiares.
Tantôt il créera de toutes pièces une action nouvelle :
d'autres fois, il paraîtra moins audacieux, et, pour donner naissance à une action, il exigera seulement qu'une
personne se lie envers une autre par une stipulation. Ce
dernier procédé est celui des cautions ou stipulations prétoriennes.

C'est ainsi que fut établie la *cautio damni infecti*. Un
édifice menace ruine et le propriétaire qui sait ne pas être
obligé de réparer les dommages causés par son effondrement, demeure dans l'inaction. Le voisin qui a tout à
craindre de cette ruine ne trouve dans le droit civil que

1. Cf. Ihering, *Esprit du droit romain*, tom. I, p. 152.

des garanties insuffisantes contre le danger qui le menace :
que fera le magistrat pour lui venir en aide ? Il faudrait
tout à la fois inviter le propriétaire à réparer l'édifice
dangereux et le déclarer responsable des dommages qui
viendront à se produire si les réparations utiles ne sont
pas faites. Or, ce double résultat est atteint par la caution
prétorienne (1). Le magistrat sommera le propriétaire de
promettre solennellement à son voisin la réparation de tout
dommage éventuel que causerait à ce dernier la chute de
la maison. Si cette promesse est fournie il est évident
que le propriétaire devient le premier intéressé à supprimer une cause de dommage qui est en même temps pour
lui une cause d'obligation. Si, au contraire, le propriétaire
ne veut pas prendre l'engagement qu'on exige de lui, le
préteur donne à l'individu menacé le droit de prendre
possession de la *res damnosa* et de l'occuper, s'il y a lieu,
concurremment avec le propriétaire, soit pour pratiquer
lui-même les réparations nécessaires, soit pour déterminer le propriétaire à se débarrasser d'une contrainte
gênante en donnant satisfaction à son voisin. Lorsque la
résistance du propriétaire aura duré un certain temps ou
se sera manifestée d'une façon qui laisse voir une volonté
persévérante de désobéir aux ordres du préteur, interviendra une nouvelle décision qui attribuera définitivement la propriété de l'édifice dangereux au voisin menacé.

Telle est en quelques traits la physionomie de la *cautio
damni infecti*. Dans la pratique, le propriétaire d'une *res
damnosa* n'attendait pas d'être cité en justice pour s'en-

1. Cf. Ihering. *La faute en droit privé*, p. 31.

gager à réparer le préjudice que son bien pouvait causer. Il connaissait d'avance la sentence du préteur et préférait ou bien régler avec le voisin la réparation des préjudices éventuels, ou, mieux encore, prévenir tous dommages en faisant les réparations nécessaires. Un accord amiable ne pouvait-il intervenir entre les parties : le plaignant se rendait alors devant le préteur et citait le propriétaire à ester en justice comme pour un procès ordinaire. Cette instance, dont nous verrons les diverses phases, prit elle-même le nom de la stipulation à laquelle elle devait aboutir. Ainsi les textes assimilent fréquemment la demande de la *cautio* à une action proprement dite. Ulpien dit même à ce propos : *cautionales sunt (stipulationes) quœ instar actionis habent et, ut sit nova actio, intercedunt* (L. 1, § 2, D. ; 46, 5).

A quelle époque remonte l'institution de la *cautio damni infecti ?* Il est certain qu'elle existait au dernier siècle de la République, puisque nous avons sur son fonctionnement des décisions de Trebatius, d'Alfenus et de Labéon (L. 9, *de damno infecto*). Mais elle est probablement antérieure à ces jurisconsultes et elle dut s'introduire lorsque le mécanisme de la *legis actio* qu'elle remplaça parut trop compliqué. Elle fit dès lors partie de ces dispositions du droit honoraire aussi affermies et aussi incontestées que celles du pur droit civil. Gaïus (L. 8, *de damno infecto*) nous apprend qu'un titre de l'édit du préteur urbain était réservé au *damnum infectum ;* il revient lui-même à deux reprises sur cette matière, dans son commentaire de l'édit provincial et dans son commentaire sur l'édit du préteur urbain.

§ 2. — *Dans quels cas peut-on demander la* cautio damni
infecti ?

Pour qu'il y ait lieu à la *cautio*, il faut que les quatre
conditions suivantes se trouvent réunies :
1° Un dommage futur ;
2° Un dommage provenant de la condition défectueuse
d'un immeuble ;
3° Un dommage qui puisse être prévenu ;
4° Un dommage dont la réparation n'est pas garantie
par une disposition légale.
Nous allons successivement passer en revue chacune
de ces conditions.
Première condition. — Il faut qu'il s'agisse d'un dommage futur.
Gaïus dit à ce propos : *damnum infectum est damnum
nodum factum quod factum quod futurum veremur* (L. 2,
h. tit.). Le préteur intervient seulement pour assurer la
réparation des préjudices éventuels et déjà menaçant.
Sans caution préalable qui lui donne droit à une indemnité, nous savons que la victime du dommage se trouve
privée de tout recours utile. Elle est ainsi punie de n'a-
voir pas fait à temps les diligences nécessaires pour
parer au danger qui la menaçait. Le préteur veut en
effet, que le propriétaire de la *res damnosa* soit mis en
demeure de porter remède à la condition irrégulière de
son bien. Mieux vaut empêcher le dommage de se produire que donner simplement une action pour en obtenir
réparation. Si le désastre a été subit et complètement

imprévu, il est à présumer qu'il est dû à un cas de force majeure. Si, au contraire, il était imminent, celui qui n'a rien fait pour l'empêcher de se réaliser a perdu le droit de se plaindre et ne pourra prétendre à aucune indemnité.

Mais lorsque le voisin victime du préjudice a été empêché par de justes motifs de sauvegarder ses intérêts, on ne peut lui reprocher aucune faute, et le préteur ordonnera à l'auteur du dommage de payer une indemnité sous peine d'être dépouillé de la *res damnosa*. Ulpien dit à ce sujet : *si quis propter angustias temporis ant quia reipublicæ causa aberat, non potuerit damni infecti stipulari, non inique prætorem curaturum ut dominus vitiosarum ædiam aut damnum sarciat aut ædibus careat : sententiam Juliani utilitas comprobat* (L. 9, pr. *de damno*).

Nous avons rapporté plus haut une opinion du jurisconsulte Julien d'après laquelle, lorsqu'un dommage a été causé par la chute d'une maison, le propriétaire lésé peut faire rendre un interdit contre l'auteur du préjudice et le mettre ainsi en demeure d'enlever les décombres, sous peine d'être tenu de délaisser la maison entière, alors même qu'une portion seulement de l'édifice a été dommageable. Cette solution favorable se rattache peut-être à l'hypothèse où la victime du préjudice ne peut se reprocher sa négligence. Il y a, en effet, une relation intime entre la loi 7, § 2 *in fine* qui rapporte cette décision de Julien et la loi 9 pr. *in fine* que nous venons de citer. Ce second fragment n'est séparé du premier que par la loi 8 empruntée à Gaïus, où il est dit : *quod forte tunc recte dicetur, cum non ipsius negligentia, sed propter aliquod impedimentum sibi non propexit.* La loi 7 et la loi 9 sont donc vraisemblablement deux fragments consécutifs d'un même texte entre lesquels il a paru bon d'intercaler un texte contenant une décision conforme à celles que rapportent ces lois.

Qu'arriverait-il si le dommage se produit pendant la durée de l'instance qui doit aboutir à la *cautio?* Il est de règle que les lenteurs de la procédure ne doivent pas nuire aux droits déférés en justice. Aussi en pareil cas le magistrat devra-t-il ordonner au propriétaire de la *res damnosa* de s'engager à réparer les dommages passés comme les dommages qui peuvent encore se produire ; plus simplement, il accordera à la victime une action utile comme si la *cautio* avait été fournie : *eleganter quæritur, si dum prætor de danda stipulatione deliberat, damnam contigerit, an sarciri possit? et missio quidem cessabit : prætor tamen decernere debet, quidquid damni contigerit, ut de eo quoque caveatur ; aut, si putat, quod utiliter actionem daturus sit, decernat* (L. 15, § 28, *de damno infectb*).

Deuxième condition. — Il faut qu'il s'agisse d'un dommage provenant de la condition défectueuse d'un immeuble.

La loi 19, § 1, résume ainsi les principales hypothèses où il est vrai de dire que le dommage provient d'un immeuble : *sive ædium vitio, sive operis, quod vel in ædibus, vel in loco urbano, aut rustico, privato publicove fiat, damni aliquid futurum sit : curat prætor ut timenti damnum cavatur.*

Nulle part les textes ne font allusion aux dommages

occasionnés par les choses mobilières. C'est qu'on ne conçoit pas comment ces choses peuvent devenir nuisibles sans l'intervention active de l'homme. Si par le fait de l'homme elles deviennent une cause de dommage, ce n'est pas la *cautio* qui intervient alors, mais l'action de la loi Aquilia.

Il est difficile de donner des règles sur l'appréciation des dommages qui proviennent *vitio œdium, loci, operisve.* Cette appréciation est surtout déterminée par des considérations de fait. Ulpien essaie pourtant de définir le caractère des dommages qui proviennent d'un défaut injustifié, coupable en quelque sorte, de l'immeuble : *vitium autem œdium et loci csse habeo et, quod accidens extrinsecus infirmiores eas fecit* (L. 24, § 2). Qu'est-ce, au juste, que ce *vitium accidens extrinsecus ?*

Plus loin (Cf. 24, 2 *in fine*), Ulpien l'oppose au *vitium naturale*. Voici, croyons-nous, la raison d'être de cette distinction. Lorsque le caractère dommageable tient à la nature même du terrain, lorsque, par exemple, il s'agit d'un sol marécageux ou sablonneux, dont les mouvements menacent la solidité des propriétés voisines, le propriétaire de l'immeuble dommageable n'a rien à se reprocher lorsqu'un danger se manifeste. *Vitium est naturale ;* le danger est naturel et fatal. Personne n'a rien fait pour le provoquer, et si la *cautio* était demandée au propriétaire, il aurait le droit d'objecter le cas de force majeure qui est une fin de non recevoir absolue (Cf. *infra*). Au contraire, le danger ne résulte plus de la seule nature du bien et d'un vice qui lui est essentiel, lorsqu'il est déterminé par une cause externe, *vitium extrinsecus ac-*

cidens. Ainsi, lorsque le danger provient d'une maison construite sur un fonds naturellement instable, le caractère défectueux de la construction tient sans doute au vice même du sol : néanmoins les dommages qui pourront se produire par l'effondrement de l'édifice pourront engager la responsabilité du propriétaire parce qu'on peut lui reprocher d'avoir bâti sur des fondations mal assurées, sans avoir corrigé le vice du sol. C'est lui qui a dégagé, pour ainsi dire, de la terre un vice qui ne se manifesterait pas de lui-même. C'est donc lui qui rend les dommages possibles et qui doit être tenu de les réparer. A propos des controverses soulevées sur l'application de l'article 15 de la loi française sur les mines, nous aurons l'occasion de dire que notre législateur s'est inspiré de considérations semblable à celles qui ont amené Ulpien à opposer le *vitium naturale* au *vitium extrinsecus accidens*.

Troisième condition. — Il faut que le dommage ne provienne pas d'un cas de force majeure (L. 24, §§ 4, 5, 8, 9, 10, 11 ; L. 43, pr.), ou, en d'autres termes, qu'il puisse être prévenu. Nous savons, en effet, qu'un des buts de la *cautio*, et peut-être le plus important, consiste à mettre le propriétaire de la *res damnosa* en demeure d'effectuer les réparations nécessaires pour prévenir tout dommage. Le dommage purement fortuit est en même temps fatal : il serait manifestement injuste de déclarer le propriétaire responsable d'un accident qui ne lui est aucunement imputable.

Si le dommage n'était pas absolument fortuit, et si la force majeure qui le détermine n'a rendu nuisible la *res damnosa* que parce que celle-ci était défectueuse, alors la responsabilité du propriétaire peut être engagée. Cette solution résulte a *contrario* de la loi 43 pr. : *Damni infecti quidam vicino repromiserat et ejus œdificio tegulœ vento dejectœ ceciderunt in vicini tegulas ejusque fregerant. Quœsitum est an aliquis prœstari oportet? Respondit : si vitio œdificii et infirmitate factum esset, debere prœstari, sed si tanta vis venti fuisset ut quamvis firma œdificia convelleret, non debere; et quod in stipulatione est, sive quid ibi ruet, non videbit sibi ruere, quod aut vento, aut omnino aliqua vi extrinsecus admota caderet: sed quod ipsum per se consideret.*

Même solution dans la loi 24, § 9, avec cette différence qu'il s'agit ici d'accident occasionné par la chute d'arbres que la tempête n'aurait pas renversés si le propriétaire avait pris garde à leur vétusté : *si ex agro vicini arbores vi tempestatis confractœ, in meum agrum deciderint, eoque facto vitibus meis vel segetibus nocent, vel œdificia demoliunt : stipulationem istam, in qua hœc comprehenduntur, si quid arborum locive vitio acciderit, non esse utilem : quia non arborum vitio, sed vi ventorum, damnum mihi datum est. Plane si vetustate arborum hoc fiebat, possumus dicere, vitio arborum damnum mihi dari:*

Lorsque la *cautio* a été fournie, elle n'a pas pour effet de mettre à la charge du promettant d'obligation de réparer tout dommage résultant de la *res damnosa*, mais seulement les dommages qu'il pouvait prévoir et qu'il devait prévenir. Il ne faut pas prendre dans leur sens rigoureux les termes de la *stipulatio damni infecti ;* lorsqu'on promet de réparer les dommages futurs, implicitement on ne

-- 25 --

veut s'engager que pour les dommages qui ne sont pas purement fortuits. Cette stipulation renferme la *clausula doli* et la sanction qui lui est attachée doit être modérée par tous les tempéraments que l'équité commande.

Quatrième condition. — Il faut que la réparation du préjudice éventuel ne soit pas déjà garantie par une disposition légale (1).

La *cautio damni infecti* ne doit pas faire double emploi avec une mesure qui aurait pour effet de donner à la victime du préjudice un droit de recours suffisant. Le préteur ne se croit pas autorisé à faire des réformes qui ne soient urgentes. Il a bien pu créer la *cautio* pour suppléer aux insuffisances et pour éviter les inconvénients de l'ancienne *legis actio* relative au *damnum infectum*, mais il n'en donnera pas le bénéfice à ceux qui la réclament sans nécessité et qui ont des moyens convenables de se faire indemniser.

Cette condition est explicitement formulée par Gaius : *et est plane nostrorum præceptorum hæc sententia, ut credamus, inutilem esse damni infecti stipulationem, quo casu damnum alia actione sarciri possit* (L. 32 *in fine*). Gaius s'exprime ainsi à propos de l'hypothèse que voici : un individu possède une maison à côté d'une autre maison sur laquelle il a seulement un droit de copropriété indivise. Cette dernière maison vient à menacer ruine : pourra-t-il exiger la *cautio* des autres copropriétaires sous prétexte que la maison indivise menace de nuire à celle qui lui appartient en propre ? Le jurisconsulte ré-

____

1. Cf. Ihering, tome IV, p. 25 et 45.

pond négativement : en pareille matière la *cautio* est inutile, puisque l'intéressé a le droit de réparer lui-même l'édifice dommageable et que par l'action *pro socio* ou par l'action *communi dividundo*, il peut recourir utilement contre les autres copropriétaires pour réclamer ses impenses.

De même, le locataire d'une maison qui s'effondre ne pourra pas demander au bailleur la *cautio damni infecti*, parce qu'au moyen de l'*actio conducti* il peut obtenir les réparations nécessaires (L. 13, § 6).

De même encore, l'acheteur d'une maison exposée à un *damnum infectum* n'aura pas qualité pour exiger la *cautio* du propriétaire de la *res damnosa*, tant qu'il n'a pas pris possession de la maison, c'est-à-dire tant que le vendeur en a la garde. Alors même que le vendeur négligerait d'agir contre le propriétaire de la *res damnosa*, l'acheteur ne pourra intervenir : *quia dum venditoris custodia est, is stipulari debet, omnem que diligentiam emptori præstare, et quod alia actione quæri potest, id in stipulationem damni infecti omnino non deducitur* (L. 18, § 9). L'acheteur qui peut recourir contre le vendeur négligent au moyen de l'*actio empti* ne sera pas admis à requérir la *cautio*.

Lorsque la propriété est démembrée entre un usufruitier et un nu-propriétaire, il est bien certain que l'usufruitier ne peut demander la *cautio* au nu-propriétaire, celui-ci n'étant tenu vis-à-vis de l'usufruitier que d'une seule obligation, celle de laisser jouir l'usufruitier. Au contraire, l'usufruitier est tenu de jouir de la chose en bon père de famille. Qu'arriverait-il si le nu-propriétaire pos-

sédait en propre une maison voisine de celle qui est sujette
à usufruit? La loi 18, § 2, décide qu'il ne pourra demander à l'usufruitier la *cautio damni infecti*, parce qu'il a
dû stipuler de lui, dès le début de l'usufruit, la promesse
de jouir de la maison en bon père de famille. Or, le devoir
d'un bon père de famille est de réparer sa maison lorsqu'elle menace ruine. La *cautio damni infecti* est donc
refusée en cette hypothèse parce qu'elle ferait double
emploi avec la caution qui a précédé l'entrée en jouissance de l'usufruitier (Cf. L. 9, § 5 et L. 20).

La *cautio* ne peut être réclamée par celui qui a le droit
d'intenter l'action de la loi Aquilia, dans le cas où le
dommage qu'il redoute viendrait à se réaliser. Il en est
ainsi dans le cas suivant prévu par la loi 24, § 7 : *prœte-
rea si furni nomine damni infecti fuerit cautum, deinde
furnarii culpa damnum datum fuerit : non venire in hanc
stipulationem, plerisque videtur.* Lorsqu'il y a eu faute de
la part du fournier, il est tenu à indemnité, non en vertu
de la *cautio* qu'il a pu promettre, mais par application
des règles ordinaires de la loi Aquilia.

Il serait facile de multiplier les hypothèses où cette
quatrième condition fait défaut, et où, par suite, la stipulation prétorienne devra être refusée. Ainsi, le dommage
provient-il de travaux opérés par un propriétaire qui
change le cours naturel des eaux pluviales au détriment
de ses voisins, l'*actio aquœ pluviœ ascendœ* qui date des
Douze Tables suffit à réprimer des entreprises de ce
genre. Lorsqu'un propriétaire organise des travaux qui
menacent de nuire au voisin et de lui occasionner un
préjudice injuste, le voisin trouve dans certains cas,

autres que ceux où la *cautio damni infecti* est admissible, le moyen de prévenir le dommage. Contre les empiétements et les déprédations, il a l'interdit *quod vi aut clam.* Il a surtout l'*operis novi nuntiatio* qui lui donne le droit de protester contre toute construction nouvelle ou modification des constructions anciennes, faites sur la propriété adjacente et par lesquelles il se prétend lésé. L'*operis novi nuntiatio* a pour effet d'empêcher la continuation du nouvel œuvre et cet effet demeure jusqu'à ce qu'une solution soit intervenue sur le fond même du droit contesté. Si la solution n'est pas rendue dans les trois mois, le constructeur ne sera pas empêché de reprendre ses travaux, s'il s'engage à fournir la *cautio de opere restituendo.* On n'attendra même pas un aussi long délai pour lui rendre la liberté à cette condition, pourvu que la permission de reprendre les travaux lui soit donnée amiablement par l'opposant ou encore par le magistrat (L. 1, 3, 6, 7 ; D. ; 43, 24). La *cautio de opere restituendo* a pour objet de garantir la réparation des dommages causés à l'opposant, si la sentence rendue sur sa réclamation lui est favorable.

La *cautio de opere restituendo* présente beaucoup d'analogies avec la *cautio damni infecti,* mais elle est relative à une hypothèse bien spéciale : celle où le dommage éventuel résulte d'un *opus novum.* La *cautio de opere restituendo* n'empêchera même pas que la *cautio damni infecti* soit réclamé pour obvier aux dommages qui peuvent naître de la mauvaise confection de l'*opus novum.* La *cautio damni infecti* vise particulièrement ces derniers dommages ; la *cautio de opere restituendo* assure seulement la réparation du préjudice causé par le seul fait de l'établissement injustifié de l'*opus novum*. Notre *cautio* sera donc utilement demandée puisqu'elle peut l'être toutes les fois qu'elle ne fait pas double emploi avec un autre moyen de recours. Telle est d'ailleurs l'opinion d'Ulpien : *si quis opus novum nunciaverit : an nihilominus damni infecti ei caveri debeat, julianus tractat ? Et magis probat, caveri oportere. Nam et ei qui egerit, jus adversaris non esse altius tollere œdificium, caveri debere. Item eum adversus quem interdictum quod vi aut clam competit, cavere debere Julianus ait : quia non est cantum, neque de vitio œdium, neque de damno operis* (L. 13, § 10 ; *de damno infecto*).

Toute règle comporte des exceptions. Il en est ainsi pour celle dont nous venons de parler, et nous trouvons au siège même de la matière du *damnum infectum* un texte qui suppose l'emploi de la *cautio*, dans une hypothèse où l'auteur du dommage est assujetti par la loi à l'obligation de le réparer. La loi 30 à notre titre dit en effet : *damni infecti stipulatio pertinet etiam, si quid ejus operis, quod in fundo meo aquæ ducendæ causa fit, vitio damnum mihi contigerit.* Ainsi lorsqu'un tiers menace de me nuire en pratiquant sur mon fonds des travaux qu'il a le droit de faire, je puis exiger de lui la *cautio damni infecti ;* les choses se passeront de la sorte chaque fois que le titulaire d'une servitude grevant ma propriété entreprendra chez moi des travaux pour l'exercice de son droit (Cf. L. 1, § 3, *de ripa munienda ;* L. 3, § 11 ; L. 5, § 4, *de itinere actuque privato ;* L. L. 3, 4, 5, 14, *de aqua pluvia*). De même, lorsqu'un locataire, après avoir quitté ma maison, obtiendra d'y rentrer pour enlever une porte ou tout autre

ouvrage qu'il a le droit de retirer : *damni infecti caveat,
ne in aliquo dum aufert, deteriorem causam œdium faciat,
sed ut pristinam faciem œdibus reddat* (L. 19, § 4, D. ; *locati*, 19, 2).

Dans ces hypothèses, pourquoi la *cautio ?* Dans ce dernier cas, par exemple, ne suffisait-il pas au propriétaire d'invoquer l'*actio locati* pour obtenir l'indemnité à laquelle il a droit ? Lorsqu'un tiers occupe ma propriété pour y effectuer des travaux, le droit en vertu duquel il agit est limité nécessairement par l'obligation de ne pas me nuire. S'il m'occasionne un dommage, je puis l'actionner en vertu de la loi Aquilia, puisque c'est son fait délictueux ou son intervention imprudente qui a causé tout le mal. Si la *cautio* vient à faire double emploi avec une autre action, elle doit être refusée : or, ici elle ne pourrait qu'être donnée parallèlement avec l'*actio damni injuria dati* ou même avec l'*actio locati*.

On peut remarquer, en outre, que dans ces mêmes hypothèses, la menace du dommage ne vient pas du fonds voisin. Sans doute, comme le disent les deux textes que nous venons de rapporter, il y a bien là un *vitium operis ;* mais dans l'application ordinaire de la *cautio* ces mots signifient : toute entreprise défectueuse pratiquée sur le fonds voisin par le propriétaire qui a le droit de la faire et de la conduire à sa guise, sous la seule contrainte de la *cautio*. Le titulaire d'une servitude, au contraire, n'est pas libre d'agir à sa convenance sur le fonds servant : toute aggravation injuste de l'assiette de la servitude constitue un acte délictueux qui engage la responsabilité de son auteur. Le propriétaire du fonds servant, qui subit un dommage par suite de l'exercice abusif de la servitude, a le droit de se plaindre, sans avoir stipulé préalablement la responsabilité de celui qui a occasionné le préjudice : suivant nos précédentes observations, il ne devrait pas être admis à réclamer la *cautio damni infecti*.

Malgré ces objections on s'explique pourquoi le préteur a autorisé l'application de la *cautio* à ces hypothèses excep-tionnelles. Sans doute le titulaire d'une servitude n'est pas assimilable de tous points au propriétaire voisin qui use de sa propriété à sa convenance. Il n'en est pas moins vrai que la portion de terrain affectée à l'exercice de la servitude peut être considérée comme partiellement dis-traite du fonds grevé. Par exemple, s'il s'agit d'une ser-vitude d'aqueduc, il semble bien que l'espace réservé à l'écoulement des eaux est enlevé au fonds grevé pour ser-vir en quelque sorte de prolongement au fonds voisin. Le titulaire de la servitude, qu'on le remarque bien, peut n'avoir pas de faute active à se reprocher lorsqu'il exé-cute les travaux nécessaires à l'exercice de son droit, et cependant ces travaux peuvent devenir dommageables par la suite, *vitio operis*. En pareil cas, il ne peut plus être question de la loi Aquilia et l'on aperçoit combien il serait désirable qu'il eût fourni au préalable la *cautio damni infecti*. Le préteur a estimé qu'il était préférable de décla-rer l'auteur des travaux obligé en toute hypothèse, et pour faire peser sur lui cette obligation d'une manière uniforme, sans qu'il y ait à distinguer le cas où le dom-mage provient d'une faute personnelle et celui où il est occasionné par le vice même de l'ouvrage, il a décidé que l'auteur des travaux serait tenu *de cavere de damno infecto.* La *cautio* est un avertissement sévère qui invite celui qui va entreprendre les travaux à multiplier les soins et les précautions pour les bien faire. Elle est surtout la seule mise en demeure efficace pour déterminer le titulaire de la servitude à effectuer les réparations nécessaires aux ouvrages entrepris, lorsqu'ils menacent de devenir dommageables.

§ 3. — *Qui peut demander la* cautio damni infecti ?

Comme nous avons eu déjà l'occasion de le dire, la demande de la *cautio* a lieu suivant une procédure qui rappelle un peu la procédure des actions : *stipulationes cautionales instar actionis habent* (L. 1, § 2, D, 46, 5). Celui qui redoute un dommage éventuel, dans les conditions que nous venons de définir, citera en justice le propriétaire de la chose dommageable pour faire déclarer par le préteur qu'il y a lieu à *cautio damni infecti* et pour sommer judiciairement ce propriétaire de s'engager solennellement à réparer les préjudices occasionnés par sa chose. Le magistrat examinera lui-même si les conditions de la *cautio* se trouvent remplies, et décidera, *cognita causa*, s'il y a lieu d'admettre la prétention du demandeur ?

Qui peut jouer le rôle de demandeur dans cette instance *extra ordinem ?* En principe, on peut répondre : toute personne qui se croit exposée à souffrir un dommage dans les conditions que nous avons énumérées. Il n'est pas nécessaire pour cela d'être propriétaire du bien menacé : *damni infecti stipulatio competit non tantum ei cujus in*

bonis res est, sed etiam cujus periculo res est (L. 18, p.).
Il suffit donc que la chose menacée soit aux risques et
périls de celui qui demande la *cautio,* pour que son recours soit efficace.

Cette solution si large n'a pas toujours été admise :
Ulpien nous dit *superficiarim et fructuartum damni infecti
utiliter stipulari hodie constat* (L. 13, § 8). On peut conclure *a contrario* que l'on n'a pas toujours été aussi facile
pour admettre la requête du superficiaire et de l'usufruitier. Alors même que la difficulté a été tranchée en leur
faveur, la *cautio* leur est donnée d'une manière un peu
détournée et par extension, *utiliter.* N'est-ce pas indiquer,
qu'à l'origine la *cautio* était destinée au propriétaire seul ?
Mais il était facile au préteur d'étendre une mesure qu'il
avait imaginée lui-même et qu'il appliquait à sa convenance.

Ainsi, le droit de réclamer la *cautio* fut étendu à celui
qui a pris à bail la propriété menacée, et même à sa
femme, même à ceux qui habitent avec lui (L. 13, § 5).
Pour comprendre cette décision, il faut savoir que celui
qui se trouve accidentellement et momentanément dans
un fonds, n'a pas droit à la même garantie. Rien ne le
contraint à s'exposer au danger, et il ne peut se plaindre
d'aucune menace. *Cæterum neque ei qui in meo deambu-
let, neque ei qui in meo lavet, vel in mea taberna devertat,
caveri debet* (L. 13, § 4). L'idée romaine est apparemment
celle-ci : on ne peut pas demander à être prémuni contre
un danger lorsqu'on n'a pas qualité pour occuper un
bien menacé d'un dommage.

C'est pour ce motif, sans doute, que le possesseur de

bonne foi ne peut pas obtenir la *cautio. Sed et ei qui bona fide a non domino emit, damni infecti stipulationem non competere Marcellus ait* (L. 13 § 9). Cette décision paraît dure lorsqu'on la compare à celle qui est admise en matière d'interdits possessoires. On accorde bien les interdits au possesseur de bonne foi : pourquoi ne pas lui permettre de mettre sa possession à couvert en réclamant la *cautio ?* On peut répondre que le possesseur qui occupe de bonne foi un fonds menacé d'un dommage est absolument sans qualité pour reprocher aux propriétaires voisins l'état défectueux de leurs biens. S'il se plaint, ces propriétaires peuvent faire tomber sa bonne foi en lui prouvant l'inanité de son titre et dès lors ils peuvent lui dire : « Vous vous exposez au danger parce que vous le « voulez bien ; vous êtes volontairement et occasionnel- « lement sur le fonds menacé ; vous n'avez pas le droit « de le protéger. » Les interdits d'ailleurs sont des mesures beaucoup moins graves que la *cautio damni infecti,* parce qu'ils ont pour but de réprimer des attentats injustifiés à la situation du possesseur de bonne foi ; la *cautio,* au contraire, implique une restriction des droits qui appartiennent naturellement au propriétaire de qui on l'exige. On comprend donc qu'une mesure exceptionnelle et restrictive comme la *cautio* ne soit pas édictée aussi aisément que les interdits qui ne portent atteinte aux droits acquis de personne.

Quid du créancier hypothécaire qui redoute un dommage pour le fonds affecté à la sûreté de sa créance ?... *an creditori pignoratitio damni infecti cavere debeat ? Et ait Marcellus, inutiliter ei caveri : idemque etiam de eo*

cavendum, qui a non domino emit : nam nec in hujus per-
sona committi stipulationem ; œquissimum tamen puto,
huic prospiciendum, id est, creditori per stipulationem (L.
11). Une double solution se dégage clairement de ce
texte : tout d'abord, on refuse la *cautio* au créancier hypothécaire. Plus tard, une doctrine plus favorable la lui
accorda. Marcellus refusait la *cautio* parce qu'il ne l'esti-
mait pas nécessaire. Sans doute, lorsque le propriétaire
du bien hypothéqué négligeait de demander la *cautio*, le
créancier hypothécaire pouvait intenter l'action quasi-
servienne, parce que la sûreté de son gage se trouvait
compromise. Or, il est de principe que la *cautio* est une
mesure subsidiaire qui ne peut faire double emploi avec
un autre moyen de recours. Ulpien, considérant au contraire qu'il peut y avoir urgence à exiger une prompte
garantie et qu'il serait trop long d'attendre le résultat de
l'action quasi-servienne, accorde la *cautio*. Il ne nous dit
pas si cette même solution favorable a été étendue au
possesseur de bonne foi, que Marcellus mettait sur le
même rang que le créancier hypothécaire. Il est à présumer que non, car il n'y a aucune espèce de similitude
entre la situation du créancier hypothécaire et celle du
possesseur de bonne foi. Si Marcellus parle de ce dernier c'est qu'il veut, à titre d'exemple, citer une personne qui ne peut prétendre à la *cautio*, malgré l'intérêt
qu'elle a à la demander.

La décision d'Ulpien est particulièrement heureuse
lorsqu'on l'applique au créancier gagiste mis en possession de l'immeuble exposé au dommage. Il n'est même pas
défendu de croire que cette décision s'appliquait à cette

seule hypothèse. Le créancier dont parle Ulpien au début de la loi 11 serait alors le créancier nanti du gage : *credi-tor qui pignus accepit.* Ce créancier occupe à juste titre l'immeuble ; il a le droit d'en user : il doit avoir le droit de le défendre. Si tel est le sens vrai de ce texte, on s'explique que Marcellus établisse un point de comparaison entre le possesseur de bonne foi et le créancier *qui pignus accepit.* Ils ont droit tous les deux aux mêmes interdits : la possession de l'un peut être comparée à la possession de l'autre.

La loi 38 pr. prévoit une hypothèse dont nous avons déjà parlé : lorsqu'un immeuble a été vendu, mais n'a pas encore été livré à l'acheteur, à qui appartient le droit de le protéger au moyen de la *cautio ?* En principe, ce droit est donné au vendeur parce qu'il a la garde de la chose. *Emptor œdium ante traditam sibi possessionem ideo inutiliter stipulatur, quia venditor omnem diligentiam ei præstare debet, tunc certe utiliter stipulatur, cum omnis culpa a venditore aberit : veluti si precario emptori in his œdibus esse permisit.* Mais si le vendeur s'est déchargé du soin de veiller sur le bien vendu, par exemple en le remettant à l'acheteur à titre de précaire, il n'est plus responsable des dommages accidentels qui peuvent dégrader l'immeuble. Cet abandon, fait à l'acquéreur à titre précaire, avait pour résultat de décharger le vendeur d'une surveillance importune, sans lui enlever la propriété de son bien, comme il arriverait s'il avait fait une tradition ordinaire. En pareil cas, l'acquéreur a la garde du bien vendu : le droit d'exiger la *cautio* lui est attribué parce qu'il est seul intéressé à l'invoquer.

§ 4. — *A qui peut-on demander* la cautio damni infecti?

La formule même de l'édit donne à entendre qu'il y a deux manières d'obtenir la *cautio. Prœtor ait : damni infecti suo nomine promitti, alieno satisdari jubeo* (L. 7 pr.). Parmi les personnes qui joueront le rôle de défendeur dans l'instance qui nous occupe, les unes seront tenues de promettre *suo nomine*, les autres s'engageront *alineo nomine* par une *satisdatio*. Pourquoi cette distinction et pourquoi ces deux formes d'engagement ?

Promittere ou *repromittere* (1), c'est s'engager pour soi même. *Satisdare*, c'est non seulement s'obliger soi-même, mais encore garantir son engagement par des fidéjusseurs. Ainsi, au dire de Paul, *satisdationis appellatione interdum etiam repromissio continebitur; qua contentus fuit is, cui satisdatio debeatur.*

Cela dit, les textes s'accordent pour indiquer que la *nuda repromissio* est exigée du propriétaire de l'immeuble dommageable, tandis qu'on demandera la *satisdatio* aux autres ayants-droit qui ont intérêt à prévenir la *missio in possessionem* accordée à la victime du dommage lorsque

1. En général, il y a *repromissio* dans le cas de cautions réciproques : la *repromissio* est alors la *cautio* fournie en second lieu. Mais très souvent aussi, *repromittere* est synonyme de *promittere*. C'est dans ce dernier sens que ce mot est employé dans notre titre (LL. 9, 11, etc.). Cf. Maynz, tom, II § 246, note 28. On doit aussi supposer qu'en cas de *damnum infectum*, deux propriétaires voisins étaient amenés souvent à stipuler l'un de l'autre et réciproquement la même garantie : il y avait lieu alors à une double *cautio*, à la *cautio* proprement dite et à la *repromissio*.

la *cautio* à laquelle elle a droit ne lui est pas fournie. Il peut y avoir sur un même bien plusieurs droits réels accumulés : ainsi un immeuble dépend à la fois du propriétaire auquel il appartient, de l'usufruitier qui en jouit et du créancier hypothécaire qui peut être appelé à exercer une main-mise sur le bien affecté à la sûreté de sa créance. Cet immeuble devient-il une cause de dommage ; il est nécessaire que la *cautio* soit fournie au voisin qui redoute le préjudice, sinon ce dernier sera autorisé à se mettre en possession de l'immeuble et, au bout d'un certain temps, en deviendra propriétaire exclusif, au détriment de tous ceux qui avaient un droit quelconque sur le bien. L'obligation de réparer les dommages causés par une *res damnosa* est considérée comme une charge réelle de l'immeuble lui-même et cette charge est opposable à tous ceux qui prétendent un droit sur l'immeuble, sous peine d'être contraints à perdre le bénéfice de leurs droits.

Lorsque la *cautio* est demandée au propriétaire même il est tenu de fournir seulement une *nuda repromissio*. On n'exige de lui aucune garantie accessoire, parce qu'il est lui-même le premier intéressé à prévenir le *damnum infectum*. Si le dommage se produit, c'est lui en définitive qui en supportera les conséquences. Aussi lorsqu'il promet de payer une indemnité au cas où le dommage viendrait à se produire, on dit de lui qu'il promet pour son propre compte, *suo nomine*.

Lorsque la *cautio* est demandée aux autres ayants-droit intéressés à la fournir, on leur demande de *satisdare*, c'est-à-dire de faire intervenir des répondants qui assureront l'efficacité de la promesse. On dit encore de ces ayants-droit qu'ils s'engagent *alieno nomine*.Ces particularités s'expliquent si l'on considère que ces ayants-droit c'est-à-dire l'usufuitier et le superficiaire par exemple, n'ont sur l'immeuble qu'un droit précaire et de courte durée. A quel titre seront-ils engagés si le dommage se produit après l'extinction de leur droit ? En promettant de réparer les dommages futurs, ils interviennent à la place du nu-propriétaire, *alieno nomine*, et sauf à recourir contre lui,parce qu'ils ont pris fait et cause en sa faveur, alors qu'il devrait être seul engagé. La même remarque peut être faite, lorsque ces ayants-droit fournissent la *cautio* pour toute espèce de dommage futur tandis qu'ils ne sont directement tenus que pour les dommages résultant d'un défaut d'entretien : ils promettent *alieno nomine* en acceptant la responsabilité de dommages qui ne leur sont pas imputables. Quant au créancier hypothécaire, il est clair qu'il n'a pas de faute à se reprocher, lorsque l'immeuble affecté à la sûreté de sa créance devient dommageable ; si donc il consent à fournir la *cautio* c'est qu'il assure une responsabilité qui n'est pas ordinairement la sienne : *cavet alieno nomine* (1).

Ceux qui permettent *alieno nomine* sont tenus de *satisdare*. La jurisprudence prétorienne est plus sévère à

---

1. Nous raisonnons dans l'hypothèse où les textes qui parlent du *creditor pigneratitius* viseraient le créancier hypothécaire. Si ces expressions concernaient le créancier gagiste, mis en possession de l'immeuble, il serait également vrai de dire du gagiste qu'il promet *alieno nomine :* s'il est tenu de veiller sur le bien donné en gage, il n'est pas directement tenu de réparer les dommages provenant de la condition défectueuse de ce bien.

leur égard qu'à l'encontre du propriétaire qui doit seulement la *nuda repromissio*. La garantie personnelle du promettant paraît beaucoup plus sérieuse lorsqu'il est propriétaire de la *res damnosa*, parce qu'il est lui-même le premier intéressé à sauver son propre bien et à le conserver en bon état. Lors au contraire, que le promettant n'a qu'un droit viager sur l'immeuble, ou encore un droit accessoire, il est à craindre qu'à un moment donné, lorsque le droit sur l'immeuble sera sur le point de disparaître, le promettant se préoccupe peu de la bonne ou de la mauvaise condition de l'immeuble et n'exécute pas volontiers les réparations préventives que la *cautio* a pour objet d'imposer indirectement. Il est donc bon, dans ce dernier cas, de renforcer la valeur de cette promesse, en exigeant qu'elle soit garantie par des fidéjusseurs.

Examinons maintenant quelques-uns des textes qui viennent à l'appui des observations que nous venons de faire.

Qui bona fide a non domino emit, videndum est, num quid repromittat, non etiam satisdet ? Quod quibusdam, videtur : habet autem rationem ut magis repromittat, quam satisdet : suo enim nomine id facit (L. 13, pr.). Le possesseur de bonne foi agit dans son propre intérêt, *suo nomine;* comme le véritable propriétaire, il prendra soin de la *res damnosa* parce qu'il importe à lui plus qu'à personne que le bien soit conservé intact. Au reste, si plus tard le véritable propriétaire revendique utilement son bien, il ne pourra le réintégrer qu'à la condition de s'engager à garantir le possesseur contre les conséquences

de la *cautio* fournie par ce dernier. *Ipso quoque reo ca-*
vendum esse. Labeo dicit, his rebus recte præstari, si forte
fundi nomine damni infecti cavit (L. 19, D. ; 5, 1).

Lorsque le titulaire d'une servitude est tenu de fournir
la *cautio* pour exécuter les travaux dont nous avons parlé, il agit encore *suo nomine*, pour sauvegarder le droit
définitif, perpétuel et non précaire, qu'il a sur le fonds
servant ; dès lors on lui demandera une *nuda repromis-*
sio. Sive corporis nominus, sive is, qui jus habet (at puta
servitudem), de damno infecto caveat : puto eum repro-
mittere sebere, non satisdare, quia suo nomine id facit,
non alieno (L. 13, § 1).

Supposons, au contraire, qu'il s'agisse d'un ayant-droit
dont le titre est précaire, d'un superficiaire, par exemple :
quæsitum est, si solum sit alterius, superficiarius utrum
repromittere damni infecti, an satisdare debeat ? et Julia-
nus scribit, quotiens superficiosia insula vitiosa est domi-
num, et de soli et de ædificii vitiis repromittere, aut eum, ad
quem superficies pertinet, de utroque satisdare ; quod si
uterque cesset vicinum in possessionem mittendum (L. 9,
§ 4). Le superficiaire intervient *alieno nomine :* aussi est-
il obligé de *satisdare.*

L'usufruitier, pour la même raison, devra fournir une
satisdatio : quamvis alienus usufructus sit, dominum pro-
mittere oportere Cassius ait. Nisi proprietarius in totum
repromittit, vel fructuarius satisdat : mitti oportet in pos-
sessionem eum, qui non caveatur (L. 19 pr.).

En général, le propriétaire de l'immeuble menacé et,
plus généralement, toute personne intéressée à demander
la *cautio,* s'adressera au propriétaire de la *res damnosa.*

Mais le demandeur peut égalemet réclamer une *sadisda-tio* des divers ayants-droit dont nous venons de parler. La loi 9, § 4, donne à entendre que le demandeur doit faire un choix et se déterminer pour la *repromissio* ou la *satisdatio*. Une seule de ces deux garanties suffit à le tenir indemne , on ne comprendrait pas qu'il eut le droit de les exiger cumalativement.

Lorsque la *res damnosa* est sujette à usufruit, il paraît injuste que le nu-propriétaire assujetti à donner caution, soit ainsi déclaré responsable de dommages qui pourront survenir par suite du défaut d'entretien de l'immeuble, c'est-à dire par la faute de l'usufruitier. En prévision d'une négligence coupable de l'usufruitier, on permet au nu propriétaire de lui demander caution : *sed nisi proprietario repromittendi fructuarius caveat, denegandam ei fructus petitionem, julianus scribit. Sed si fructuarius de soli vitio quid prœstiterit, jus domini ad eum transferri potest* (L. 10 *in fine*). Si l'usufruitier se refuse à garantir ainsi le nu propriétaire, il sera déchu de son droit. Par contre, lorsque la *cautio damni infecti* a été requise de l'usufruitinr par voie de *satisdatio*, celui-ci aura le droit de recourir contre le nu propriétaire et lui demandera de le garantir contre les conséquences de l'engagement qu'il a pris, si par cet engagement il est tenu de réparer un dommage qui devrait être à la charge du propriétaire et qui ne résulte pas d'un défaut d'entretien, mais de la condition défectueuse de l'immeuble lui-même. La loi 22 à notre titre expose cette double solution en termes encore plus formels que ceux de la loi 10 : *si proprietarius de damno repromisisset, vel forte aliquid prœstitisset, aut contra fructuarius aliquid præstitit ; iniquum est, alterum sine damno uti ædibus, aut ædes habere ; et si obtulerit proprieta-rius aliquid, non est permittendum fructuario uti, nisi contulerit idemque fructuario præstendum est, ut propriéta-rius cogatur ei conferre. Ergo et solum retinebit fructua-rius, si ædes ceciderunt, donec præstetur ei damnum : ut quod haberet vicinus missus in possessionem, id fuctuarius habeat, qui damnum vicino sarciit. Eadem erunt et si mi-nimum damnum detur* (Cf. L. 20).

La décision devrait être évidemment la même si, au lieu d'un usufruitier, nous supposions un superficiaire en conflit d'intérêt avec le propriétaire. Celui-ci doit défini-tivement supporter la réparation des dommages provenant du *vitium soli ;* et le superficiaire, les dommages prove-nant du *vitium operis.*

On comprend assez facilement que le demandeur ne soit pas obligé de requérir une promesse distincte de chacun des ayants-droit, relativement à la part de res-ponsabilité particulière qui lui incombe. Le partage des responsabilités serait trop difficile à faire et introduirait des lenteurs regrettables dans une matière qui appelle des solutions urgentes.

Lorsque le créancier gagiste ou hypothécaire est tenu de donner *cautio* à l'occasion des dommages qui peuvent éventuellement être causés par l'immeuble affecté à la sûreté de sa créance, il est obligé *propter rem,* afin d'évi-ter que la *res damnosa* soit attribuée au voisin qui redoute le dommage. Ce créancier sera donc mis en demeure de choisir entre les deux partis suivants : ou bien laisser le voisin entrer en possession de l'immeuble et lui permettre d'acquérir ainsi la propriété même de l'immeuble, franche et quitte de toute charge réelle (L. 12), ou bien lui donner satisfaction en fournissant la *cautio*. Le créancier pourra donc avoir intérêt à offrir spontanément la *cautio* pour éviter les effets judiciables des envois en possession. Seulement son intervention lui donne le droit de recourir contre le propriétaire : conformément aux principes énoncés dans la loi 20, il sera en quelque sorte subrogé aux droits du voisin qu'il a désintéressé et pourra exiger que le propriétaire responsable de la *res damnosa* le tienne complètement indemne des conséquences d'un engagement qu'il a pris aux lieu et place de ce même propriétaire. Le créancier hypothécaire ou gagiste doit-il la *nuda repromissio* ou la *satisdatio ?* Ulpien pose la question sans la résoudre : *Quid de creditore dicemus, qui pigmus accepit ?, Utrum repromittere, quia suum jus tuetur ; an satisdare, quia dominus non est, debebit?* (L. 11, pr.). Mais la réponse n'est pas douteuse : il doit la *satisdatio* parce qu'il promet *alieno nomine*, c'est à dire à la place du propriétaire qui seul est directement obligé de fournir la *cautio*. C'est ce qui ressort d'un texte de Gaïus, où le créancier est mis sur le même rang que l'usufruitier et le superficiaire ; *sive aliquid in ea re jus habeant ; qualis est creditor, et fructuarius, et superficiarius* (L. 19 pr.).

Le défendeur se prétend propriétaire de la *res damnosa*, afin de ne s'engager que par une *nuda repromissio*. Le demandeur soutient, au contraire, que le défendeur est tenu de *satisdare*. Le texte même de l'édit (Cf. L. 7) prévoit cette difficulté : *si controversia erit, dominus sit, necne, qui caveri : sub exceptione satisdari jubebo.* Le

défendeur devra fournir une *satisdatio*, mais ses fidéjusseurs ne seront engagés que lorsqu'il sera prouvé qu'il
n'était pas propriétaire.

Lorsque la cause de dommages résulte de travaux faits
ou possédés *in loco publico* par un simple particulier,
celui-ci répondra des vices de construction de l'ouvrage
ainsi établi (L. 15, §§ 2 à 9). Il sera tenu *de cavere de
damno infecto* et devra fournir une *satisdatio*, parce qu'il
n'est pas propriétaire du sol où les travaux ont été faits :
*hic exigitur satis datio, et tempus stipulationi præstitutum:
id circo quia in publico fit : cum autem in alieno fiat, satis-
dationem prætor injungit* (L. 15, § 2). Au reste, le possesseur des travaux n'est responsable que des vices de construction et non des vices du sol (L. 24, p.).

Dans un cas exceptionnel le propriétaire de la *res damnosa* pourra opposer une fin de non recevoir absolue à la
demande de la *cautio* ; il en est ainsi lorsque l'immeuble
dommageable est un tombeau, *monumentum. Si quis
juxta monumentum ædificaverit, vel juxta ædificium suum
monumento fieri passus est, de damno infecto ei postea
cavendum non erit : quia rem illicitam admisit; clias autem, si monumento edificium noceat, in quo nihil sit, quod
imputari possit ei ad quem jus monumenti pertinet, caven-
dem est ei, ad quem jus monumenti pertinet* (L. 13, § 7).

La loi des Douze Tables défendait tout à la fois de construire une maison à moins de soixante pieds d'un tombeau appartenant à autrui et aussi d'élever un tombeau à
la même distance de la maison d'autrui. Dans les deux
cas prévus par le texte, le demandeur est privé de la
cautio, soit parce qu'il a eu tort d'élever sa maison près

du *monumentum*, soit parce qu'il a négligé de s'opposer à l'érection du tombeau. Au reste, si la distance légale avait été observée, les règles ordinaires redeviendraient applicables. Dans le cas où c'est le tombeau qui est exposé au dommage, sans que le propriétaire du tombeau ait la moindre imprudence à se reprocher, la *cautio* doit être fournie à ce propriétaire.

Autre hypothèse de fin de non recevoir opposée à la demande de la *cautio :* j'ai été envoyé en possession de la maison de mon voisin, faute d'obtenir la *cautio* à laquelle j'avais droit ; le voisin qui a conservé d'autres immeubles adjacents à celui qui est dommageable, prétend à son tour que je lui donne caution à raison des dangers provenant de la *res damnosa* qui est en ma possession : sa prétention sera repoussée : *et sane parum probe postulat ab eo caveri sibi earum œdium nomine, quarum ipse cavere supersedit, quœ sententia vera est* (L. 13,§ 11 *in fine*).

Mais il n'en est pas de même lorsque deux propriétaires voisins se demandent réciproquement la *cautio damni infecti* en raison du caractère dommageable des deux immeubles contigus. *Si vicinas edes habeamus et invicem desideremus damni infecti caveri : nihil obstabit, gnominus et ergo in tuarum possessionem mittar, et tu in mearum* (L. 18, § 12). On ne saurait en effet, établir de compensation entre deux obligations incertaines et indéterminées, qui sont subordonnées quant à leur résultat définitif à des conditions absolument fortuites.

§ 5. — *Procédure de l'instance qui aboutit à la* cautio. *Des pouvoirs du magistrat dans les incidents que cette procédure peut soulever.*

La *cautio dmni infecti*, comme toutes les stipulations prétoriennes, doit sa première origine et sa forme même aux *sponsiones* de l'ancienne procédure. Seulement, tandis que les *sponsiones* avaient pour principal objet de garantir les droits respectifs des parties en litige, les stipulations prétoriennes interviennent pour créer des droits et des obligations avec des moyens de contrainte pour les faire exécuter : *instar actionis habent ut nova sit actio.*

Lorsqu'un des ayants-droit dont nous avons parlé, veut demander la *cautio*, il devra actionner en justice celui contre lequel il veut obtenir judiciairement un droit de créance. Diverses questions de procédure vont alors se poser : à quel magistrat faut-il s'adresser ? Comment formuler la demande ? Quelles garanties seront exigées du demandeur ou de son mandataire ? Quelles sont les particularités de la *cautio* demandée ? Quel sera le rôle du défendeur ?

Devant quel magistrat est portée la demande de la *cautio ?* En principe, suivant les règles de la *juris dictio*, c'est au préteur et au président de la province qu'appartient le droit de prendre des mesures judiciaires *extra ordinem*. Mais dans les provinces, tout au moins, il n'est pas aisé de saisir promptement le magistrat, dont la ré-

sidence peut être très éloignée. Et, cependant, dans un
grand nombre de cas, il faudra agir vite, car, on ne se
préoccupe guère que du danger imminent. Pour ce motif, le préteur et le *prœses provinciœ* ont délégué aux
magistrats municipaux une partie de leurs pouvoirs (L. 1).
Ces magistrats municipaux (1) auront le droit de prendre les premières mesures de protection, ils pourront
prescrire la *cautio* et, en cas de refus, ils prononceront
le premier décret d'envoi en possession (L. 4, § 3). Mais
ils n'ont pas le droit de prononcer le second décret ou
de donner l'*actio in factum* dont nous parlerons. Cette
clôture de la procédure n'exige pas la même célérité :
elle est d'ailleurs assez grave pour que le préteur s'en
réserve la surveillance et l'examen.

Comment formuler la demande ? Il s'agit d'obtenir du
magistrat le droit de requérir une promesse forcée. La
demande est exceptionnelle et doit naturellement se renfermer dans les limites indiquées par l'édit. Ainsi le demandeur ne pourrait pas demander une *satisdatio* quand
l'édit requiert une *nuda repromissio*. Au reste, l'édit ne
précise pas quelle doit être la portée de l'engagement
forcé. *Prœtor ait ; damni infecti suo nomine promitti, alieno satisdari jubebo.*

Le défendeur est tenu *de cavere de damno infecto* : ex-
ceptionnellement il doit promettre aussi *de damno prœte-
rito* (Cf. *supra*, L. 9 § 3). On lui demande de s'engager à
réparer le préjudice ; on ne saurait donc l'obliger à pro-

1. *Sur ces magistrats municipaux*, cf. Maynz, tome 1, pages 201-
206.

mettre la réparation de son édifice, ou toute autre prestation de ce genre. D'ailleurs le préteur propose une stipulation ; il lui est permis de la modifier selon les besoins de la cause (L. 1, § 10, de *stip. prœtor*. XLVI, 5). Il devrait également préciser la juste portée de la stipulation dans le cas où les parties ne la concevraient pas d'une commune manière.

Quelles garanties sont exigées du demandeur ou de son mandataire ? Tout d'abord, le texte de l'édit énonce une formalité préalable à remplir par le demandeur : *damni infecti promitti.., jubebo ei qui juraverit, non calumniæ causa id se postulare.*

En cette matière, l'esprit de chicane, *calumnia*, aurait beau jeu : le demandeur n'invoque aucun droit, aucune créance ; il ne fait allusion qu'à un dommage éventuel qui peut bien être purement imaginaire. Le *juramentum calumniæ* avec les sanctions qui l'accompagnent (1) devait donc être le préliminaire forcé de cette demande.

Le demandeur peut se faire remplacer, dans l'instance, par un mandataire, *procurator ;* dans ce cas, le mandataire devra donner la *cautio de rato. Cavere autem debebit, qui stipulabitur alieno nomine dominum ratam rem habiturum* (L. 39, § 4). Lorsque le *procurator* aura obtenu la *cautio*, défense sera faite au mandant d'exiger une nouvelle promesse. Si la *cautio* est refusée au *procurator*, il devra obtenir la *missio in possessionem*, et on ne pourra lui opposer l'*exceptio procuratoria*. Au reste, comme le fait observer M. Accarias, alors même que la stipulation

1. Cf. M. Accarias § 978.

4

est faite par un *procurator* et que l'action naît en sa personne, elle peut, après examen, et surtout, s'il est insolvable, être donnée au véritable intéressé, à l'exemple de
l'*actio judicati* (1).

Quelles sont les particularités de la *cautio damni infecti ?* Nous avons déjà dit qu'à titre de stipulation prétorienne, elle a pour résultat de créer une action, qui sans
elle n'existerait pas. A ce titre, elle prend place parmi
les stipulations qu'Ulpien appelle *stipulationes cautionales*,
qui ne se rapportent à aucune instance, à aucun droit
déjà formé.

Mais voici sans doute le caractère le plus singulier de
cette *cautio :* telle qu'elle est réclamée par le demandeur
et prescrite par le magistrat, la *cautio* exprime formellement que les obligations du promettant et les droits du
stipulant, passeront à leurs successeurs, et, non, seulement aux successeurs universels, mais même aux ayants-
droit à titre particulier, qui détiendront, soit le bien menacé, soit la chose dommageable. Il semble que le résultat de cette *cautio* est de créer une servitude au profit du
bien menacé et au détriment de la chose dommageable.
Voici, en effet, ce que dit Ulpien à ce sujet ; *Adjicitur in
hac stipulatione et heredum nomen, vel successorum, eorum-
que acte quos res pertinet ; successores autem non solum qui
in rei tantum dominium successerint, his verbis continentur*
(L. 24, § 1).

De cette continuité de la promesse à la charge du pro-

1. Cf. M. Accarias, tome II, p. 769, cf. aussi L. 17, § 16 : *si procurator meus damni infecti stipulatus sit, causa cognita mihi ex ea
stipulatione actio competit.*

priétaire du bien dommageable, il ne s'ensuit pas que, la *cautio* une fois fournie, le droit qui appartient au propriétaire de la chose menacée, soit à jamais épuisé.

D'abord, si la *promissio* fournie s'était éteinte par ce fait que, pendant un certain temps les deux biens ont appartenu au même propriétaire ; ou encore, si la *satisdatio* fournie est devenue inefficace par l'insolvabilité du fidéjusseur, l'instance pourra être renouvelée pour rétablir le droit qui est devenu illusoire ou qui a disparu.

Mais, surtout, c'est par la circonstance suivante que le droit à la *cautio* ne s'épuisera pas en une fois et pourra renaître. La *cautio damni infecti* produit des effets temporaires. Le magistrat impose aux parties un terme audelà duquel la *cautio* sera considérée comme non avenue (L. 13, § 15). La *cautio* est donc tout à la fois, faite sous condition, *si damnum contigerit* et à terme, *intra diem*.

Pour les ouvrages qui se font sur les *loca publica*, le préteur fixe arbitrairement à 10 ans la durée du terme (L. 15, § 2). En tout autre cas, le magistrat précise le terme, *cognita causa*. Le terme sera plus ou moins long, suivant l'imminence et la gravité du danger (L. 13, § 15, L. 14). L'obligation résultant de la *cautio*, étant, comme nous l'avons dit, une sorte de servitude grevant le bien dommageable, il était utile de ne pas perpétuer inutilement cette charge et de laisser subsister une cause naturelle de libération.

Au surplus, quand le terme sera expiré, rien n'empêchera de demander une nouvelle promesse ou bien la continuation de l'ancienne (L. 4, pp.).

Qu'arrivera-t-il si la stipulation a été faite purement et

simplement, sans opposition de terme ? Peut-être a-t-on voulu indiquer par là que l'obligation demeurerait aussi longtemps que durerait le danger. Mais, peut-être aussi, y a-t-il eu simplement inadvertance, auquel cas le promettant pourra demander au préteur sa libération, au bout du terme généralement imparti dans l'hypothèse où il se trouve.

Quel sera le rôle du défendeur ? Nous en avons déjà indiqué çà et là les principaux traits. Comme le demandeur, il est assujetti aux règles posées dans l'édit et à l'autorité du magistrat. Ses efforts tendront naturellement, soit à ne donner qu'une *repromissio*, quand on lui demande une *satisdatio*, soit à limiter le terme adjoint à sa promesse, soit même, à écarter toute obligation *de cavere*, s'il justifie de l'absence de tout danger. Mais il est intéressant d'observer l'effet d'une clause que le défendeur pourra faire introduire dans la stipulation et dans sa promesse : nous entendons parler de la *clausula doli*. Cette clause sera conçue dans les termes suivants ou en termes analogues : *dolumque malum cautioni, abesse ab futurumque* (L. 121. pp. XLV, 1). Grâce à cette clause, si, plus tard, le défendeur est poursuivi par l'*actio ex stipulatu*, il pourra de plein droit opposer au demandeur toutes les causes de compensation qu'il aura contre lui. C'est, sans doute, parce que la *clausula doli* était insérée dans toutes les cautions prétoriennes qu'Ulpien a pu dire : *in stipulationibus quoque, quæ instar actionum habent, compensatio habet* (L. 10, § 3, D., 16, 2).

Un incident pouvait encore se présenter, dans le cas de *cautio*, accompagnée de *satisdatio*, lorsque le deman-

deur contestait la solvabilité des fidéjusseurs qui s'of-
fraient à garantir la promesse du défendeur. En pareil
cas, le magistrat appréciait lui-même le bien fondé de
cette réclamation, à moins qu'il ne préférât confier cette
mission à des arbitres (1).

Enfin les parties ont comparu devant le magistrat ;
chacune d'elles a exposé ses prétentions, ses moyens d'at-
taque ou de défense : il ne reste plus au magistrat qu'à
donner sa sentence. Cette sentence ne sera point une formule ordinaire, car l'hypothèse de la *cautio damni infecti*
est une de celles où le magistrat prononce sur le fond
même de la réclamation, après avoir examiné tous les éléments de l'affaire, *cognita causa*. En vertu de son *imperium*, le préteur ordonne, *decernit*. Un décret : telle est
la solution à laquelle aboutit cette instance.

Si le magistrat juge mal fondée la prétention du demandeur, il se bornera à refuser la *cautio*.

Si, au contraire, la *cautio* doit être fournie, que va faire
le magistrat ? Il ordonnera au défendeur de s'engager par
une *repromissio nuda* ou par une *satisdatio*, suivant les
cas, et il indiquera lui-même la portée de cet engagement. Sans doute, s'il s'agissait d'une *nuda repromissio*,
le défendeur devait immédiatement exécuter l'ordre du
magistrat, sous peine d'entendre, sans retard aucun, prononcer contre lui le premier décret d'envoi en possession.
Mais, si le défendeur devait *satisdare*, il lui fallait vraisemblablement un certain délai pour chercher des fidéjusseurs, et, s'il n'en pouvait fournir, il devait à nou-

1. L. 9, § 10. D. II, 8.

veau comparaître pour entendre prononcer contre lui le premier décret d'envoi en possession.

Cette solution, absolument conjecturale, prend place entre deux opinions soutenues sur la même manière dont le magistrat formulait son ordre. Cujas (tom. 1, col. 1519) dit que l'ordre de fournir la *cautio* était distinct du décret qui prononçait le premier envoi en possession. Doneau, au contraire pense que le décret du magistrat imposait, d'un seul coup, le choix entre deux partis : ou bien consentir à l'obligation prescrite, ou bien subir l'envoi en possession. Cette dernière opinion a pour elle les termes mêmes de l'édit : *eum cui non satis-dabitur, simul in possessione esse jubebo.* (L. 7. pp. *in fine*).

§ 6. — *Effets de la* cautio.

La *cautio* est une promesse conditionnelle qui ne produit d'effets que si la condition se réalise : *si damnum contigerit intra diem.* Encore faut-il remarquer que le droit de réclamer l'exécution de la *cautio* ne sera pas ouvert si le dommage causé ne présente pas les caractères que nous avons énumérés au paragraphe 2 de cette étude.

L'action née de la *cautio* est l'action *ex stipulatu :* elle a pour objet d'assurer la réparation du dommage causé. Réparer un dommage, c'est indemniser celui qui en a été victime, c'est lui restituer ce que le dommage lui a enlevé ; c'est lui procurer le bénéfice que le dommage lui a fait manquer : *in quantum mea interfuit; id est quantum nihi abest, quantumque lucrari potui* (L. 13. D. ; 46, 8). Cette règle d'équité est applicable en notre matière : *in hac sti-*

pulatione venit quanti ea res erit (L. 28 p. *de damno infecto*). Cf. LL. 15, 18, 24, 32, 40, etc., *passim.*

Nous ne pouvons entrer dans l'examen des innombra-
bles questions de fait que l'évaluation des dommages
peut soulever. *Quatenus cujus intersit, in facto, non in
jure consistit* (L. 24, D. 50). Citons seulement quelques
décisions remarquables où sont résumées avec force des
observations qui formeraient un utile commentaire des
articles 1146 à 1152 de notre Code civil.

Ulpien dit que l'*actio ex stipulatu* n'est pas donnée à
l'occasion de tout dommage provenant des immeubles
voisins, mais seulement à l'occasion des dommages que
le voisin ne pourrait pas causer impunément en se bor-
nant à l'exercice de son droit. Ainsi parce que j'ai promis
de réparer le *damnum infectum* résultant de ma maison,
il ne s'ensuit pas que je doive un dédommagement lorsqu'en surélevant ma maison je fais tort à mon voisin ;
j'ai le droit absolu de surélever mes murs et l'on ne peut
me chercher querelle que si je porte ombrage *vitio loci
operisve, scilicet quia non debeat videri is damnum facere,
qui eo veluti lucro, quo adhuc utebatur prohibetur : mul-
tumque interesse utrum damnum quis faciat, an lucro,
quod adhuc faciebat, uti prohibeatur ; mihi videtur vera
esse Proculi sententia* (L. 26 *in fine*).

La loi 18, §§ 5 et 6, donne à entendre que le promettant
n'est tenu que des dommages-intérêts qui ont été prévus
ou qu'on a pu prévoir lorsque la *cautio* a été fournie (Cf.
art. 1150 Code civil). Ainsi, au moment où la *cautio* a
été fournie, le demandeur n'a stipulé qu'en vue de la maison qu'il possédait alors. Plus tard, il achète une mai-

son voisine et c'est à cette maison qu'un dommage survient. Pourra-t-il agir *ex stipulatu* pour obtenir la réparation de ce dommage ? Certainement non, car il n'a pu prévoir cette cause de préjudice et ne pouvait, par conséquent, la comprendre, même tacitement, dans l'objet de la stipulation. Autre hypothèse : le stipulant, depuis qu'il a obtenu la *cautio*, a ajouté de nouveaux meubles à ceux qui garnissaient la maison menacée, au moment où la *cautio* a été fournie. Le promettant pourra-t-il refuser d'indemniser le stipulant de la perte de ces nouveaux meubles, pour la raison qu'il ne pouvait s'engager à l'avance à supporter la responsabilité d'objets qui n'étaient pas exposés au dommage au jour de l'instance ? La loi 18, § 6, décide que non ; et c'est justice, parce que le promettant devait savoir que le mobilier d'une maison est sujet à bien des changements, et parce qu'au moment de la stipulation il a accepté la responsabilité, non pas de tels meubles déterminés, mais en général du mobilier de la maison. *Si autem res aliquas post stipulationem interpositam in domo habere cœperit stipulator, quœ ex ruina vicinorum œdium perierint, agere ex stipulatu potest : licet tunc, cum stipularetur, hœ res non fuerint.*

Dans l'estimation qui sera faite des objets perdus, il convient d'évaluer avec modération les objets de luxe : *quia honestus modus servandus est, non immoderata cujusque luxuria subsequenda* (L. 40, pr.). C'est qu'en s'engageant à réparer les dommages futurs, le promettant ne pouvait pas prévoir qu'il serait tenu à payer une indemnité exagérée en raison des dépenses excessives que le stipulant a faites sur son bien : *non oportet infinitam vel immoderatum œstimationem fieri.*

Parmi les dommages prévus dans la *cautio,* il faut compter les dépenses faites par le propriétaire menacé pour garantir la solidité de son bien. *Et ideo Cassius scribit, eum, qui damni infecti stipulatus est, si propter metum ruinæ ea œdificia, quorum nomine sibi cavit, fulsit : impensas ejus rei ex stipulatu consequi posse* (L. 28, pr.).

Quelquefois la seule crainte du dommage imminent sera elle-même une cause de dommages : par exemple, si la solidité d'une maison se trouve tellement compromise que les locataires et, plus généralement, ceux qui l'habitent, ont de justes raisons de l'abandonner. En pareil cas, l'action *ex stipulatu* sera donnée, sans qu'il soit besoin d'attendre que les menaces de danger se réalisent (L. 28 *in fine ;* L. 29).

Comment se répartira la responsabilité si la *cautio* a été fournie par plusieurs personnes ? Sabinus, Julien et Ulpien s'accordent à dire que chaque promettant répond pour sa part de propriété : *pro dominicis partibus conveniri eos oportere* (L. 40, § 3). Cette solution s'impose, lorsque chaque promettant a une responsabilité qui lui est propre, par exemple lorsqu'il y a plusieurs *res damnosæ :* en pareil cas, il est évident que les propriétaires poursuivis sont obligés dans la mesure où leur immeuble particulier a été dommageable. Mais en est-il de même, lorsque les parts de responsabilité se trouvent confondues, comme il arrive si la *res damnosa* est indivise entre les promettants ? Il faut distinguer alors suivant que les promettants se sont engagés par leur part et portion, ou suivant qu'ils se sont engagés sans spécifier l'étendue de leur promesse ; dans ce dernier cas, ils sont tenus *in solidum*. *Contra si plures domini sint vitiosarum œdium, pro sua quisque parte promittere debet : ne singuli in solidum obligentur* (L. 27, *in fine*).

Dans l'hypothèse inverse, c'est-à-dire lorsque la *cautio* a été fournie à un stipulant qui a seulement une part indivise de la maison endommagée, ce stipulant ne peut réclamer *ex stipulatu* qu'une indemnité proportionnelle à sa part de copropriété : *quia de suo quisque damno stipulatur* (L. 27). *Neque enim damnum, quod pluribus datum est, unicuique in solidum, sed in partem datum esse videtur ; et ideo unicuique in partem competere actionemjulianus scripsit* (L. 40, § 2).

§ 7. — *Les envois en possession* damni infecti causa

Lorsque le préteur ordonne de fournir la *cautio damni infecti*, il est nécessaire que cet ordre soit sanctionné par une contrainte : quelle sera cette contrainte ? Ce ne peut être évidemment qu'une contrainte indirecte : *nemo potest præcise cogi 'ad factum*. Il ne faut pas que cette contrainte soit excessive; il serait irrationnel que nous fussions plus gravement engagés par les dommages résultant des choses inanimées, que par les actions nuisibles de nos esclaves ou de nos animaux domestiques. Et, d'autre part, nous l'avons dit, l'abandon noxal limité à la seule portion de la *res damnosa* qui ait été dommageable, n'offre le plus souvent à la victime du dommage qu'un recours absolument illusoire.

Parmi les sanctions dont le préteur dispose pour faire exécuter ses ordres, aucune ne pouvait être plus efficace et mieux appropriée aux besoins de la situation que la *missio in possessionem*.

La jurisprudence prétorienne, peut-être l'imitation de l'ancienne *pignoris capio*, avait imaginé deux sortes d'envois en possession. L'un considéré comme mesure conservatoire, donnait à l'intéressé la garde, la détention, *custodia*, d'un bien ou d'un ensemble de biens, pour assurer l'exécution d'une obligation qui lui appartenait contre le propriétaire de ces biens : Ulpien appelle cet envoi en possession : *missio rei servandæ causa* (L. 3, p. 42, 4): L'autre conférait à l'intéressé un véritable droit sur le bien, une sorte d'*in bonis*, qui a fini par se confondre avec la propriété ; il n'avait que deux cas d'application. l'*addictio servi ex noxali causa* et la *missio in possessionem, damni infecti nomine, ex secundo decreto.*

Le préteur, qui veut obliger à fournir la *cautio*, aggravera progressivement ses mesures de contrainte. D'abord il ordonnera une *missio in possessionem* à titre purement conservatoire. Puis, si la *cautio* est obstinément refusée, il prononcera la *missio in possessionem* à titre définitif. Enfin, si le propriétaire récalcitrant veut résister à ces envois en possession, le préteur décernera contre lui une *actio in factum*.

Premier envoi en possession. — Nous avons dit comment était édicté cet envoi en possession, et nous nous sommes demandé s'il était contenu dans le même acte par lequel le magistrat ordonnait de fournir la *cautio*.

A qui peut-il profiter? A tous ceux à qui n'est pas donnée la *cautio* prescrite. L'édit ne distingue pas; il accorde la *missio in possessionem* au même degré que la *cautio* : *eum, qui ita non cavebitur in possessionem ejus rei, cujus nomine, ut caveatur, ire et cum justa causa esse videbitur etiam possidere jubebo* (L. 7). Ainsi, s'il y a plusieurs voisins qui réclament ensemble et ne peuvent obtenir la *cautio*, l'envoi en possession sera prononcé au profit de tous et donnera à chacun des droits égaux. *Cum autem plures mittantur in possessionem, æqualiter mittuntur, non pro rata damni, quod unumquemque contingeret; et merito* (L. 15, § 18 ; cf. L. 40, § 4). Peu importe que les intéressés demandent la *cautio* collectivement ou successivement. L'envoi en possession est accordé à celui qui ne peut obtenir la promesse à laquelle il a droit, quand bien même déjà il ait été prononcé au profit d'un autre ayant droit. Pareillement, si la maison menacée est indivise, chacun des copropriétaires a un droit égal à réclamer la *missio* (L. 40, § 4).

Sur quels biens va porter l'envoi en possession? Evidemment, sur les biens qui menacent de nuire. Mais, peut-être, n'y a-t-il qu'une portion dangereuse dans le corps de ces biens ? Par exemple, il s'agit d'un bâtiment dont une aile seulement risque de s'effondrer. La *missio in possessionem* comprendra-t-elle tout le bâtiment ou seulement la partie délabrée ? Sabinus est d'avis que l'envoi en possession ne doit pas être partiel. A quoi bon envoyer en possession d'un bien inhabitable, dont la possession serait plus dangereuse qu'utile ? *Et extat Sabini sententia in totas œdes mittendum.* Paul observe, au contraire, lorsque le danger provient d'un fonds non bâti, que l'envoi en possession porte exclusivement sur le terrain dommageable. Il est vrai qu'on peut aisément délimiter dans une terre la parcelle qui menace de nuire, tandis que dans une maison, lorsqu'une partie de la construction est instable, tout l'ensemble est gravement exposé. Mais il peut se faire que la maison soit suffisamment grande pour que la destruction de l'un de ses éléments ne cause aucun préjudice au reste du bâtiment. En semblable hypothèse, la *missio in possessionem* pourra être accordée pour la portion menaçante seulement. Cette solution est acceptée par Ulpien, qui l'applique au cas où la maison est divisée en bâtiments indépendants (L. 15, §§ 12 et 13. L. 38, § 1).

La *missio in possessionem* vient d'être décrétée. Mais la maison menaçante, la *res damnosa*, s'est effondrée. Celui qui n'a pu obliger le propriétaire de la maison à *cavere de damno* pourra-t-il se faire envoyer en possession au moins des décombres et de l'emplacement de la maison? Labéon et, après lui, Ulpien lui donnent ce droit (L. 15, § 34). Quel intérêt a-t-il donc à le réclamer? Quelle est l'utilité de la *missio in possessionem?*

Plusieurs fragments de la loi 15 à notre titre, nous mettent en garde contre une confusion que l'appellation même du remède prétorien rendrait possible. La *possessio* attribuée par le décret du magistrat n'est pas la possession proprement dite, la *possessio ad usucapionem.* Celle-ci ne sera donnée que par le second décret: *Si quis autem in possessionem missus, nondum possidere jussus sit : an*

*dominus decedere possessione debeat, videamus? Et ait
Labes, non decedere : sicuti nec cum creditores vel legatarii
mitluntur, idque est verius.* Lorsque le magistrat donne le
droit de posséder, les textes l'indiquent par des termes
énergiques : *jubet possidere* (L. 15, § 20).

La *missio in possessionem* donne seulement à celui qui
l'obtient le droit d'occuper, concurremment avec le propriétaire, la *res damnosa*. Sans doute, on espère que le
propriétaire se lassera vite de la gêne perpétuelle que
cette situation va lui créer. Il se résignera à promettre la
cautio, mieux encore, à faire les réparations, et ainsi la
mesure tracassière aura produit son effet. Notre législation
adoptait naguère, en matière financière, un mode de
contrainte du même genre contre les débiteurs récalci-
trants. La loi du 8 avril 1876 a supprimé cette contrainte,
qui avait reçu de l'ancien droit français le nom de garni-
son individuelle.

La *possessio*, qui résulte du premier décret, n'occasionne
pas seulement une gêne à celui qui refuse indûment la
cautio. Elle donne certains droits au *missus*. Nous verrons plus loin qu'elle permet, après un certain délai
d'attente, de réclamer le second décret et, avec lui, une
possession plus avantageuse. Elle permet au *missus* de
faire à ses frais les réparations nécessaires pour empêcher tout dommage de se produire : dès lors, nul ne
pourra déloger le *missus* sans l'avoir indemnisé de ses
justes débours. Bien plus, il pourra réclamer directement
à qui de droit cette indemnité, au moyen de l'*actio in
factum*, dont nous reparlerons.

Qu'arriverait-il si le *missus* délaisse sa *possessio*, soit

parce qu'il y trouve trop peu d'avantages, soit parce qu'il
ne veut pas entreprendre les réparations confortatives ?
Les motifs du délaissement dicteront la solution. Si le
missus n'a pas voulu profiter du décret, s'il a pu faire
les réparations et a négligé de les entreprendre, et si, en
même temps, il vide les lieux *metu ruinæ*, il perdra à
jamais le bénéfice du secours prétorien. Tel est au moins
l'avis de Labéon. Cassius est plus indulgent pour celui
qui a délaissé l'immeuble *metu ruinæ* et déclare qu'il ne
perdra pas son droit pourvu qu'il n'ait pas abandonné le
bien dommageable sans esprit de retour. Aucun des deux
jurisconsultes ne retire l'exercice de son droit à celui
qui a quitté les lieux *metu ruinæ*, s'il n'avait pas d'ailleurs la faculté d'entreprendre les réparations. *Si
quis metu ruinæ decesserit possessione, si quidem, cum
adjuvare rem non posset, id fecit, Labeo scribit, integrum
jus eum habere, perinde ac si in possessione perseverasset*
(L. 15, § 35).

Il ne faudrait pas croire que le *missus* fut obligé *propter rem* à faire les réparations. Certains jurisconsultes
étaient d'avis que cette obligation lui fut imposée ; mais,
au dire d'Ulpien, leur opinion n'a pas prévalu. *Si quis
damni infecti in possessionem missus est : fulcire eum, et
reficere insulam debere, sunt qui putent ; eamque culpam
præstare exemplo ejus, qui pignori accepit ; sed alio ejus,
utimur : cum enim tantum ob hoc missus sit, ut vice cau-
tionis in possessione sit, nihil ei impulari, si non refecerit*
(L. 15, § 30). On ne saurait, en effet, assimiler la possession
du *missus* à celle du créancier gagiste. Le gagiste détient
la chose d'autrui à la charge de la conserver et de la res-

tituer en bon état, le jour où il sera désintéressé. Le *missus*, au contraire, occupe le bien du voisin avec le voisin lui-même. Rien n'empêche ce dernier de veiller sur sa propre chose et son premier devoir est de la préserver de la ruine.

Les avantages conférés au *missus* peuvent nuire à ceux qui, comme l'usufruitier, le superficiaire, le créancier gagiste, prétendent conjointement avec le propriétaire des droits sur le fonds. Néanmoins, ils ne peuvent s'opposer à l'envoi en possession sous prétexte qu'il leur est contraire. Ils n'ont qu'un seul moyen de faire cesser cette occupation inquiétante, et pour cela ils doivent *satisdare de damno infecto* (L. 15, § 24).

Il est possible en effet de faire retirer l'envoi en possession et d'anéantir la contrainte résultant du décret, mais à la condition de donner satisfaction aux intéressés et de leur fournir cette *cautio* à laquelle ils ont droit. Seulement, depuis que l'envoi en possession a été prononcé, l'obligation qui doit résulter de la *cautio* s'est peut-être aggravée. Depuis les origines de l'instance, peut-être le *missus* a-t-il déjà supporté les conséquences dommageables de l'inaction du propriétaire; peut-être a-t-il entrepris lui-même, à ses propres frais, la réparation de la *res damnosa*. Le *missus* ne doit pas souffrir de la résistance injuste aux ordres du magistrat : aussi les textes décident-ils à bon droit que la *cautio* fournie doit être suffisante pour indemniser le *missus*, non seulement de tout dommage postérieur, mais encore de tout dommage survenu depuis les débuts de l'instance et des justes impenses qu'il a faites pour sauvegarder son bien (L. 15, §§ 31, 34 *in fine*).

Deuxième envoi en possession. — En dépit de la désagréable contrainte que lui impose la *missio in possessionem* le détenteur de la *res damnosa* se refuse à obtempérer aux ordres du magistrat. Des mesures plus rigoureuses deviennent nécessaires. Il est temps maintenant d'exclure ce détenteur d'une possession dont il n'observe pas les lois (L. 15, § 23). A la demande de l'intéressé, le magistrat rendra un second décret, qui permettra à celui-là même qui a droit à la *cautio*, d'occuper définitivement le bien dommageable.

Comme il s'agit ici d'une mesure plus grave, seul le magistrat revêtu de l'*imperium* pourra l'édicter. Les magistrats municipaux n'ont pas ce pouvoir (L. 4, § 4).

A quel moment ce second décret peut-il intervenir ? C'est là une question de fait que le magistrat résoudra avec un pouvoir discrétionnaire. Il faut évidemment qu'une raison impérieuse dicte cette sentence : *tum demum*, dit Ulpien, *cum justa causa videbitur* (L. 15, § 21). Comme exemples de juste motif on peut citer : le cas où le propriétaire a délaissé longtemps le bien sans donner satisfaction au voisin menacé ; le cas où il a supporté pendant quelque temps la *missio in possessionem* sans en paraître incommodé. Notons que cette inertie du propriétaire peut trouver une excuse, soit dans son âge, soit dans l'exercice d'une fonction publique qui le tient éloigné. Dans de telles hypothèses le préteur fera bien d'attendre : *probandam est, non debere prætorem festinare ad decernendum, ut jubeat possidere* (L. 15, § 22). Si même le second décret avait été rendu, dans l'ignorance de ces circonstances favorables, il est hors de doute que le magistrat en détruirait l'effet par la *restitutio in integrum.*

Il ne suffira pas à l'intéressé de demander le décret et d'imposer ces motifs. Une mesure aussi grave ne doitpas être prise sans que l'ayant-droit menacé ait été appelé, ou du moins prévenu. Si donc il ne se présente pas, avec le plaignant, devant le magistrat, celui-ci exigera qu'une signification soit faite à l'intéressé. Inutile de le contraindre à comparaître *in jure* : une signification (*denuntiatio*) à domicile suffira. La signification sera faite, soit au défendeur lui-même, soit s'il n'habite pas l'immeuble dommageable, à son mandataire, à ses fermiers, à toute personne qui y demeure et à qui l'on puisse donner utilement l'avertissement requis. Si l'immeuble appartient à une hérédité jacente, si l'héritier n'est pas connu, si l'immeuble est inhabité, la signification, rendue impossible, n'est point exigée. Et cependant, dit Ulpien, il est plus sûr en pareil cas, d'afficher sur l'immeuble même une annonce qui puisse prévenir l'intéressé (L. 4, §§ 5 et 6). Il faut prendre toutes les précautions désirables pour n'avoir pas à redouter plus tard une *restitutio in integrum.*

Supposons maintenant le second décret rendu. Quels seront les droits de celui qui l'obtient ? Quelle est la situation des divers ayants-droit auxquels il peut nuire ?

Ce décret contient un envoi en possession : *eum, qui non satisdabitur, in possessione esse jubebo.* (L. 7, Pp.) Il a été dit déjà en quoi ce second envoi différait du premier. Il ne s'agit plus ici d'une simple permission d'occuper le bien dommageable. Le décret confère un droit plus utile

et plus complet : il confère au plaignant la propriété
même du bien en question.

Nous disons « la propriété » : ce terme a besoin d'être
expliqué. Il ne peut s'agir ici, on le comprend, de propriété quiritaire. Le *dominium* peut être transféré par
l'adjudication dans un *judicium legitimum ;* il ne l'est pas
dans le *judicium imperio continens :* il ne peut donc pas
l'être en vertu d'une décision qui emprunte toute sa force
à l'*imperium.*

Cette réserve faite, il est certain que le second
décret conférait ce droit réel prétorien, entouré de tous
les avantages de la pleine propriété, et qu'on est convenu
d'appeler l'*in bonis. Damni infecti nomine in possessionem
missus, possidendo dominium cepit* (L. 44, § 1) *; jussi su-
mus a prœtore eas œdes possidere et ex hoc dominium earum
nanciscimur* (L. 5, D., 10, 3). N'est-ce pas là le caractère de l'*in bonis* de se transformer en *dominium* sur les
biens susceptibles de propriété quiritaire, par le seul effet
d'une possession prolongée ?

Il ne faudrait pas aller plus loin et soutenir que le second décret pouvait conférer le *dominium*. En vain objecterait-on la loi 1 pp. au Digeste, livre 23, titre 5 : *si vicinus jussus sit possidere, hic enim dominus fit*. Qu'est-ce
que cela veut dire, sinon que le possesseur *in bonis* devient *dominus* ? La loi n'a pas besoin d'ajouter comment
il le devient.

Vis-à-vis du débiteur de la *cautio*, le plaignant qui a
obtenu le second décret, est considéré comme un véritable
acquéreur. Cette acquisition est si bien parachevée que
vainement la *cautio* serait offerte pour donner satisfac-

tion aux ordres du préteur. Il n'est plus question d'obéir
au magistrat ; il faut subir la dépossession, qui est la sanction légale de la désobéissance antérieure. Si, à un moment donné, la loi ne frappait pas d'une façon irrémé-
diable, la situation de l'envoyé serait toujours incertaine
et, comme le disent nos textes, *cœterum nullus finis rei
invenietur* (L. 15, § 33).

Les effets du second décret ne peuvent cesser que par
une *restitutio in integrum* prononcée au profit de celui
qui peut produire une juste cause de son abstention au
moment où le décret a été rendu.

Qu'arriverait-il si le second décret n'avait pas été prononcé contre le propriétaire ? Il peut être rendu, en effet,
contre l'usufruitier, le créancier gagiste, le possesseur de
bonne foi, etc., contre toutes les personnes tenues de *cavere de damno infecto*. En pareille hypothèse, il est difficile
d'admettre que le décret entraînât une dépossession définitive du propriétaire. En définitive, aucune décision n'est
intervenue contre lui : *Id, quod nostrum est, sine facto
nostro ad alium transferi non potest.*

Sans doute, des difficultés de ce genre s'élevaient rare-
ment, puisque nos textes n'en font pas mention. Le plaignant devait s'adresser la plupart du temps au véritable
propriétaire, et il est permis de croire que la *denuntiatio* dont nous avons parlé devait spécialement lui être
faite. Cependant on s'explique que la question eût de
l'intérêt à l'égard du propriétaire, qui ignore peut-être
son droit, et dont la place a été tenue, dans le procès, par
un possesseur de bonne foi. Est-ce bien cette hypothèse
que Julien a eue en vue lorsqu'il écrit : *eum qui in pos-*

sessionem damni infecti nomine mittitur, non prius inci-
pere per longum tempus dominium capere, quam secundo
decreto a prœtore dominus constituatur ? Tout nous porte
à le croire. Le préteur a livré le bien au demandeur :
dominum constituit ; et néanmoins celui-ci est obligé d'acquérir la propriété *per longum tempus,* par prescription.
Qu'est-ce que cela veut dire, sinon qu'il y a un tiers auquel le droit concédé n'est pas opposable, parce que ce
tiers est le véritable propriétaire et que l'instance n'a pas
été liée contre lui ? (L. 15, § 16). Le propriétaire peut
donc utilement revendiquer son bien jusqu'à ce que la
prescription lui soit opposable : tout ce que peut faire le
décret, c'est de constituer au profit de l'envoyé en possession un juste titre de la prescription acquisitive et de
lui donner un droit de rétention pour garantir l'indemnité qui doit lui être assurée (L. 15, §§ 31 et 34).

Il ressort du texte déjà cité de Julien que la possession,
utile pour prescrire, commence à dater du second décret
et non de la première *missio in possessionem.* Celle-ci, en
effet, ne confère qu'un simple droit de détention, non ac-
compagné de cet *animus sibi habendi* sans lequel il n'y a
pas de prescription possible.

La difficulté que nous avons tenté de résoudre apparaît
encore dans une hypothèse similaire. Il s'agit, par exemple, d'un décret prononcé contre le *verus dominus.* Ce décret confère au plaignant tous les avantages du droit de
propriété. Mais acquiert-il cette propriété à l'encontre du
créancier hypothécaire qui a sur l'immeuble un droit réel?
Nous avons dit plus haut que la question de savoir si on
pouvait réclamer la *cautio* du créancier hypothécaire avait

été discutée entre les jurisconsultes. Et encore peut-on se demander si ces termes *creditor qui pigmus accepit* s'appliquent au créancier hypothécaire ou seulement au créancier nanti du gage. Quoi qu'il en soit, la situation de ce créancier est nettement indiquée dans la loi 12 : *his qui pignori rem acceperunt, potior est is, cui damni infecti non cavetur si possidere et per longum tempus rem capere ei permissum fuit.* En dépit du créancier *qui pignori rem accepit* le plaignant sera envoyé en possession de l'immeuble et en acquerra par prescription la propriété libre de toutes charges ; le créancier qui veut conserver sa garantie et interrompre la prescription devra préalablement fournir lui-même au plaignant les satisfactions auxquelles il a droit. Le créancier serait même déchu de tout droit si, antérieurement au second décret, il avait été mis en demeure de fournir caution et avait refusé la *satisdatio* requise ; en pareil cas le créancier est à jamais privé de la *persecutio pignoris*, de même que le propriétaire serait définitivement dépouillé de la propriété. *Item quærilur in pignoratitio creditore, an pignoris persecutio denegetur adversus eum, qui jussus sit possidere ? Et ma,is est, ut si neque debitor repromisit neque creditor satisdedit pignoris persecutio denegetur. Quod in fructuario recte Celsus scribit* (L. 15, § 25).

Les solutions que nous venons de rapporter s'appliquent également au cas où la propriété est démembrée au profit d'un usufruitier qui, nous l'avons dit, a les mêmes droits et les mêmes obligations que le créancier *qui pignori rem accepit.*

Lorsque l'immeuble dommageable est une maison donnée à bail emphytéotique par une cité autonome, le plaignant qui se borne à demander la *cautio* à l'emphytéote, sera simplement subrogé aux droits et actions de celui-ci ; s'il veut devenir propriétaire de *l'ager vectigalis*, il devra mettre les administrateurs de la cité en demeure de fournir la *cautio* : alors seulement il acquerra sur l'immeuble un droit exclusif, opposable à la cité elle-même. *Si de vectigalibus (œdibus) (1) non caveatur, mittendum in possessionem dicemus, nec jubendum possidere : nec enim dominium capere possidendo potest; sed decernendum, ut eodem jure esset, quo foret is, qui non caverat : post quod decretum vectigali actione uti poterit. — Sed in vectigali prœdio, si municipes non caverint : dicendum est, dominium per longum tempus adquiri* (L. 15, §§ 26 et 27). Ce texte est intéressant parce qu'il donne à entendre que le préteur pouvait refuser le second envoi en possession, lorsque le propriétaire de la *res damnosa* n'avait pas été mis en demeure de fournir la *cautio;* il paraît, en effet, inutile de donner le droit de prescrire ou d'usucaper un bien, alors que cette prescription ou cette usucapion ne serait pas opposable au véritable propriétaire.

D'une manière générale, on peut donc dire : quiconque est investi d'un droit réel sur l'immeuble dommageable est déchu de son droit par l'effet du second décret, lorsque d'ailleurs il a refusé de fournir la *cautio* qu'il était tenu de donner. Dans tous les cas, le plaignant mis en

---

1. Le mot *œdibus* ne se trouve pas dans le texte de la Vulgate et Doneau prétend qu'il n'y avait pas d'*œdes vectigales*, mais seulement des maisons construites par les emphytéotes sur *l'ager vectigalis* (Comm. *de jure civili*, lib. 9, cap. 13).

possession de l'immeuble peut repousser tout recours de la part des ayants-droit qui ont refusé de s'obliger *de damno infecto* et de la part des autres intéressés qui prétendraient exercer leurs droits, sans offrir les satisfactions exigées par l'édit.

Si la *res damnosa* est un immeuble rural appartenant à un mineur de 25 ans, le sénatus-consulte de Septime-Sévère qui prohibe l'aliénation des immeubles de ce genre, empêchera-t-il le *missus* de s'emparer de ce bien et d'en devenir propriétaire ? Non, évidemment, car le sénatus-consulte ne s'applique pas au cas où l'aliénation de ces immeubles est forcée. D'ailleurs, cette aliénation est toujours possible, avec l'autorisation du magistrat, lorsqu'elle est nécessaire pour acquitter les dettes du mineur (L. 5, § 14 D. ; 27, 9). En notre hypothèse, l'aliénation indirecte résultant du second décret est nécessaire pour punir la résistance du mineur qui n'a pas voulu donner *cautio* (L. 3, § 1, *eod tit.*) De même, lorsque le pupille ne fournira pas la *cautio, tutore auctore,* le plaignant obtiendra l'envoi en possession. *Si pupillus tutorem non habeat, quo auctore damni infecti pro mittat : quasi non defendatur, missis in possessionem locum habebit* L. 15, § 29). Dans des hypothèses de ce genre, comme dans toutes celles où les intéressés ont eu de justes motifs de ne pas donner *cautio,* l'effet des envois en possession pourra cesser par une *restitutio in integrum.*

§ 8. — L'actio in factum damni infecti causa.

Après avoir refusé de donner la *cautio*, le propriétaire de la *res damnosa* pourrait encore s'opposer aux ordres du magistrat en voulant se soustraire aux effets des envois en possession. Une telle résistance encourage le préteur à introduire une réforme plus hardie. Il ne procèdera plus par voie de *cognitio extra ordinem*, mais il créera de toutes pièces une action nouvelle qui permettra à l'intéressé d'obtenir directement la réparation du dommage qu'il a subi. Cette action sera donnée à celui qui pouvait exiger la *cautio* dans les formes ordinaires de la procédure normale. *Hoc judicium certam conditionem habet, si postulatum est. Postulare autem proprie dicimus, pro tribunali petere, non alibi* (L. 4, §. 8).

Comme sanction de ses ordres, un autre procédé s'offrait au préteur : nous voulons parler du *pignus ex causa judicati captum*. Cette sorte de saisie appliquée à la *res damnosa*, aurait très utilement attribué ce bien à celui qui avait pouvoir de le posséder. Néanmoins Ulpien déclare formellement qu'il n'accepte pas ce moyen de contrainte et que l'*actio in factum* a été préférée. Il est facile d'expliquer cette préférence. L'objet de la *cautio* est de garantir la réparation de dommages éventuels. On espère obtenir la promesse de cette réparation ; à défaut de promesse on se rabat sur un pis-aller, sur l'attribution faite à la personne menacée du bien dommageable. Cette attribution est une garantie peut-être insuffisante, peut-être exagérée, suivant qu'elle porte sur un bien de grande valeur ou sur un bien insignifiant. Puisque le magistrat se décidait à faire un coup d'état et à créer le droit de toutes pièces, il eût été bien extraordinaire qu'il s'arrêtât à une demi-réforme, d'une application souvent injuste.

Quels sont les caractères de cette action *in factum?* Ulpien les résume ainsi : *in eum qui quid eorum, quæ supra scripta sunt, non curaverit, quanti ea res est, cujus damni infecti nomine cautum non erit, judicium datur : quod ad quantitatem non refertur, sed ad id quod interest, et ad utilitatem venit, non ad pœnam* (L. 4, § 7). Il s'agit donc d'une *actio rei persecutoria* et non d'une *actio pœnæ persecutoria.* Cette remarque est indispensable en vue de certains textes qui laisseraient entendre que le magistrat doit punir (L. 18, § 15). Ajoutons que c'est une action de bonne foi puisqu'elle tient compte de tout intérêt appréciable dont le demandeur peut justifier : ce caractère lui est d'ailleurs commun avec toutes les actions *in factum.* Enfin c'est une *actio in factum,* c'est-à-dire que l'*intentio* de la formule devait articuler des faits générateurs d'obligation et non se rapporter à l'application d'une règle de droit.

Sur les indications fournies par la loi Rubria (1) nous composerions ainsi une formule de cette *actio : judex esto. Si antequam id judicium, qua de re agitur, factum est Quintus Licinius, damni infecti nomine stipulationem Lucio Seio repromisisset, tum quidquid Quintum Licinium in ea stipulatione dare facere oporteret ex bona fide; si, ex edicto quod prœtor decreverit, Q. Licinius eo nomine, qua*

1. Cf. ci-dessous, le paragraphe 9.

de re agitur, Lucio Seio damni infecti repromittere noluit, condemna, si non paret absolvito.

Les formules de la *lex Rubria* contiennent une *condemnatio cum taxatione*. Rien ne prouve que la *condemnatio* ne pût être entièrement *incerta*. Il n'est rien de plus difficile à évaluer qu'un dommage causé à la propriété : pourquoi enchaîner la liberté du juge ?

L'*actio in factum* appartient à tous ceux qui peuvent demander la *cautio*. Elle est donnée contre quiconque est tenu de *cavere de damno infecto* (L. 4, § 7). Par elle l'intéressé obtiendra tout ce qu'il aurait pu réclamer si la *cautio* avait été fournie, c'est-à-dire la réparation de tout dommage éprouvé depuis le jour où il a recouru au magistrat pour la première fois. Par elle également il pourra se faire indemniser de toutes les impenses justifiées qu'il aura faites pour prévenir le dommage (L. 4, § 7 *in fine.* L. 15, § 34).

Nous avons indiqué ci-dessus dans quelles hypothèses l'*actio in factum* venait au secours du plaignant. L'action est donnée de suite si le dommage se produit tandis qu'on est en instance pour demander la *cautio* (L. 15, § 28). Le refus, de la part du propriétaire de supporter chez lui la présence du *missus in possessionem*, donne pareillement ouverture à l'action. De même un refus semblable d'obtempérer au second décret. Nous venons de dire enfin que l'action appartient à l'envoyé en possession qui aura réparé à ses frais le bien dommageable.

Cette action peut exister concurremment avec d'autres modes de recours. Par exemple, le propriétaire a délaissé son bien après le second décret : puis il revient à la charge et veut déloger l'envoyé. Celui-ci pouvait sans doute se défendre, soit par l'interdit *unde vi*, soit par l'action Publicienne. Mais il n'est pas obligé d'y recourir et il a droit de préférer l'*actio in factum* qui lui donnera droit d'obtenir une condamnation plus équitable (L. 18, § 15).

Une fois ouvert, le droit à l'*actio in factum* est perpétuel. Il est transmissible passivement et activement et garantira toujours la réparation du dommage éventuel. (L. 4, § 17). Alors même que la *cautio* a été réclamée par un mandataire, l'action sera donnée directement au véritable intéressé. (L. 18, § 16).

Toujours, c'est la résistance à un ordre du magistrat qui donne naissance à l'action. Qu'arrivera-t-il si la résistance provient d'une personne autre que celle obligée de donner *cautio* ? Par exemple, c'est l'esclave de cette personne qui s'est opposé à la prise de possession du *missus*. Dans ce cas, dit Ulpien, il y aura lieu contre l'esclave et son maître à l'action noxale. Si la résistance provient d'un mandataire, ou d'un tuteur, ou d'un représentant quelconque du débiteur de la *cautio*, l'*actio* sera donnée contre le représentant (L. 17, Pp. et § 1). C'est logique : l'action née à l'occasion d'un quasi-délit doit être donnée contre l'auteur du quasi-délit. Il n'est pas admissible qu'on prétende agir pour le compte d'autrui, l'orsqu'on agit contre l'ordre du magistrat.

§ 9. — *A propos d'un fragment de la loi Rubria.*

Une table de bronze, découverte en 1760, près de Plaisance, contient la fin du chapitre XIX, les chapitres XX, XXI, XXII, et le début du chapitre XXIII d'une loi dite *lex Rubria de Gallia cisalpina*, relative à l'organisation judiciaire de la Gaule cisalpine au VIIIe siècle de Rome (1). Le chapitre XX contient des règles applicables en cas de *damnum infectum*, et dont voici le texte : *Qua de re quisque, et a quo, in Gallia cisalpeina damnei infectei ex formula restipularei satisve accipere volet, et ab eo quei ibei jure deicundo prærit postulaverit, idque non kalumniæ kaussa se facere juraverit : tum is, quo de ea re ex formula repromittere et, sei satis darei debebit satis dare jubeto decernito. Quei eorum ita non repromisse it aut non satis dederit, sei quid interim damni datum factumne ex ea re ant ob eam rem eove nomine erit, quam ob rem, utei damnei infectei repromissio satisve datio fierei jubeatur, postulatum erit : tum magistratus prove magistratu II vir IIII vir præfectus ve, quoquamque de ea re in jus aditum erit, de ea re ita jus deicito judiciam dato juridicareque jubeto cogito, proinde atque sei de ea re, quam ita postulatum esset, damnei infectei ex formula recte repromissum satisve datum esset. De ea re quod ita judicium datum judicareve jussum judicatumve erit, jus ratumque esto, dum in ea verba, sei damnei infectei repromissum non erit, judicium det itaque judicare jubeat :*

1. Cf. M. Paul Girard, *Textes de Droit Romain*, p. 65.

Judex esto. Si antequam id judicium, qua de re agitur, factum est, Quintus Licinius, damnei infectei nomine, qua de re agitur, eam stipulationem, quam is quei Romæ inter peregrinos judicet in albo propositum habet, Lucio Seio repromeisisset, tum quidquid Quintum Licinium in ea stipulatione dare facere oporteret ex bona fide dumtaxat H. S. ejus judex Q. Licinius L. Scio, sei, ex decreto II viri IV viri præfective Mutinensis, quod ejus is II vir IV vir præfectusve ex lege Rubria, seive id est plebiscitum, decreverit, Q. Licinius eo nomine qua de re agitur, Lucio Scio damnei infectei repromittere noluit, condemna, sei non paret, absolvito.

Aut sei damnei infectei satisdatum non erit in ea verba judicium det : judex esto, si antequam id judicium, qua de re agitur, factum est. Quintus Licinius, damnei infectei nomine, qua de re agitur, eam stipulationem, quam is quei Romæ inter peregrinos jus deicet in albo propositam habet, L. Scio satisdedisset, tum quidquid Q. Licinium ex ea stipulatione dare facere oporteret ex bona fide dumtaxat H. S. ejus judex Q. Licinius L. Scio, si, ex decreto II viri IV viri præfective Mutinensis, quod ejus is II vir IV vir præfectusve ex lege Rubria, sive id est plebiscitum, decreverit, Q. Licinius eo nomine qua de re agitur Lucio Seio damnei infectei satisdare noluit, condemna, si non paret, absolvito.

Il résulte de ce texte que dans la Gaule cisalpine la procédure de la *cautio damni infecti* n'était pas conforme à celle usitée à Rome. La loi Rubria donne au *præfectus* représentant le pouvoir central, aux II et IV *viri juri dicundo* représentant le pouvoir municipal, le droit de statuer sur la *cautio damni infecti*. Mais si le propriétaire de l'immeuble dommageable refuse de fournir la garantie mise à sa charge, on ne procèdera pas contre lui par la voie ordinaire des *missiones in possessionem :* on supposera, par une fiction légale, que la *cautio* prescrite par le magistrat a été fournie, et, en cas de dommage, on admettra la victime à intenter une *actio fictitia ex stipulatu*.

Pour expliquer cette disposition exceptionnelle, on peut supposer que lors de la rédaction de la loi Rubria la théorie du *damnum infectum* n'avait pas encore revêtu les formes qu'elle présente à l'époque classique. Au viiie siècle de Rome, les citoyens recouraient encore, en cas de *damnum infectum* à la *legis actio* dont parle Gaïus : on est d'autant plus fondé à le croire que les formules contenues dans la loi Rubria désignent la *cautio damni infecti* comme une stipulation prétorienne à l'usage des pérégrins seulement. C'est le préteur pérégrin qui a créé la *cautio damni infecti*, et, pour sanctionner sa réforme, il a puni la résistance à l'obligation de *cavere*, non pas en accordant au pérégrin menacé une possession qui ne pouvait le conduire à l'usucapion de la propriété quiritaire, mais en décernant contre le propriétaire de la *res damnosa* une action fictice, semblable à celle qui serait délivrée si la stipulation reglementaire avait été faite. En pareille matière, la loi Rubria n'a fait que copier l'édit du préteur pérégrin. Plus tard le préteur urbain s'appropria cette réforme, mais en la fondant avec les anciennes prescriptions du droit civil, et en substituant à l'*actio fictitia* délivrée contre le débiteur de la *cautio*, des moyens de contrainte indirects imités de l'ancienne *pignoris capio*.

Sans aller aussi loin dans la voie des conjectures, on peut encore expliquer la décision exceptionnelle de la loi Rubria en se fondant sur la loi 4, § 4, à notre titre, qui refuse aux magistrats municipaux le droit de statuer sur la *missio in possessionem ex secundo decreto*. Seuls, le préteur et le *præses provinciæ* pouvaient accorder l'envoi en possession définitif. Pour simplifier la tâche du magistrat supérieur et pour le dispenser d'avoir à statuer trop fréquemment *cognita causa*, en cas de *damnum infectum*, la loi Rubria n'étendit pas à la Gaule cisalpine les prescriptions savantes et complexes en usage à Rome et décida simplement que la *cautio* indûment refusée serait présumée fournie au profit de celui qui la réclame (1).

1. M. Accarias exprime l'opinion que les formules contenues dans la loi Rubria paraissent se rapporter seulement au cas où le dommage arrive après que la *cautio* a été demandée et avant qu'elle ait été fournie (Cf. tom. II, p. 774, note 2). Ces formules seraient donc simplement applicables à l'action utile accordée en semblable circonstance (L. 15, § 28).

DROIT FRANÇAIS

DE LA

RECHERCHE & DE L'EXPLOITATION DES MINES

AU POINT DE VUE

Des dommages et indemnités qui peuvent en résulter

ET DU RETRAIT DES CONCESSIONS DE MINES

Depuis le décret qui permet de les rechercher jusqu'à la fin des travaux entrepris pour leur exploitation, les mines sont des causes permanentes de dommages. Tout d'abord, les fouilles et les sondages commencent par dégrader les parcelles du sol sur lesquelles l'explorateur est autorisé à exécuter ses travaux. Ensuite, l'acte de concession, en isolant de la surface la propriété du dessous, occasionne un préjudice au propriétaire de la surface qui n'obtient pas la concession ; ce même acte peut encore nuire à l'inventeur de la mine, lorsque le gouvernement lui retire le bénéfice de sa découverte parce qu'il ne le juge pas capable de tirer parti des richesses minérales dont il a révélé l'existence. Enfin, lorsque le

6

concessionnaire organise son exploitation, il est autorisé à occuper la propriété d'autrui pour y établir certains travaux ; il est autorisé surtout à conduire des galeries dans les profondeurs de la terre, au risque d'ébranler les couches inférieures du sol et d'amener ainsi la dislocation de la surface, le tarissement des eaux qui y sourdent, la stérilisation des cultures qui y sont entreprises et la ruine des constructions qui y sont fondées.

L'application des principes du droit commun aurait été insuffisante dans une matière où les dommages sont exceptionnels par leur nature, leur nombre et leur importance. Aussi le législateur a-t-il édicté des dispositions spéciales aux dommages résultant de la recherche et de l'exploitation des mines. Ces dispositions ont pour objet soit de prévenir ces dommages, soit d'en régler la réparation. Nous les étudierons d'après l'ordre suivant :

CHAPITRE Ier. — Mesures préventives contre les dommages résultant de la recherche et de l'exploitation des mines.

CHAPITRE II. — Indemnités dues par le concessionnaire en vertu même de l'acte de concession.

CHAPITRE III. — Des mesures destinées à garantir la réparation des dommages causés par la recherche ou l'exploitation des mines.

CHAPITRE IV. — De l'occupation du sol par les explorateurs et les concessionnaires de mines et des dommages qui en résultent.

CHAPITRE V. — Des dommages causés à la propriété par les travaux intérieurs des mines.

Dans le cours de cette étude nous avons consulté de

préférence les ouvrages suivants : *Cours de Droit administratif*, de M. Ducrocq ; *Législation des mines*, de M. Aguillon ; *Code des mines et des mineurs*, de M. Féraud-Giraud ; *Traité pratique de la jurisprudence des mines*, de M. Et. Dupont ; *Résumé de la doctrine et de la jurisprudence en matières de mines*, de MM. V. Bréchignac et L. Michel ; *Traité sur la législation des mines*, de M. Peyret-Lallier ; *La propriété des mines*, de M. Ed. Dalloz ; *Traité de la législation des mines*, de M. Bury ; *Traité sur la jurisprudence des mines*, de M. Delebecque.

CHAPITRE PREMIER

Pour faciliter l'exploitation des richesses minérales du pays, la loi du 16 avril 1810 grève le territoire tout entier de lourdes servitudes. Mais elle organise en même temps de multiples précautions pour atténuer le caractère onéreux de ces servitudes et pour prévenir les dommages que les travaux des mines occasionnent fréquemment aux propriétaires de la surface.

L'étude de ces mesures préventives fera l'objet de ce chapitre et se développera dans l'ordre suivant :

§ 1. — Mesures préventives résultant du permis de recherches.

§ 2. — Mesures préventives résultant du décret de concession.

§ 3. — Mesures préventives résultant de l'article 11.

§ 4. — Mesures préventives résultant des règlements administratifs.

§ 1. — *Mesures préventives résultant du permis de recherches.*

Dans les observations qui vont suivre, il ne sera pas question des dommages causés par un propriétaire qui pratique des fouilles sous son propre fonds. De telles investigations sont libres. L'article 552 du Code civil en disposant que *la propriété du sol emporte la propriété du dessus et du dessous,* ajoute en forme de déduction : *le propriétaire peut faire au-dessous toutes les constructions et fouilles qu'il jugera à propos.* L'article 12 de la loi des mines consacre ce droit primordial. *Le propriétaire,* y est-il dit, *pourra faire des recherches, sans formalité préalable, dans les lieux réservés par l'article 11 comme dans les autres parties de sa propriété.*

Le propriétaire peut exercer son droit lui-même ou le céder à autrui. De toutes façons il n'y a là qu'une simple manifestation du *jus utendi atque abutendi.* Tant que le propriétaire opère ses recherches dans les limites de son terrain, les prescriptions spéciales de la loi des mines lui demeurent inapplicables. Il n'est soumis à aucune contrainte, à aucune surveillance administrative. Les dommages qu'il peut occasionner dans le cours de ses travaux seront réglés suivant le droit commun, d'après les principes ordinaires de la responsabilité civile.

Bien différente est la condition de l'explorateur qui a obtenu du gouvernement la permission de faire des recherches sous la propriété d'autrui.

Tout d'abord, avant d'obtenir le permis qui lui donnera le droit d'occuper des terrains appartenant à des tiers, le futur explorateur a dû passer par les formalités longues et dispendieuses établies par la loi à l'encontre des explorateurs malavisés qui bouleversent et stérilisent le sol, sous prétexte d'en rechercher les trésors.

L'article 10 énumère très sommairement les conditions

auxquelles la loi assujettit l'obtention du permis de recherches.

Article 10. — *Nul ne peut faire de recherches pour découvrir des mines, enfoncer des sondes ou tarières sur un terrain qui ne lui appartient pas, que du consentement du propriétaire de la surface ou avec l'autorisation du gouvernement, donnée après avoir consulté l'administration des mines, à la charge d'une préalable indemnité envers le propriétaire, et après qu'il aura été entendu.*

Une instruction du Ministre de l'Intérieur Montalivet, portant la date du 3 août 1810, contient un commentaire pratique de cet article et en règle l'application. Celui qui veut explorer le fonds d'autrui avec la prétention de découvrir une mine, adresse tout d'abord une demande au préfet. Cette demande doit contenir, d'une manière précise, l'objet de la recherche, la désignation du terrain, les nom et domicile du propriétaire du terrain. La loi ne dit pas que le préfet soit tenu de donner récépissé de cette demande ou de la consigner sur un registre. Il en est autrement pour une demande de concession proprement dite (art. 22). C'est que rien ne s'oppose à ce que le permis de recherches soit accordé à plusieurs. Peu importe donc la date des demandes.

La demande reçue, le préfet prend l'avis de l'ingénieur des mines, qui fait connaître la nature du terrain, les chances de succès que le projet comporte et la meilleure direction à donner aux travaux. Après avoir pris également l'avis de l'autorité locale, après s'être assuré que le propriétaire a eu communication de la demande concernant son bien, et après en avoir, s'il y a lieu, écouté les observations, le préfet statue sur la demande. Son arrêté mentionne les faits que les formalités susdites ont révélés : il contient finalement une opinion motivée sur la demande, avec l'indication, au cas où la demande paraît justifiée, des limites à assigner au permis de recherches.

Ce n'est pas tout, et l'arrêté préfectoral n'est, en cette matière, qu'un simple document. Il est envoyé, avec toutes les pièces utiles, au Ministère de l'Intérieur. L'instruction ministérielle ajoute : « *pour être statué définitivement* ».

Il ne faut pas se méprendre sur la portée de ces derniers termes. Une circulaire ministérielle, faite pour l'exécution d'une loi, ne peut rien changer à la loi. Or, l'article 10 attribue formellement au gouvernement la décision sur la demande de recherches. D'ailleurs, il serait inexplicable que l'obtention d'un droit aussi abusif, qui équivaut parfois à une véritable expropriation, fût mise à la discrétion du ministre. En pratique, le permis de recherches est concédé par décret, sur le rapport du ministre des travaux publics, qui prend lui-même l'avis du conseil des mines.

Toutes ces formalités longues, dispendieuses, sont bien faites pour décourager l'explorateur aventureux et pour défendre le propriétaire contre des entreprises hasardeuses. Il faut insister davantage sur les moyens de protection qu'elles offrent au propriétaire.

Tout d'abord, celui-ci est prévenu. Les lenteurs de l'enquête lui donnent tout le loisir désirable pour se rendre compte du danger qui le menace, et pour y parer, si la chose est possible. Bien souvent, il ne demandera

pas mieux que de traiter à prix d'argent avec le futur
explorateur qui préfèrera cette solution coûteuse à celle
plus coûteuse encore de l'autorisation administrative.
D'autres fois, le propriétaire écartera toutes recherches
en alléguant qu'il a des indications pertinentes sur la richesse minière de son terrain, fournies peut-être par des
recherches personnelles. A ce propos, il faut se demander
si le propriétaire ne pourrait pas écarter tout explorateur
en pratiquant lui-même des fouilles sous son terrain. N'est-
il pas juste de prétendre que dans ce cas l'intérêt public
est sauvegardé et que toute expropriation devient inutile et
partant injuste ? Le conseil d'État a maintes fois résolu
cette question contre le propriétaire. Le droit qui appartient à celui-ci ne fait pas obstacle au droit supérieur de
l'État. Il ne faut pas que l'action du gouvernement puisse
être paralysée par un simulacre de recherches ou par des
recherches mal conduites. L'intérêt public exige que l'exploration soit confiée au plus capable. A ce point de vue,
ce ne sera pas toujours le propriétaire qui inspirera le
plus de confiance (Cf. *Annales des mines*, tome 16,
p. 721 et 730).

En sens inverse, faut-il décider que le propriétaire
perd son droit de libres recherches par cela seul qu'un
permis d'exploration a été concédé à un tiers, en vertu
de l'article 10 ? Cette question a été diversement résolue
par les auteurs qui ont commenté la loi des mines. La
difficulté provient de la rédaction ambiguë de l'article 12 :
*... il (le propriétaire) sera obligé d'obtenir une concession
avant d'établir une exploitation. Dans aucun cas, les recherches ne pourront être autorisées dans un terrain déjà*

concédé. Que signifie cette interdiction de recherches, posée dans un texte qui proclame le droit du propriétaire ? Et quel est ce terrain concédé ?

Cela peut s'entendre d'un terrain qui fait actuellement l'objet de recherches autorisées : en ce sens, l'article 12 interdirait au propriétaire d'exercer son droit de fouilles concurremment avec le permissionnaire (1). Mais le terme de *concession* ne désigne pas habituellement le permis de recherches et, plus vraisemblablement, l'article 12 *in fine* supprime le droit de recherches dans le territoire soumis à une exploitation régulière en vertu d'une concession. Les auteurs, qui admettent cette interprétation, ne s'accordent pas sur la portée de l'interdiction qu'elle entraîne. Les uns, invoquant les expressions mêmes de la loi : *en aucun cas*, etc., décident, d'une manière absolue, qu'il ne peut être fait aucune recherche, soit par le propriétaire, soit par un permissionnaire, dans les limites du territoire concédé. Le droit de recherches deviendrait alors le monopole du concessionnaire. D'autres pensent que ce monopole est limité à la substance même pour l'extraction de laquelle la concession a été faite. Le droit de recherches subsiste pour toute autre substance, au moins au profit du propriétaire. Il est plus douteux qu'il subsiste au profit d'un permissionnaire étranger, car l'article 12 interdit l'*autorisation* des

1. Cette opinion est formellement contredite dans le rapport présenté au Corps Législatif par M. de Girardin ; on y trouve même la phrase suivante: « Des recherches qui auraient pour objet une *mine concédée* seraient une entreprise sur la *propriété d'autrui.* »

recherches dans un territoire concédé (Cf. Delebecque,
tom. II, n° 760 ; Peyret-Lallier, n° 173 ; Dupont, p. 130
et suiv. ; Aguillon, n° 113) (1).

Nous croyons que la meilleure opinion est celle qui respecte le mieux le droit du propriétaire. Ce droit ne peut
être restreint que par une disposition formelle de la loi,
et de l'article 12, il ressort bien clairement cette unique
conclusion : à savoir, que le propriétaire ne peut plus rechercher une substance dont l'exploitation est déjà concédée sur le fonds même qui lui appartient. A dater de
l'acte de concession, de semblables recherches deviennent
inutiles : on peut donc les interdire, même au propriétaire.

Le propriétaire doit être prévenu de la demande en recherches qui a son terrain pour objectif. Il doit être entendu
dans l'enquête préliminaire. Qu'arrivera-t-il si l'on a omis
de le prévenir et de l'entendre ? Tant que le décret n'est
pas rendu, il a le droit incontestable de présenter au ministre telles observations qu'il jugera convenables. Ce
recours gracieux lui est ouvert en toute hypothèse, même
pour formuler à nouveau une opposition que le préfet n'a
pas estimée suffisamment fondée. Du reste, il ne peut en-

1. Malgré l'opinion unanime de ces éminents auteurs, la recherche de nouveaux gisements nous paraît possible. Sinon, comment
interpréter l'article 15, qui s'applique certainement aux travaux
de recherches faits *sous d'autres exploitations ou dans leur voisinage immédiat ?* Pour concilier l'article 12 avec l'article 15 il faut
décider que la concession d'un gisement déterminé n'empêche pas
la recherche et par suite la concession d'un gisement de substance
différente.

core être question d'un recours par voie contentieuse ;
l'arrêté préfectoral, susceptible peut-être de blesser l'intérêt du propriétaire, ne peut en aucune façon violer son
droit, puisqu'il ne contient pas de solution définitive. Or,
« à défaut de texte législatif qui les place dans le domaine
« de la juridiction administrative, les réclamations éle-
« vées contre les actes de l'administration active qui ne
« blessent que des intérêts, n'appartiennent pas au con-
« tentieux administratif » (Cf. *Cours de Droit administratif* de M. Ducrocq, n° 245).

Il y aurait, au contraire, violation d'un droit acquis si le
décret autorisant les recherches avait été rendu « au
« mépris d'une obligation de l'administration, résultant
« d'un texte de loi ou de règlement, sous la protection
« duquel le propriétaire peut se placer » (Cf. M. Ducrocq,
loc. cit., n° 249). Ainsi le décret rendu contrairement à la
disposition finale de l'article 10, c'est-à-dire sans que le
propriétaire ait été entendu, rentre certainement dans la
catégorie des actes, qui d'après la définition de l'éminent
professeur de la Faculté de Paris, peuvent faire l'objet
d'un recours contentieux devant le Conseil d'État. La
jurisprudence n'offre pas d'exemple de recours contentieux
introduit pour ce motif.

Les mesures préventives dont nous venons de parler
sont antérieures au permis de recherches. Il en est d'autres qui sont édictées par le permis lui-même. Leur ensemble forme en quelque sorte le cahier des charges imposées à l'explorateur. Sans vouloir entrer dans le détail
des prescriptions variées que l'autorité administrative
émet suivant les circonstances, on peut en signaler deux

prévues dans l'instruction ministérielle du 3 août 1810. L'une concerne la durée des recherches. « *Cette durée* », dit le ministre, « *conformément aux anciens usages, n'excèdera pas deux années. Les permissions pourront être renouvelées après cette époque, s'il y a lieu, sur l'avis de l'administration des mines, et aux mêmes conditions à l'égard des propriétaires des terrains.* » L'autre clause est relative au délai que l'explorateur peut laisser courir avant d'entamer ces travaux. Un délai trop long serait nuisible, à cause de l'incertitude même du propriétaire qui hésitera à entreprendre des cultures appelées peut-être à disparaître. Le ministre fixe donc ce délai à trois mois. Les travaux une fois mis en activité doivent être rapidement menés. L'administration se réserve de contrôler la diligence de l'explorateur. Si le permissionnaire demeure trop inactif, il pourra être tenu d'expliquer au préfet les motifs de sa conduite. Une grave sanction punira sa négligence : sur le rapport du préfet et de l'administration des mines, la permission peut être révoquée par décret et accordée à d'autres.

Le permis de recherches contient, d'une manière circonstanciée, l'objet de la recherche et la désignation des terrains assujettis aux fouilles. Le défaut d'indications suffisamment précises nécessiterait, soit un recours par voie gracieuse au chef de l'État, soit une demande en interprétation du décret, portée au Conseil d'État (Cf. M. Ducrocq, *loc. cit.*, n° 66). Rien n'empêche que le plan des travaux d'exploration soit, pour ainsi dire, tracé par le décret. Il conviendrait même, par application des dispositions nouvelles de l'article 43, d'indiquer avec une

— 13 —

grande précision les terrains soumis aux travaux de
recherches. Le propriétaire du sol a tout intérêt à connaître par avance le détail des dommages qu'il va subir
L'explorateur lui-même se sentira plus d'assurance, guidé
qu'il sera par l'ingénieur des mines, véritable inspirateur
du décret : il évitera, en outre, de sérieuses difficultés
que l'application de l'article 43, § 1, pourrait soulever
dans la suite.

§ 2. — Mesures préventives résultant du décret de
concession.

« Les formalités à suivre pour obtenir des concessions
« sont établies par le titre 4 : il est divisé en deux sec-
« tions. L'une traite de l'obtention des concessions et
« l'autre des obligations des propriétaires de mines. —
« Les dispositions qui tracent les règles à suivre pour
« demander et obtenir une concession, cesseront de paraî-
« tre minutieuses, si on réfléchit que dans une matière
« aussi importante, il était nécessaire de prescrire aux
« demandeurs et aux autorités elles-mêmes une marche
« assurée qui servît de garantie contre les surprises et
« les autres abus ; et puisque ces règles sont nécessai-
« res il valait mieux les établir par une loi, que de les
« renvoyer à des règlements à faire, dont l'instabilité
« seule est toujours un inconvénient » (Rapport de M. le
comte de Girardin).

La procédure préparatoire qui précède le décret de
concession a pour objet de prévenir les surprises et autres
abus. Il y a en effet diverses catégories de personnes

auxquelles l'acte de concession peut être dommageable. Il y a tout d'abord l'inventeur de la mine : les articles 16 et 46 réglementent et protègent ses droits. Il y a les demandeurs en concession qui se voient exclus de tous droits par la préférence accordée au concessionnaire désigné. Il y a enfin les propriétaires du sol compris dans le périmètre de la concession : les articles 6 et 42 leur reconnaissent certains droits à la mine, et l'acte de concession peut faire obstacle à ces droits.

En ce qui concerne l'objet du présent paragraphe, les formalités qui précèdent l'acte de concession et les dispositions réglementaires qui le complètent, forment un ensemble de mesures préventives très importantes contre les dommages qui peuvent résulter de l'exploitation des mines. D'ailleurs, nous aurons l'occasion de montrer, dans la suite de cette étude, comment l'acte de concession peut être, à lui seul, une cause de dommage et un principe d'indemnité. Il importe donc d'exposer ici les formes substantielles de l'obtention des concessions.

L'article 22 porte que « *la demande en concession sera faite par voie de simple pétition adressée au préfet qui sera tenu de la faire enregistrer à sa date sur un registre particulier, et d'ordonner les publications et affiches, dans les dix jours* ».

L'instruction ministérielle du 3 août 1810 expose les mentions que la pétition doit contenir : « elle doit indi-
« quer les nom, prénoms, qualité et domicile du deman-
« deur, la désignation précise du lieu de la mine, la na-
« ture du minerai à extraire, l'état auquel les produits
« seront livrés au commerce, les lieux d'où l'on tirera

« les bois et combustibles qui seront nécessaires, l'éten-
« due de la concession demandée, les indemnités offertes
« aux propriétaires des terrains, à celui qui aurait
« découvert la mine, s'il y a lieu ; la soumission de se
« conformer au mode d'exploitation déterminé par le
« gouvernement. »

L'article 14 exige que le pétitionnaire « *justifie des facultés nécessaires pour entreprendre et conduire les travaux
et des moyens de satisfaire aux redevances et indemnités qui
lui sont imposées par l'acte de concession.*

Pour compléter cette disposition de la loi, l'instruction
ministérielle du 3 août 1810 oblige le pétitionnaire à produire un extrait du rôle de ses impositions, ou, si le pétitionnaire est une société, à produire un acte de notoriété
établissant que les membres réunissent les qualités
nécessaires pour exécuter les travaux et acquitter les
indemnités ou redevances auxquelles la concession peut
donner lieu.

La pétition ainsi adressée au préfet, l'article 25 charge
le secrétaire général de la préfecture de délivrer au
requérant un extrait certifié de l'enseignement de la
demande en concession. Dans les dix jours de la récep-
tion de la demande, le préfet est tenu d'ordonner les
publications et les affiches. L'article 23, modifié par la
loi du 27 juillet 1880, a réduit de quatre mois à deux
mois, le délai pendant lequel l'affichage doit avoir lieu,
aux chefs-lieux du département et de l'arrondissement
où la mine est située, dans la commune où le demandeur
est domicilié et dans toutes les communes sur le territoire
desquelles la concession peut s'étendre. En revanche,

tandis que l'ancien article 23 prescrivait une seule publication des affiches dans les journaux du département, le nouvel article exige deux publications, faites à un mois d'intervalle dans les journaux du département et dans le *Journal Officiel*.

Quant aux publications des demandes, elles doivent avoir lieu devant la porte de la maison commune et des églises paroissiales et consistoriales, à la diligence des maires, à l'issue de l'office, un jour de dimanche et au moins une fois par mois pendant la durée des affiches. Les maires sont tenus de certifier ces publications (Art. 24).

Toutes ces formalités ont pour but de prévenir les intéressés, c'est-à-dire l'inventeur de la mine, s'il y a lieu, et les propriétaires du sol que le pétitionnaire voudrait faire comprendre dans sa possession. L'inventeur a intérêt à intervenir, soit pour solliciter la concession à son profit, soit pour réclamer l'indemnité que lui garantit l'article 16. Il en est de même du propriétaire de la surface qui s'opposera utilement à la demande, soit en en formulant une pour son propre compte, soit en réclamant la redevance décrétée par les articles 6 et 42, soit même en protestant contre l'établissement de toute concession. La perspective de l'établissement d'une mine et la crainte des dommages que cet établissement peut entraîner, motivent souvent l'intervention des propriétaires du sol. Cette intervention sera particulièrement active s'ils ont la conviction que l'exploitation projetée est vouée à l'insuccès et à la ruine en raison des circonstances défavorables où elle devrait être établie.

Pour ces derniers motifs, l'usufruitier qui n'aura jamais du reste de droits à faire valoir sur les produits de la mine, devra être prévenu pour faire entendre ses réclamations, s'il y a lieu. De même l'usager, et plus généralement toute personne qui exerce un droit réel sur le sol. Le créancier hypothécaire lui-même peut se préoccuper avec intérêt de la création de la mine. Son droit sera reporté partiellement sur la redevance que le futur concessionnaire sera tenu de payer au propriétaire de la surface. Il est juste qu'il soit tenu au courant des projets du pétitionnaire, afin d'examiner si ces projets ne sont pas de nature à compromettre son gage.

Tous les intéressés ont donc le droit de faire opposition à la pétition ; ils peuvent également formuler une demande en concurrence. C'est ce qui résulte de l'article 26, modifié en 1880 par suite de la nouvelle rédaction de l'article 23 : *Les oppositions et les demandes en concurrence seront admises devant le préfet jusqu'au dernier jour du second mois à compter de la date de l'affiche. Elles seront notifiées, par actes extra-judiciaires, à la préfecture du département où elles seront enregistrées sur le registre indiqué à l'article 22. Elles seront également notifiées aux intéressés et le registre sera ouvert à tous ceux qui en demanderont communication.*

A l'expiration du délai des affiches et publications, le préfet a un mois pour prendre connaissance des documents de l'enquête et pour vérifier l'accomplissement des formalités prescrites. Passé ce délai, il donne son avis et le transmet au ministre (article 27). Dorénavant, et jusqu'à l'émission du décret, toutes les oppositions seront admissibles devant le ministre ou le secrétaire général du Conseil d'État : *Dans ce dernier cas*, ajoute l'article 28, *l'opposition aura lieu par une requête signée et présentée par un avocat au Conseil, comme il est pratiqué pour les affaires contentieuses : et, dans tous les cas, elle sera notifiée aux parties intéressées. Si l'opposition est motivée sur la propriété de la mine acquise par concession ou autrement, les parties seront renvoyées devant les tribunaux et cours.*

L'article 28 ne parle pas des demandes en concurrence qui seraient adressées au ministre : mais il est dans l'esprit de la loi que la demande en concurrence soit assimilée à l'opposition. Aussi admet-on dans la pratique que le ministre soit légalement saisi par une demande tardive, c'est-à-dire non présentée au préfet dans le délai de l'article 26. Tant que le décret n'est pas rendu, toute demande et toute opposition sont admissibles (1).

L'instruction des diverses demandes ou oppositions s'achève devant l'autorité supérieure. Puis un décret en conseil d'État statue définitivement sur les demandes en concession : Aux termes mêmes de l'article 16, le gouvernement est juge des motifs ou considérations d'après lesquels la préférence doit être accordée aux divers demandeurs en concession, qu'ils soient propriétaires de la surface, inventeurs ou autres.

En tant qu'il désigne le concessionnaire, le décret est un acte de juridiction gracieuse, qui peut blesser certains intérêts, mais non violer un droit. Nul n'a droit à la concession, pas même l'inventeur de la mine et le pro-

1. Cf. M. Dupont, tom. I, pp. 188 et suiv.

priétaire de la surface, qui peuvent être écartés arbitrairement, sauf la juste indemnité qui les dédommage de leur éviction. A plus forte raison, le simple demandeur en concession ne peut-il se prétendre lésé par le décret qui sanctionne le droit d'un tiers demandeur.

Mais l'acte de concession violerait des droits acquis s'il avait été fait au mépris des obligations de l'administration résultant de textes de loi, sous la protection desquels les intéressés peuvent se ranger. La règle générale à poser en pareille matière est que toute personne intéressée peut se prévaloir de l'omission d'une formalité pour attaquer l'acte de concession, lorsque d'ailleurs l'inaccomplissement de cette formalité a eu lieu en violation de la loi et au préjudice du réclamant.

Parmi ces formalités substantielles on peut citer notamment : les publications, les affiches, la tenue du registre indiqué à l'article 22 et la publicité de ce registre, la transmission de l'avis du préfet au ministre des travaux publics, le défaut de notification aux parties intéressées des oppositions et des demandes nouvelles, enfin les conditions ordinaires de forme des décrets rendus en Conseil d'État.

Les cahiers des charges.

L'instruction administrative qui précède l'acte de concession constitue une mesure préventive d'une utilité générale, destinée surtout à prohiber une concession injuste. Le cahier des charges, annexé au décret, a pour objet principal de prohiber toute exploitation dommageable.

La loi de 1810 ne parle pas du cahier des charges. L'instruction ministérielle du 3 août 1810 énumère seulement les obligations principales que le décret devra imposer à l'exploitamt. « Le décret, y est-il dit, déter-« mine le mode d'exploitation qui devra être suivi par le « concessionnaire, et notamment les galeries d'écoule-« ment et autres grands moyens d'épuisement, d'aérage « ou d'extraction des minerais, qui devront être exécutés « pour l'exploitation la plus économique ; les autres con-« ditions dépendantes des circonstances locales, et à l'exé-« cution desquelles le concessionnaire se serait soumis... » Plus loin, et dans le paragraphe 11 de la même instruction, le ministre énumère un grand nombre d'obligations qui assujettissent le concessionnaire à certaines règles techniques pour le traitement des substances minérales.

Enfin le décret du 18 novembre 1810, contenant organisation du corps des mines, porte dans son article 24 : « Les ingénieurs en chef proposeront aux préfets, et ils « adresseront au directeur général, les projets d'affiches « et *les conditions du cahier des charges pour toutes les* « *concessions de mines.* »

Depuis lors, il n'a pas été fait d'acte de concession qui ne contienne son cahier des charges, c'est-à-dire un réglement détaillé organisant minutieusement l'exploitation de la nouvelle mine. On y trouve certaines clauses générales prescrites par diverses circulaires ministérielles (3 août 1810, 18 décembre 1812, 14 octobre 1813, etc.). On y trouve aussi des clauses spéciales variant avec chaque concession suivant les circonstances.

Nous n'avons à nous occuper des cahiers des charges qu'au point de vue des questions de droit, qui s'élèvent à leur sujet. La plus importante a trait à la légalité et par suite au caractère obligatoire de ces règlements. Un acte de concessions peut-il renfermer toute espèce de clauses ? Le cahier des charges peut-il être assimilé à une convention échangée entre le concessionnaire et l'État ?

Si le décret de concession était un acte d'aliénation par lequel le gouvernement dispose d'une portion du domaine public, on comprendrait qu'il imposât à l'acquéreur toutes sortes de conditions non contraires aux lois. Mais il n'en est pas ainsi, et, dans l'exposé des motifs de la loi de 1810, le législateur a pris soin de dire qu'il ne fallait pas compter les mines parmi les biens nationaux.

En réalité, les mines n'appartiennent à personne. Elles ne sont susceptibles d'appropriation qu'en vertu d'un décret de concession et ce décret, rendu dans un intérêt public et non dans un intérêt domanial, a pour but de concilier autant que faire se peut les droits du propriétaire de la surface, les droits de l'inventeur et les exigences d'une bonne exploitation de la richesse minérale du pays. Dans la mesure de ces intérêts divers, qu'il a le devoir de ménager et de défendre, le gouvernement est libre d'imposer au concessionnaire toutes les obligations qui sembleront convenables. Mais s'il se laisse entraîner par d'autres motifs, s'il veut mettre son pouvoir discrétionnaire au service d'autres causes que celles à lui confiées par la loi, le gouvernement commet un abus de pouvoir et les décisions qu'il prendra sous cette inspiration devront être inefficaces.

Je suppose, par exemple, qu'une clause du cahier des charges oblige un concessionnaire à ne pas vendre le produit de sa mine en dehors de certain rayon détermi- né, ou encore, à faire voiturer ce même produit par telle ou telle entreprise de transport : il est clair que ces con- ditions sont inacceptables et que le concessionnaire peut se soustraire à leur exécution, sans s'exposer à une con- travention punissable.

Une hypothèse prime toutes les autres par le grand intérêt pratique qu'elle emprunte à certaines tendances économiques. Un décret de concession oblige l'exploitant à faire participer, dans une certaine mesure, les ouvriers de la mine aux bénéfices de l'exploitation : le concession- naire peut-il résister à l'exécution de cette clause ? Sans contredit il n'entrait pas dans l'esprit du législateur de 1810 de donner au gouvernement le droit de garantir un juste salaire aux ouvriers des mines. L'acte de concession peut contenir les prescriptions les plus minutieuses pour défendre la sécurité des ouvriers : dans cette voie, l'arti- cle 50 permet à l'administration d'aller jusqu'aux limites de la plus extrême prévoyance. Mais nulle part il n'est dit que la loi assure aux ouvriers une juste rémunération de leur travail. Néanmoins il nous paraît qu'une telle clause devrait être validée. Elle peut être introduite pour favoriser la bonne exploitation des mines, et ce motif doit suffire à la maintenir. Personne, en effet, ne peut contes- ter que les grèves et les agitations ouvrières soient un danger permanent pour le succès des entreprises miniè- res. Il n'est pas défendu au gouvernement de croire que la participation de l'ouvrier aux bénéfices de l'entreprise sera un gage de conciliation entre les intérêts des travailleurs et ceux de l'exploitation elle-même.

Quant aux clauses des cahiers des charges qui seraient contraires aux lois, il n'est pas douteux que leur effet soit nul. Ainsi faudrait-il considérer comme dénuée de toute valeur la clause qui interdirait au concessionnaire de vendre son droit ou de le donner en gage. Le principe de la libre circulation des biens fait partie de notre droit public : une telle clause le violerait manifestement.

En résumé, le gouvernement est libre de dresser l'acte de concession dans le sens des intérêts commis à sa garde ; mais, ce faisant, il n'a pas le droit de modifier la loi et ne peut la compléter en y introduisant des motifs qui lui sont étrangers.

Il va sans dire que tous les intéressés peuvent se prévaloir des clauses légales insérées dans les cahiers des charges. C'est pour eux, et en quelque sorte, comme leur mandataire légal que le gouvernement les a stipulées. (D. 86. 1. 165).

§ 3. — *Mesures préventives résultant de l'article 11.*

Il y a certaines catégories de biens que la loi veut soustraire, dans la mesure du possible, aux dommages causés par la recherche et par l'exploitation des mines. En leur faveur, elle a édicté l'article 11 ainsi conçu :

Nulle permission de recherches ni concession de mines, ne pourra sans le consentement du propriétaire de la surface, donner le droit de faire des sondages, d'ouvrir des puits

*ou galeries, ni d'établir des machines, ateliers ou magasins
dans les enclos murés, cours et jardins.*

*Les puits et galeries ne peuvent être ouverts dans un
rayon de 50 mètres des habitations et des terrains compris
dans les clôtures murées y attenant sans le consentement
des propriétaires de ces habitations.*

Le comte de Girardin, en soumettant l'ancien article
11 au Corps Législatif, s'exprimait ainsi : « Cependant la
permission de recherches n'autorise jamais à faire des
fouilles, des travaux ou établissements d'exploitation,
sans le consentement formel du propriétaire, dans ses
enclos murés, cours ou habitations et dans ses terrains
attenants aux dites habitations dans un rayon de 100 mètres. Vous jugerez, sans doute, messieurs, que le respect
pour le domicile d'un citoyen commandait cette restriction : elle ne comprend pas d'ailleurs les galeries d'écoulement ou d'exploitation que la disposition des lieux ou
de la mine obligerait à prolonger sous terre, dans une
profondeur telle que la solidité des édifices n'en pourrait
être compromise. »

Les derniers termes de ce commentaire manquaient
de précision et laissaient supposer que certains travaux
souterrains étaient soumis aux restrictions de l'article 11
au même titre que les travaux extérieurs. Mais une telle
interprétation violait ouvertement le texte de l'ancien article : *Nulle permission de recherches,* y était-il dit, *ni concession de mines ne pourra, sans le consentement formel
du propriétaire de la surface, donner le droit de faire des
sondes et d'ouvrir des puits ou galeries, ni celui d'établir
des machines ou magasins dans les enclos murés, cours ou*

jardins, ni dans les terrains attenant aux habitations ou clôtures murées, dans la distance de cent mètres des dites clôtures ou des habitations. Il est clair que ces expressions « travaux à ouvrir, machines à établir, dans les enclos, etc. », ne concernent que des travaux ultérieurs, pratiqués à la surface du sol. Au surplus, le même article est applicable à l'exploitant ; or, on ne conçoit pas que la loi prohibe l'exploitation de tous les gisements existant sous les propriétés réservées par l'article 11. D'une manière unanime la jurisprudence a décidé que les travaux souterrains échappaient aux restrictions établies au profit de la surface (1). Les termes de la loi de 1810 ont paru bons au législateur de 1880 qui n'a pas jugé à propos de les préciser davantage.

Les modifications introduites dans l'ancien article 11 par la loi du 27 juillet 1880, sont ainsi résumées par M. Brossard, dans le rapport qu'il présenta à la Chambre des députés le 17 février 1880.

1° Le rayon de la zône de protection que le législateur de 1810 a établie pour assurer la tranquillité du domicile des citoyens est réduit de 100 à 50 mètres.

2° La loi de 1810 traitait également toutes les clôtures murées, qu'elles fussent ou non attenantes aux habitations, tandis que le projet n'admet de protection pour les enclos, cours et jardins, qu'autant que ces clôtures murées dépendront d'une maison d'habitation.

3° Les puits et galeries seuls sont tenus à une distance de 50 mètres des habitations et enclos ; quant aux ma-

_____

1. Sirey, 75, 2, 36. Dalloz, 85. 1. 157.

chines, magasins et ateliers, proscrits de la zône de protection par la loi de 1810, ils rentrent dans le droit commun et sont régis par les règlements généraux sur la
matière (*Journal officiel* du 28 février 1880, ann. 2309).

Cette triple réforme était depuis longtemps réclamée
par les concessionnaires de mines (1). Les avantages
accordés au propriétaire de la surface par la loi de 1810
étaient excessifs. Par exemple, un exploitant ne pouvait
construire un magasin dans la zône asservie, tandis que
tout autre industriel avait la faculté d'en établir un semblable. Pour échapper à cet inconvénient, plusieurs
auteurs prétendirent restreindre l'application de l'article
11, en soutenant que le propriétaire d'une habitation ou
d'une clôture, ne pouvait prétendre à une zône de protection qu'à la condition d'être en même temps propriétaire
des terrains compris dans la zône (2). Ce système fut
adopté par plusieurs cours d'appel et tribunaux. Une loi
belge du 8 juin 1865 le consacra officiellement. La Cour
de Cassation, au contraire, refusa toujours d'admettre cette
interprétation restrictive de l'article 11.

Un arrêt des chambres réunies du 19 mai 1856 résolut
pratiquement la question en faveur du propriétaire (3).

1. La commission d'étude pour la révision de la loi des mines a
été instituée en 1874, à l'issue de l'enquête ordonnée par l'Assemblée
nationale, le 12 juillet 1873, sur l'état de l'industrie houillière en
France.

2. Dans ce sens : Peyret-Lallier et Dalloz. Douai, 5 décembre
1838 ; Lyon, 7 déc. 1849 ; Dijon, 13 juillet 1853.

3. Dans ce sens : Dupont, Delebecque. — D. 27. 1, 120 ; 43, 1. 346 ;
53. 1, 107 ; 56. 1. 209.

Cette jurisprudence eut des conséquences très préjudiciables au développement des exploitations minières.
L'exemple suivant, emprunté au rapport de M. Brossard,
montre le parti ingénieux que certains propriétaires su-
rent tirer de l'interprétaion large donnée à l'article 11. « De
« nombreux propriétaires d'enclos et d'habitations ont
« profité des immeubles existants pour user de leur droit
« de veto, d'autres n'ont pas craint de construire des
« maisons et des clôtures afin d'obliger les concessionnai-
« res à acheter le droit de foncer un puits dans la zône
« de protection, créée par l'article 11 ; c'est ce qu'on a
« appelé l'industrie des clôtures. Voici un exemple qui
« montrera comment certains intéressés la pratiquent.
« Dans un département du centre, une compagnie puis-
« sante exploite des minerais dans un périmètre renfer-
« mant une surface appartenant en grande partie au
« même propriétaire ; celui-ci, pour entraver les travaux
« de la mine, avait imaginé, il y a quelques années, un
« système de construction admirablement combiné. Il
« faisait préparer dans une ville voisine de petites mai-
« sons en bois et en briques, expédiait des matériaux, et
« quelques jours après, quelques ouvriers suffisant pour
« assembler et élever le tout, on pouvait admirer dans le
« périmètre concédé, de nouveaux édifices avec l'écri-
« teau : Maison à louer. Ces constructions étaient dispo-
« sées de manière à créer, avec les anciennes habita-
« tions, un damier ne laissant pas de case assez vaste
« pour placer aucun des travaux visés par l'article 11 ; et
« cela sur une étendue de plus d'un kilomètre, et de qua-
« tre à cinq-cents mètres de large, dans la partie la plus

« riche du filon. Grâce à ce procédé, toute installation
« était impossible sur une immense surface, et le conces-
« sionnaire qui ne pouvait creuser des puits à proximité
« du gisement, était condamné, pour l'atteindre, à faire des
« travaux souterrains longs et coûteux » (Rapport de
« M. Brossard cité par M. Ducrocq, n° 412, note).

La rédaction nouvelle de l'article 11 soulève toute
difficulté. Conformément à la jurisprudence de la Cour
de cassation, il n'est pas nécessaire pour prétendre à une
zône de protection d'être propriétaire du sol compris dans
la zône. Seulement, le rayon de la zône est réduit de
moitié et les magasins, ateliers ou machines, n'en sont pas
exclus.

Les divers travaux qui peuvent être interdits à l'explorateur ou à l'exploitant, en vertu de l'article 11, sont les
suivants : l'ouverture des puits ou galeries, les sondages,
l'établissement des machines, ateliers ou magasins. Cette
énumération est-elle limitative ? L'absence de tout document important de jurisprudence sur ce point laisse voir
que cette question n'a pas un grand intérêt pratique.
La solution affirmative paraît très probable. On peut
tirer argument de ce fait que le législateur de 1880 a
jugé utile d'ajouter l'établissement des ateliers à la liste
des travaux visés dans l'ancien article 11. Au surplus,
comme le fait remarquer M. Brossard dans son rapport
déjà cité, les dispositions de l'article 11 constituent au
profit des propriétaires superficiels des avantages purement gratuits que la loi nouvelle a voulu restreindre par
des motifs d'intérêt général. Spécialement pour le concessionnaire, l'établissement d'une zône de protection, au

profit du propriétaire d'une habitation, constitue une restriction de la propriété minière. L'article 11 apporte des
exceptions aux droits ordinaires de l'explorateur et du
concessionnaire : *exceptiones sunt striclissimœ interpreta-
tionis.*

Quant aux propriétés que les explorateurs et concessionnaires sont tenus de respecter, la loi en distingue deux
sortes : 1° — Les enclos murés, cours et jardins; — 2° un
périmètre de 50 mètres de rayon autour des maisons
d'habitation ou autour des clôtures murées attenantes aux
maisons d'habitation.

La nouvelle rédaction de l'article 11 a fait cesser une
controverse qui s'était élevée à propos des termes ambi-
gus de l'ancien article. Ce dernier désignait « les enclos
murés, cours ou jardins »; de là la question suivante :
La loi entendait-elle protéger à la fois les enclos murés,
les cours et les jardins, ou bien seulement les enclos murés à destination de cour ou de jardin ? Aujourd'hui, la
réponse n'est plus douteuse : les enclos murés, les cours,
les jardins, forment trois classes de biens également pla-
cés sous la protection de la loi.

Quant à la zône réservée autour des maisons d'habita-
tons, elle s'étend également autour des clôtures murées
attenant aux habitations, mais non pas autour des jardins
et des cours non murées qui avoisinent les maisons.

Au surplus, il faut reconnaître aux tribunaux le pouvoir discrétionnaire le plus étendu pour décider, suivant
les circonstances de fait, dans quels cas une parcelle de
terrain mérite l'appellation de cour ou de jardin. Des questions de ce genre, d'un intérêt médiocre aujourd'hui après

la suppression de la zone reservée autour des cours et
jardins, doivent être tranchées en prenant pour base d'appréciation cette idée que Regnauld de Saint-Jean d'Angély formulait ainsi dans son exposé des motifs : « la loi
« écarte les recherches des maisons, des enclos, où le pro-
« priétaire doit trouver une liberté entière pour l'asile de
« ses jouissances domestiques. »

Il est évident que la loi ne protège pas les constructions et les enclos établis postérieurement aux travaux
visés dans l'article 11. Elle défend de faire ces travaux ;
elle n'ordonne pas de les démolir lorsqu'ils ont été dûment exécutés. Mais qu'arriverait-il si la maison avait
été construite ou l'enclos fermé, postérieurement au permis de recherches ou au décret de concession, mais
antérieurement aux sondages et autres travaux suspects?
En présence des termes formels de l'article 11, on ne
saurait hésiter. D'une manière générale, la loi reconnaît
au profit du propriétaire de la maison ou de l'enclos, un
certain droit de veto qui fait obstacle à l'établissement
de quelques travaux. Nulle part, il n'est trace d'une distinction entre les maisons et enclos antérieurs au décret
et ceux qui ont été établis postérieurement.

La mesure de protection édictée par l'article 11 est
absolue. La résistance du propriétaire qui invoque cet
article est invincible, et, sans son consentement ex-
près ou tacite (1), aucune recherche ne peut être faite
dans le territoire défendu. Il importe peu que ce territoire ait été indiqué dans le permis de recherche comme

1. L'ancien article 11 exigeait le consentement formel.

assujetti à la servitude de fouilles. Le propriétaire peut certainement recourir au conseil d'Etat, par voie contentieuse, contre un acte administratif qui viole son droit proclamé par la loi. Il peut aussi faire valoir son droit devant les tribunaux civils. Une jurisprudence, depuis longtemps incontestée, admet en pareille matière la compétence de l'autorité judiciaire (Cassation, 21 avril 1823 ; Conseil d'État, conflits, 14 déc. 1832 et 18 février 1846). L'autorité judiciaire est instituée gardienne de la propriété ; il lui appartient, sans annuler ou critiquer le décret, de reconnaître un droit contesté, lorsque le décret constitue contre la propriété une voie de fait ne rentrant pas dans l'exercice légal des pouvoirs gouvernementaux (Cf. M. Ducrocq, *loc. cit.*, n° 248, § 2). L'article 15 de la loi des mines contient une application formelle de ce principe.

Le propriétaire qui invoque l'article 11 peut donc, en dépit du décret, demander au tribunal de prononcer l'interdiction ou la suppression des travaux entrepris dans les limites protégées par la loi. Rien ne s'oppose même, en cas de nécessité, à ce que le jugement prescrive le comblement du puits indûment foncé et la remise des lieux en leur premier état.

Cette jurisprudence ne viole pas l'article 46 de la loi des mines. Comme nous l'expliquerons plus loin, l'article 46 vise seulement les répétitions, que peut exercer contre le concessionnaire, l'auteur des travaux antérieurs à l'acte de concession et profitables à l'exploitation (Cf. infr. Chap. II, § 3).

§ 4. — *Mesures préventives résultant des règlements administratifs.*

L'ingérence de l'autorité administrative dans l'organisation des exploitations minières ne s'arrête pas au décret de concession. Il semble que le cahier des charges soit un cahier ouvert sur lequel l'administration concerne le droit d'inscrire de nouvelles dispositions pour la protection des intérêts qu'elle a mission de sauvegarder. L'Etat s'est réservé un droit de surveillance sur les mines. L'exercice de cette surveillance fait l'objet du titre 5 de la loi de 1810.

L'instruction ministérielle du 3 août 1810 ne contient aucun commentaire des articles 47 à 50 qui composent ce titre. C'est dans les travaux préparatoires de la loi qu'il faut chercher le véritable esprit de ces dispositions. Deux sortes de tendances se manifestèrent parmi les membres de la commission : l'une favorable à la réglementation des exploitations ; l'autre inclinant, au contraire, à la liberté illimitée des concessionnaires.

En faveur de la réglementation, on fit valoir la nécessité de veiller à ce que les mines ne vinssent pas à dépérir par suite de l'abandon, ou d'une mauvaise exploitation. Il y allait, disait-on, d'un intérêt social, et le moyen de pourvoir à ce qu'exigeait ainsi l'utilité publique était d'imposer aux exploitants des conditions, déterminées par des règlements généraux, dont l'observation serait l'objet d'une surveillance spéciale de la part du gouvernement représenté par ses agents. L'on ajoutait que les concessionnaires devaient d'autant moins être abandonnés complètement à eux-mêmes que, pour les besoins de leur exploitation, il était souvent indispensable de passer sous la propriété d'autrui, et qu'il y avait des précautions à prendre contre eux pour assurer la conservation des édifices et la sûreté du sol.

Les partisans de la liberté illimitée répondaient que l'intérêt personnel des concessionnaires était la meilleure garantie possible de la bonne exploitation des mines, et rendait superflus, à ce point de vue, les règlements généraux et la surveillance que l'on prétendait établir en cette matière. De telles entraves se trouvaient d'ailleurs, disait-on, en désaccord avec d'autres dispositions de la loi qui, en reconnaissant au concessionnaire un véritable droit de propriété, les admettait par là à tous les effets du *jus abutendi* (Cf. Dalloz, *loc. cit.*, p. 708).

Napoléon fixa les irrésolutions de la commission, en s'exprimant sur le droit de surveillance réservé aux représentants de l'Etat, de la manière suivante: « On accordera aux ingénieurs le droit de visiter les mines *sous le rapport de l'art seulement*. Lorsque, dans le cours de leurs visites, ils apercevront *des abus scandaleux*, ils en avertiront le préfet, qui en référera au ministre et le ministre en rendra compte au gouvernement. L'abus de la propriété doit être réprimé toutes les fois qu'il nuit à la société. »

Les quatre articles du titre 5 furent rédigés à la suite de ces observations. Leur esprit général peut être résumé comme il suit: Les ingénieurs de l'État n'exercent le droit de surveillance que sous le rapport de l'art; ils

doivent dénoncer au gouvernement les vices, les abus
ou dangers, la suspension et la restriction d'une exploitation ; l'autorité administrave interviendra pour obliger
l'exploitant à prendre toutes les mesures nécessitées par
la sécurité publique ; quant aux améliorations à introduire
dans une exploitation de mine, les concessionnaires ont
une liberté d'appréciation complète pour les adopter ou
les écarter.

L'exercice de la surveillance sur les mines par les
agents de l'administration est régi par les articles 47 à 50,
ainsi conçus :

ARTICLE 47.

*Les ingénieurs des mines exerceront, sous les ordres du
ministre de l'intérieur et des préfets, une surveillance de
police, pour la conservation des édifices et du sol.*

ARTICLE 48.

*Ils observeront la manière dont l'exploitation sera faite,
soit pour éclairer les propriétaires sur ses inconvénients ou
son amélioration, soit pour avertir l'administration des
vices, abus ou dangers qui s'y trouveraient.*

ARTICLE 49.

*Si l'exploitation est restreinte ou suspendue, de manière à
inquiéter la sûreté publique ou les besoins des consommateurs, les préfets, après avoir entendu les propriétaires, en
rendront compte au ministre de l'Intérieur, pour y être
pourvu ainsi qu'il appartiendra.*

ARTICLE 50.

Si les travaux de recherche ou d'exploitation d'une mine sont de nature à compromettre la sécurité publique, la conservation de la mine, la sûreté des ouvriers mineurs, la conservation des voies de communication, celle des eaux minérales, la solidité des habitations, l'usage des sources qui alimentent les villes, villages, hameaux et établissements publics, il y sera pourvu par le préfet.

Postérieurement à la loi de 1810, divers décrets et deux lois ont organisé la surveillance administrative des mines. Nous étudierons successivement les principales dispositions de ces règlements d'une application générale. Nous examinerons ensuite dans quels cas et dans quelles limites l'administration peut édicter des mesures de police d'une application particulière.

Décret du 3 janvier 1813 ; ordonnance du 26 mars 1843 ; décret du 25 septembre 1882.

La loi de 1810, en renvoyant aux lois sur la police de la grande voirie pour l'exécution de l'article 50 (1), avait en quelque sorte abandonné à l'arbitraire des préfets les mesures à prendre dans les cas prévus. Il y avait là une grave lacune à laquelle il convenait de suppléer par un réglement en due forme. Ce règlement fut le décret du 3 janvier 1813, préparé par le Conseil d'État et édicté à la

---

1. Ancien article 50 : Si l'exploitation compromet la sûreté publique, la conservation des puits, la solidité des travaux, la sûreté des ouvriers mineurs ou des habitations de la surface, il y sera pourvu par le préfet, ainsi qu'il est pratiqué en matière de grande voirie et selon les lois.

suite de deux désastres survenus dans le département de
l'Ourthe (province de Liège), lesquels occasionnèrent la
mort de près de cent ouvriers. La sollicitude du gouvernement pour le sort des travailleurs des mines, inspira
les dispositions minutieuses qui, dans ce décret, ont pour
objet de garantir la sûreté des ouvriers et celle des exploitations.

Aux termes de l'article 3 du décret, lorsque la sûreté
des exploitations ou celle des ouvriers se trouvait compromise pour quelque cause que ce fût, le concessionnaire devait prévenir l'autorité locale, c'est-à-dire le maire de la
commune où l'exploitation était entreprise. L'ingénieur
des mines, averti à son tour par le maire, se transportait
sur les lieux et rédigeait un rapport où il donnait son
avis sur les causes du danger et sur les moyens d'y faire
face. Ce rapport était envoyé au préfet, à qui seul appartenait le droit de prescrire les dispositions utiles. En cas
d'urgence, l'arrêté devenait immédiatement exécutoire,
après que l'exploitant avait été entendu ou du moins
appelé. Dans les autres cas, l'arrêté ne devenait exécutoire que par l'approbation du ministre qui statuait après
avoir pris l'avis du directeur général des mines (art. 4).

Cette action de l'autorité administrative a été trouvée
trop lente. L'ordonnance du 26 mars 1843 l'a rendue
plus simple et plus rapide en la simplifiant. Toutes les
fois qu'un danger quelconque se manifeste dans une mine,
le concessionnaire est tenu de prévenir en même temps
l'autorité locale et l'ingénieur des mines. L'ingénieur fait
une enquête et rédige un rapport, conformément à l'article 3 du décret de 1813 ; puis le préfet statue par un

arrêté immédiatement exécutoire, sans qu'il y ait à distinguer s'il y a ou non urgence.

Extraordinairement et en cas de péril imminent, l'ingénieur peut faire lui-même, sous sa responsabilité, toutes les réquisitions nécessaires aux autorités locales, pour qu'il y soit pourvu sur-le-champ (art. 5, décret de 1813). C'est le seul cas où les ingénieurs des mines, sortant de leur rôle d'experts, ont le droit de décision. L'article donne à entendre que s'ils abusent de ce droit et s'il est manifeste qu'ils ont agi sous l'influence d'une crainte déraisonnable, ou même avec le dessein de nuire, leur responsabilité est engagée, et que par suite leur conduite les rendra passibles de dommages-intérêts.

Il peut arriver que le danger soit tel qu'il soit nécessaire d'abandonner en totalité ou en partie l'exploitation. En pareil cas, l'ordre de fermer les travaux ne peut être donné par le préfet que sur le rapport de l'ingénieur ordinaire et après avoir pris l'avis de l'ingénieur en chef. Cet ordre même peut être suspendu par la seule résistance de l'exploitant : s'il élève des contestations, s'il prétend justifier l'état satisfaisant de la mine, l'arrêté du préfet devient un simple avis, qui est envoyé, avec les documents de l'expertise, au ministre des travaux publics, qui statuera définitivement, sauf le recours du concessionnaire, devant le Conseil d'État. Mais, si à l'importance du danger se joint encore le caractère d'imminence, ne faut-il pas reconnaître à l'ingénieur des mines le droit de prendre une décision sous sa responsabilité ? La question est des plus délicates, car l'article 7 du décret de 1813, qui prévoit le cas de l'abandon nécessaire de la mine, autorise seulement le préfet, en cas d'urgence, à ordonner l'exécution provisoire de son arrêté ; aucun renvoi n'est fait à l'article 5 qui prévoit l'hypothèse du danger imminent. Suivant M. Aguillon (1), depuis l'ordonnance de 1843, l'article 7 du décret de 1813 serait virtuellement abrogé, et quelle que soit l'étendue du danger à prévenir, les droits de l'administration seraient les mêmes.

L'article 10 du même décret exige que les actes administratifs concernant la police des mines soient notifiés aux exploitants. Le défaut de notification empêcherait ces actes de devenir exécutoires.

Pour faciliter les expertises et les visites confiées aux soins des ingénieurs, le décret exige qu'il soit tenu pour chaque mine un registre et un plan constatant l'avancement journalier des travaux et les circonstances de l'exploitation dont il sera utile de conserver le souvenir.

Il peut se faire que le concessionnaire, sur la notification qui lui est faite de la décision administrative le concernant, refuse de s'y soumettre. Dans ce cas, il est pourvu d'office à l'exécution de cette décision, aux frais du concessionnaire et par les soins des ingénieurs des mines. Quand les travaux auront été exécutés d'office par l'administration, tous frais de confection et autres frais seront réglés par le préfet : le recouvrement en est opéré par les préposés de l'administration de l'enregistrement et des domaines, comme en matière d'amende, frais et autres objets se rattachant à la grande voirie (art. 5 de l'ordonnance du 26 mars 1343). L'article 9 de la loi de 1838

1. *Législation des mines*, n. 542.

va jusqu'à autoriser le ministre à prononcer le retrait de concession au détriment de l'exploitant qui ne paierait pas les frais exposés par l'administration pour l'exécution des travaux ci-dessus indiqués (Cf. *infra, Étude sur le retrait de concession*, § II).

Le décret de 1813 ne s'occupait que des évènements susceptibles de compromettre la sûreté des ouvriers et celle des exploitations. Par une omission regrettable, le décret ne parlait pas des dispositions à prendre pour la protection de la surface. Dans la pratique, tout se passa comme si la police des mines avait été organisée de la manière la plus complète par le nouveau règlement. L'ordonnance de 1843 confirma cette pratique et déclara que les droits de l'administration seraient appliqués à tous les cas de l'article 50, dans les formes prévues par les décrets. L'article 1er de cette ordonnance complété par le décret du 25 septembre 1882, est aujourd'hui ainsi conçu :

« Dans les cas prévus par l'article 50 de la loi du 21
« avril 1810, modifié par la loi du 27 juillet 1880, et géné-
« ralement lorsque, pour une cause quelconque, les tra-
« vaux de recherche ou d'exploitation d'une mine seront
« de nature à compromettre la sécurité publique, la con-
« servation de la mine, la sûreté des ouvriers mineurs,
« la conservation des voies de communication, celle des
« eaux minérales, la solidité des habitations, l'usage des
« sources qui alimentent les villes, villages, hameaux et
« établissements publics, les explorateurs ou les conces-
« sionnaires seront tenus d'en donner immédiatement avis
« à l'ingénieur des mines et au maire de la commune dans
« laquelle la recherche ou l'exploitation sera située.

Lorsqu'une exploitation est achevée, il importe de prendre des mesures sérieuses pour prévenir les dommages résultant des travaux et chantiers abandonnés. Aussi est-il défendu au concessionnaire d'abandonner en totalité une exploitation, si auparavant elle n'a été visitée par l'ingénieur des mines (Art. 8 du décret). Les plans intérieurs sont vérifiés par l'ingénieur, qui dresse un procès-verbal dans lequel il fait connaître les causes qui peuvent nécessiter l'abandon : le tout est transmis par lui, ainsi que son avis, au préfet qui prend alors les résolutions que les circonstances réclament.

Lorsque l'exploitation est de nature à être abandonnée partiellement, par portions ou par étages, on procède de la même manière et, pour la sûreté des chantiers abandonnés, le préfet peut toujours ordonner les dispositions de police qu'il jugera convenables, d'après l'avis et le rapport de l'ingénieur des mines (Art. 9 du décret).

Loi du 8 juillet 1890 sur les délégués à la sécurité des ouvriers mineurs.

L'intitulé de cette loi fait connaître les motifs des dispositions qu'elle contient. Le législateur a voulu confier à des délégués spécialement choisis par les ouvriers mineurs eux-mêmes le droit d'inspection et de surveillance sur les travaux d'exploitation, afin de donner ainsi aux travailleurs la faculté de présenter leurs observations sur *les conditions de sécurité que présente la mine pour le personnel qui y est occupé et, d'autre part, en cas d'accident sur les conditions dans lesquelles cet accident se serait produit* (Art. 1er, § 1).

La loi est le résultat de deux propositions déposées, la

première le 21 novembre 1882, la seconde le 23 novembre de la même année, qui avaient pour objet commun d'importer en France une institution établie en Angleterre par un acte de 1872. Le projet se fondait principalement sur ce motif que l'administration des mines n'avait pas un personnel suffisant pour surveiller efficacement l'exploitation des mines et pour constater les causes des accidents qu'elle occasionne. On ajoutait que dans les enquêtes administratives effectuées par les ingénieurs, les ouvriers n'osaient pas, par crainte de l'exploitant, formuler toutes les observations que leur expérience professionnelle leur permettait de présenter. Il était juste et nécessaire, disait-on, d'admettre les ouvriers à réclamer utilement l'intervention administrative pour prévenir les graves accidents qui mettent leur sécurité en danger.

Le projet de loi fut vivement critiqué par les exploitants d'une part et par l'administration des mines elle-même d'autre part (1). L'institution nouvelle était présentée comme étant à la fois inutile et dangereuse. Inutile, parce que l'intervention des ouvriers délégués n'ajouterait rien de sérieux aux mesures de précaution prises par les ingénieurs de l'exploitation et conseillées par les ingénieurs de l'Etat pour prévenir les accidents, et ne permettrait pas de constater plus sûrement les causes des accidents. Dangereuse surtout, parce que l'exagération du rôle que s'attribueraient les délégués les porterait naturellement à se poser comme

____

1. Cf. notamment les trois mémoires de M. Dupont, inspecteur général des mines, Paris, imprimerie Chaix, 1883.

les contrôleurs de l'exploitation, et comme les juges de la direction générale donnée à l'entreprise minière. Qu'on complète donc, disaient les adversaires de la loi, le personnel de l'administration des mines s'il est insuffisant ; mais qu'on ne le mette pas en suspicion en lui adjoignant pour auxiliaires des contradicteurs nés. Qu'on évite surtout de créer entre les ouvriers et l'exploitant une sorte de fonctionnaire subalterne, pris parmi les employés de l'exploitant et qui, sous prétexte de surveiller l'exploitation au point de vue de la sécurité, critiquera les moyens d'action employés par les ingénieurs, protestera contre la prétendue insuffisance des salaires, en un mot, amoindrira l'autorité du directeur des travaux et poussera les ouvriers à l'insubordination et à la désobéissance.

En présence de la résistance vigoureuse qui lui fut opposée, le projet risqua de ne pas aboutir. Il fut discuté pendant trois législatures, et ce n'est qu'après avoir été deux fois amendé par le Sénat qu'il a été finalement adopté. Une expérience récente prouve combien on a exagéré l'importance des revendications des ouvriers mineurs pour obtenir le vote de la loi. La première élection de délégués mineurs a été faite dans le bassin houiller de la Loire et dans la circonscription des mines de Monthieux, le 19 octobre 1890 ; sur 296 électeurs inscrits, appelés pour la première fois à faire usage d'un droit nouveau, 8 seulement ont pris part aux opérations de vote.

Nous n'avons pas à entrer dans le détail du fonctionnement de la loi : disons seulement comment les délégués peuvent concourir à l'établissement des mesures préventives destinées à pourvoir à la sécurité de la mine.

L'article 2 de la nouvelle loi contient sur ce point les dispositions suivantes :

§ 1. — Le délégué doit visiter deux fois par mois tous les puits, galeries et chantiers de sa circonscription. Il visitera également les appareils servant à la circulation et au transport des ouvriers.

§ 2. — Il doit, en outre, procéder sans délai à la visite des lieux où est survenu un accident ayant occasionné la mort ou des blessures graves à un ou plusieurs ouvriers, ou pouvant compromettre la sécurité des ouvriers. Avis de l'accident doit être donné sur-le-champ au délégué par l'exploitant.

§ 3. — Le délégué, dans ses visites, est tenu de se conformer à toutes les mesures prescrites par les réglements en vue d'assurer l'ordre et la sécurité dans les travaux.

Ce troisième paragraphe a été inséré à la demande d'un député, M. Silhol, qui faisait remarquer quel inconvénient il y aurait, pendant les visites du délégué, à laisser celui-ci tenir dans la mine des sortes de réunions publiques, en soulevant des discussions ou des observations de nature à troubler le bon ordre de la mine et à distraire les ouvriers de leur travail. Le délégué est assujetti comme un ouvrier ordinaire à tous les règlements établis pour assurer le bon ordre de la mine et l'article 2, § 3, prévoit implicitement que l'administration peut prendre des mesures pour maintenir la tranquillité et l'ordre des chantiers.

Le délégué est tenu de faire les visites règlementaires ou de se faire remplacer, en cas d'empêchement, par son suppléant. Il exerce ses fonctions sous la haute surveillance du préfet, qui a le droit de le suspendre, pour trois mois au plus, en cas de négligence grave ou d'abus dans l'exercice de ses fonctions, ou s'il a été condamné par application des articles 414 et 415 du Code pénal. L'arrêt de suspension est transmis, dans la quinzaine, au Ministre des Travaux publics, lequel peut lever ou réduire la suspension, et s'il y a lieu, prononcer la révocation du délégué (art. 15, §§ 1 et 2).

En aucun cas, même en celui de péril imminent, le délégué n'a le droit de décision. Il n'est même pas invité à faire connaître les résolutions qui lui paraissent utiles· Tout son rôle consiste à faire les visites réglementaires et à consigner ses observations sur un registre spécialement affecté à cet usage et que l'exploitant doit fournir (art. 3, § 1). Pour que ces observations ne soient pas inspirées du dehors, mais soient autant que possible le résumé des impressions personnelles du délégué, la loi exige qu'elles soient relevées le jour même ou au plus tard le lendemain de la visite. On fait mention sur le registre des heures auxquelles la visite a été commencée et terminée, ainsi que de l'itinéraire suivi.

La tenue de ce registre d'observations et de réclamations est une innovation importante de la loi du 6 juillet 1890. L'article 3 exige que ce registre soit constamment à la disposition des ouvriers sur le carreau de l'exploitation. L'administration est ainsi mise au courant jour par jour, pour ainsi dire, des plaintes des ouvriers, parce que les ingénieurs et les contrôleurs des mines doivent, lors de leurs tournées, viser le registre de chaque exploitation.

L'exploitant a le droit d'inscrire sur le même registre, ses observations et dires en réponse à ceux du délégué. Enfin le délégué et l'exploitant doivent immédiatement et respectivement adresser au préfet une copie des observations consignées comme il vient d'être dit.

Lorsque le préfet juge opportun de prendre en consideration les représentations faites par un délégué, il doit au préalable prendre l'avis des ingénieurs des mines (art. 3, § 4). Il est ainsi accordé une satisfaction partielle aux réclamations dirigées contre la loi par le corps des ingénieurs des mines, qui voyaient dans les dispositions nouvelles une marque de méfiance à leur endroit et un empiètement sur leurs attributions.

Loi du 27 avril 1838. Ordonnance du 23 mai 1841. Cette loi et cette ordonnance organisent les pouvoirs de police de l'administration, en cas de danger résultant de l'inondation des mines. Nous en étudierons plus loin les dispositions (Cf. Chapitre V, § 5).

Mesures de police d'application particulière prescrites par l'administration en vertu des articles 47 à 50.

En dehors des hypothèses que nous venons de voir, où les lois et décrets prescrivent des mesures de surveillance obligatoires, l'administration peut encore intervenir dans l'exploitation des mines au point de vue de la conservation et de l'utilisation de la richesse minérale (art. 49), et au point de vue de la défense de certains intérêts que l'article 50 a voulu soustraire à l'action dommageable des exploitations minières. Nous n'examinerons dans ce chapitre que les interventions pratiquées pour la défense de ces intérêts : l'étude de l'article 49 sera comprise dans nos observations sur le retrait de concession.

Les articles 47 et 48 de la loi des mines et des dispositions du décret de 1813 (art. 24), donnent aux ingénieurs des mines le droit d'inspecter les exploitations concédées pour observer la manière dont elles sont conduites. Ils profitent de leur enquête pour donner au propriétaire de la mine des conseils et des avertissements que celui-ci est parfaitement libre de ne pas écouter. Si leur enquête leur révèle des vices, abus ou dangers qui menacent l'un des intérêts sauvegardés par la loi dans l'article 50, leur devoir est d'avertir le préfet qui pourvoira aux besoins de la situation. Hors le cas de péril imminent, ils ne peuvent qu'éclairer les exploitants et l'administration, rechercher les faits et les constater, sans avoir le droit de statuer.

Le préfet est informé des vices, abus ou dangers d'une exploitation par les procès verbaux, rédigés par les ingénieurs à la suite de leurs visites ordinaires, ou encore par les rapports des mêmes ingénieurs dans les cas où les lois et règlements prescrivent une enquête. Si l'abus ou le danger signalé est de nature à compromettre la sécurité publique, la conservation de la mine, la sûreté des ouvriers mineurs, la conservation des voies de communication, celle des eaux minérales, la solidité des habitations, l'usage des sources qui alimentent les villes, villages, hameaux et établissements publics, le préfet a le droit d'édicter les mesures nécessaires pour pourvoir aux besoins de la situation. Pour tout autre motif le préfet ne pourrait contraindre la liberté du concessionnaire.

Ainsi l'ancien article 50, sans énumérer les propriétés à l'égard desquelles l'administration devait exercer la surveillance, ne nommaient positivement que les habitations de la surface. La question se posa un jour de savoir si le préfet pouvait mettre en défens un point d'une concession, pour la conservation d'une source qui alimentait des fontaines communales. Le Conseil des mines, consulté à ce sujet, émit l'avis, qu'en l'absence des dispositions légales, il n'appartenait pas à l'administration de protéger une catégorie de biens que la loi n'avait pas sauvegardés.

Avant la loi de 1880, un décret réglementaire, pas plus qu'un arrêté préfectoral, n'aurait pu éloigner les exploitations *des voies de communication, des eaux minérales, des sources qui alimentent des villes, villages, hameaux et établissements publics.* Peut-être aurait-on pu soutenir le contraire en prétendant que les atteintes portées aux voies de communications, sources, etc., compromettaient la sûreté publique, et, à ce titre, autorisaient l'application de l'ancien article 50. Ni le conseil des mines, ni le législateur de 1880, n'ont admis cette interprétation large des mots « sûreté publique ». L'énumération des biens protégés en vertu de l'article 50 est limitative : on ne peut y faire d'addition que par une loi.

Avant la réforme du même article on pouvait se demander si les droits de surveillance devaient s'exercer à l'encontre des simples travaux de recherches. Le titre 5 ne parlait que du propriétaire de mines et non de l'explorateur. Dans une matière où tout est de droit strict, puisque tout y parle de restrictions et de défenses, fallait-il faire rentrer des travaux dont le législateur ne s'était point préoccupé ? En droit, la question pouvait se poser et aurait dû être résolue, ce nous semble, en faveur de la liberté de l'explorateur. En fait, ce dernier ne pouvait pas raisonnablement se soustraire aux exigences de l'administration. Il tenait d'elle son titre, titre précaire qu'un simple décret pouvait mettre à néant. Toute résistance lui était donc interdite. Cependant la loi de 1880 a jugé à propos d'assimiler les travaux de recherche à ceux d'exploitation, quant à l'application de l'article 50. L'explorateur ne sera plus seulement soumis aux obligations contenues dans le permis de recherches : il sera, en outre, assujetti au contrôle de l'administration préfectorale.

Ailleurs la loi parle de la *sûreté* des ouvriers ; elle entend, sans doute, par ce mot, l'absence de tout danger pour la vie et la santé des ouvriers. Aussi faudrait-il considérer comme entaché d'excès de pouvoir l'acte administratif qui, sous prétexte de police, restreindrait la liberté de l'exploitant pour augmenter le bien-être de l'ouvrier des mines. Si nous avons admis, pour le gouvernement, le droit de stipuler au profit des ouvriers, la participation aux bénéfices, c'est que cette mesure nous a paru édictée dans l'intérêt de la future exploitation, aussi bien que dans l'intérêt de l'ouvrier. Après l'acte de concession le propriétaire de la mine est seul juge des intérêts de son bien ; d'autre part, le gouvernement n'a plus à sauvegarder que la *sûreté* de la mine et celle des ouvriers, toutes deux étrangères à la question des salaires.

La loi ne confère à l'administration aucun pouvoir de réglementation et de surveillance, en ce qui concerne le

commerce et la vente du produit des mines. Un arrêt de
la Cour de Lyon, du 3 juillet 1873, confirmé par la Cour
de cassation (arrêt du 24 novembre 1874) a décidé « qu'il
« ne faudrait attribuer aucune force légale, en tant qu'il
« apporterait des entraves à la liberté du commerce, à
« un arrêté préfectoral qui ordonnerait que la vente du
« charbon fût faite en un lieu déterminé, à certaines
« conditions de prix et de préférence entre les ache-
« teurs ».

*Le concessionnaire peut-il réclamer des dommages-intérêts
à l'occasion des mesures réglementaires qui restreignent ou
suspendent son droit d'exploitation ?*

Cette question que soulève l'application des règlements
administratifs en matière de mines, peut dans certains cas
mettre en opposition deux principes également certains :
d'une part, la perpétuité et l'inviolabilité de la propriété
minière ; d'autre part, le droit de surveillance et de police
donné à l'administration pour régler l'exercice de cette
même propriété. Elle se posa pour la première fois en
1833 dans une hypothèse demeurée célèbre sous le nom
d'affaire de Couzon (1).

Les sieurs Seguin et Biot, concessionnaires du chemin
de fer de Saint-Étienne à Lyon, durent établir leur voie
ferrée dans le périmètre de la mine de Couzon, laquelle
avait été concédée un an avant l'ordonnance qui avait autorisé le chemin de fer. Afin de poursuivre l'achèvement de
la voie, il fut nécessaire de percer le monticule de Couzon
et de traverser un champ d'exploitation de houille en

______

1. Dalloz, *De la propriété des mines,* tom. I, p. 159.

pleine activité. Vint le moment où les travaux de la mine prirent une allure menaçante pour la sûreté du chemin de fer. Le préfet de la Loire, par un arrêté du 25 novembre 1829, prescrivit alors aux concessionnaires de Couzon de cesser tous travaux sous le chemin de fer et dans certaine portion des terrains avoisinants. L'arrêté réservait aux concessionnaires le droit de réclamer à MM. Seguin et Cie, telles indemnités auxquelles ils auraient le droit de prétendre, conformément aux lois. Aussitôt les propriétaires de la mine assignèrent les concessionnaires du chemin de fer devant le tribunal de Saint-Étienne en paiement de 300.000 francs de dommages-intérêts pour la réparation du préjudice que l'arrêté leur avait causé.

Le point litigieux n'était pas de savoir si le préjudice résultant de l'arrêté était illicite : la légalité de l'acte administratif était indiscutable. Mais on se demandait si la dépossession dûment imposée au propriétaire de la mine pouvait avoir lieu sans indemnité : à cet égard, deux solutions étaient possibles.

Ou bien prétendre que l'Etat en concédant la mine s'était réservé le droit de restreindre librement, suivant les exigences de l'intérêt public, l'étendue du droit concédé. Alors même que le concessionnaire est déclaré propriétaire, il n'a la libre disposition de son bien que sous les modifications établies par la loi (art. 537 Code civil). Or, la loi qui crée son unique titre édicte un certain nombre de règles pour définir l'usage du droit qu'elle lui confère. La propriété des mines n'est pas la propriété ordinaire : elle est assujettie à des restrictions commandée par ce même intérêt général qui a fait détacher de la surface

le droit sur les gîtes minéraux ; elle n'est pas d'origine
naturelle et ne repose pas sur des droits acquis ; elle est
un don de l'état qui en dispose gratuitement, mais avec
des réserves, et qui conserve la faculté de surveiller son
ayant-droit et de limiter sa liberté de disposition.

Au surplus, tout le monde admet que l'étendue de la
concession soit définie par la loi, par le decret de concession et par le cahier des charges qui y est annexé. Dès
lors, on doit décider que les mesures de police, prises par
l'administration, constituent non pas des restrictions,
mais des délimitations particulières de la concession.
Lorsque l'article 50 permet d'interdire une exploitation
de mines pour cause de sûreté publique il permet en
réalité de toucher au cahier des charges de la concession
et de le compléter. L'État n'a pas pu épuiser d'un seul
coup, dans l'acte de concession, son droit réglementaire
sur l'exploitation de la mine : en pareille matière, le droit
réglementaire se confond avec le droit de police générale.
Comment donc le concessionnaire pourrait-il se dire lésé ?
Comment l'acte administratif pourrait-il violer son droit,
puisque ce même acte est légalement destiné à définir
son droit ? Du jour où par mesure de police le concessionnaire est exclu d'une exploitation que l'intérêt public
commande d'arrêter, son droit de concession n'existe plus
sur les lieux mis en défense, au moins tant que dure la
prohibition administrative. Telle est la condition de son
titre ; tel est le sort qu'il a librement accepté en sollicitant
la concession. Au surplus, c'est une règle incontestée que
les servitudes d'utilité publique résultant des lois et
réglements doivent être subies sans indemnité : elles

sont assimilables aux charges naturelles de la propriété.

L'opinion contraire devait s'appuyer sur l'article 7 de la loi des mines : l'acte de concession donne la *propriété perpétuelle de la mine,* laquelle est dès lors disponible et transmissible comme tous les autres biens, et *dont on ne peut être exproprié que dans les cas et selon les formes prescrites pour les autres propriétés.* L'État, en concédant une mine, crée une propriété à laquelle il ne peut plus toucher. Il est inadmissible que l'administration puisse faire indirectement ce qu'elle n'a pas le droit de faire directement.

L'État ne saurait exproprier le concessionnaire, même pour cause d'utilité publique, qu'à la charge d'une juste indemnité. Comment donc pourrait-il le déposséder indirectement, au profit d'un concessionnaire d'une autre sorte, sans indemnité aucune et sous le couvert d'une mesure de police, pour l'exercice d'une prétendue servitude d'intérêt public ? Les observations présentées dans le système contraire ont leur raison d'être lorsqu'il s'agit de sauvegarder la sûreté du sol et des propriétaires de la surface, celle des ouvriers mineurs, celle aussi de la mine elle-même. Le sol n'est point asservi à la propriété souterraine : il entre certainement dans les attributions de l'État d'empêcher que les travaux des mines ne frappent les biens fonciers d'interdit, et ne suppriment, pour ainsi dire, leur destination. De même, on conçoit que les intérêts du concessionnaire soient sacrifiés aux exigences invincibles que réclame la sûreté des individus. Les concessionnaires n'ont pu ignorer que leur exploitation ne pourrait rien entreprendre contre les droits qui appartiennent aux particuliers sur la surface du sol, et contre les droits réservés par l'État sur la police des travaux des mines. Mais ils n'ont certainement pu prévoir que l'État viendrait un jour les déposséder en conférant à certaines entreprises le droit de creuser des routes souterraines, de manière à rendre impossible l'exploitation des gîtes minéraux qu'elles traversent.

L'établissement de ces entreprises nouvelles, en tant qu'elle s'oppose à la continuation des exploitations anciennes, constitue certainement un empiètement contre le propriétaire des mines. Tout en ayant le droit d'autoriser cet établissement, et de pourvoir, dans un intérêt de police, à sa sûreté, le gouvernement ne peut déposséder le concessionnaire des mines sans que celui-ci ait le droit d'exiger une indemnité. Il faut donc reconnaître au concessionnaire le droit de s'adresser aux tribunaux pour contraindre l'entrepreneur de transport, subrogé à l'Etat, quant à la faculté d'exproprier pour cause d'utilité publique, à réparer le préjudice causé.

Ce fut cette dernière argumentation qui eut gain de cause devant le tribunal. La Cour de Lyon, au contraire, par un arrêt du 11 août 1835, déchargea la compagnie du chemin de fer de toute responsabilité, par ce motif principal que la dépossession du concessionnaire de Couzon résultait d'une mesure administrative prise dans un intérêt de police. Mais la Cour de cassation réforma à son tour l'arrêt de la Cour de Lyon et adopta la doctrine du jugement de Saint-Etienne (1). « Le droit de surveillance

1. Cassation, 18 juillet 1837 : D. 37, 1, 441.

« réservé par l'article 50 de la loi de 1810 à l'autorité
administrative sur l'exploitation des mines », disait un
considérant de l'arrêt, « n'altère en rien le droit de pro-
« priété du concessionnaire et ne lui impose pas l'obli-
« gation de subir la perte d'une partie de sa concession,
« pour la création d'un établissement nouveau, sans une
« juste indemnité ». La Cour de Dijon, saisie de la question par l'arrêt de renvoi, refusa d'adopter la doctrine de
la Cour de cassation. Son arrêt fut annulé à son tour par
la Cour suprême, malgré les conclusions de M. Dupin (1).
La Cour de Grenoble saisie en dernier lieu, donna raison
au concessionnaire de Couzon.

Cette jurisprudence eut de fréquentes occasions de s'affirmer par suite de la création des nombreuses voies ferrées qui furent établies après 1840. Elle se maintint
avec une grande uniformité, et dans la pratique on finit
par admettre la règle suivante : une compagnie de chemins de fer doit une indemnité à une mine précédemment
concédée, pour dédommagemeut du préjudice causé à la
mine par un arrêté qui supprime l'exploitation aux approches de la voie ferrée.

Les tréfonciers ou redevanciers, dépouillés de leurs
droits sur le produit des mines, peuvent, au même titre
que le concessionnaire, réclamer une indemnité.

Le nouvel article 50, en étendant les droits de l'administration à la protection des voies de communication des
eaux minérales et des sources qui alimentent les villes,
villages, hameaux et établissements publics, n'a pas eu

1. Cassation, 3 mars 1841 : D. 1, 41, 164.

pour objet d'abolir cette jurisprudence. Ce n'est qu'à l'égard des concessions à venir et postérieures à la loi de 1880, qu'on pourra dénier tout droit aux indemnités de dépossession, en cas d'interdiction des travaux des mines pour la sûreté des voies ferrées.

Quant aux mesures prises par l'administration pour la protection des sources et des eaux minérales, elles peuvent être assimilées à celles que le législateur de 1810 avait édictées en faveur des habitations. L'usage des sources et des eaux ne peut pas être comparé à cette *création d'un établissement nouveau* dont parle l'arrêt de 1837. Si les chemins de fer sont considérés avec moins de faveur, c'est qu'ils sont « une œuvre exceptionnelle, « qui n'existe pas à la surface, qui ne constitue pas un « usage naturel du sol » (Cour de Lyon, 14 juillet 1846) et à l'établissement de laquelle les concessionnaires n'ont pu s'attendre.

Il y a dans la jurisprudence que nous venons de rapporter un point qui attire la critique. De deux choses l'une : ou bien la dépossession imposée au concessionnaire est permanente et définitive, et alors ne devrait-on pas procéder contre lui suivant les règles ordinaires de l'expropriation ? Ou bien la dépossession a un caractère passager et temporaire, et alors la question d'indemnité relève de la compétence du Conseil de préfecture, puisqu'il s'agit d'un dommage causé par l'exécution de travaux publics.

L'incompétence des tribunaux judiciaires, en ce qui concerne les dommages causés par les arrêtés prescrivant la suspension provisoire des travaux de mines pour la sûreté des chemins de fer, fut aisément proclamée. Les tribunaux administratifs furent appelés à trancher la difficulté que nous avons exposée. Ils statuèrent dans le sens de la doctrine proclamée par la Cour de cassation. Aux motifs adoptés par la Cour suprème, le Conseil d'Etat en ajouta un tiré du cahier des charges des compagnies de chemin de fer (Conseil d'Etat, 15 juin 1864). L'harmonie des deux jurisprudences sur la question de fond était donc parfaite. Il n'en fut pas de même pour la question de compétence.

Tout d'abord, il ne vint jamais à l'idée de personne d'appliquer les règles ordinaires de l'expropriation aux indemnités de dépossession. Aucun article de la loi du 3 mai 1841 n'avait prévu ce cas extraordinaire. On n'aurait pu emprunter à cette loi que le mode de fixation de l'indemnité, et il aurait été bien difficile de démêler, parmi les articles de la loi, ceux qui seraient demeurés applicables et ceux qu'on aurait dû écarter (1). En outre, on remarqua qu'il ne s'agissait pas à proprement parler d'une expropriation, puisque l'auteur du dommage n'était pas substitué à la personne dépossédée. L'interdiction définitive du droit d'exploiter devait donc être considérée comme une cause de dommages permanents. Cette solution fit naître le conflit entre les deux juridictions.

En faveur de la compétence de l'autorité judiciaire, on dit que les lois des 8 mars 1810, 7 juillet 1833 et 3 mai 1841, en enlevant à l'autorité administrative la connaissance des actions en indemnité pour expropriation, lui a ôté par là même le droit de prononcer sur les réclama-

____
1. Cour de Lyon, 1er mars 1838.

tions des particuliers pour les torts et dommages permanents résultant de l'exécution des travaux publics. La
jouissance est en effet l'une des portions essentielles de
la propriété. L'interdiction de jouissance, lorsqu'elle est
permanente, constitue une altération, une diminution
essentielle de la propriété, qui fait subir au propriétaire
une véritable expropriation. Cette doctrine fut admise
par la Cour de Cassation (18 juillet 1897 ; 3 mars 1841 ;
3 janvier 1853) et eut même l'approbation du tribunal
des conflits qui l'adopta dans un arrêt du 8 avril 1831.

La jurisprudence administrative ne tarda pas à se décider dans un sens contraire, et depuis 1850 (arrêt du 29
mars) le tribunal des conflits a reconnu non fondée la
distinction établie par les tribunaux entre les dommages
temporaires et les dommages permanents. D'après sa
doctrine, il n'y a pas lieu d'assimiler à l'expropriation
le préjudice résultant d'une atteinte à la propriété, d'une
modification de la jouissance, d'une diminution de valeur
quelconque, lorsqu'il n'y a pas dépossession. Or, l'arrêté
qui prohibe l'exploitation d'un massif de concession ne
dessaisit pas le concessionnaire au profit de la compagnie
de chemins de fer. Le concessionnaire n'est pas dépossédé de son droit sur le gîte minéral soustrait à l'exploitation ; l'interdiction administrative peut être levée, et
dans ce cas il est manifeste que l'exploitant n'a jamais
été exproprié, puisqu'il n'a pas besoin d'être à nouveau
saisi (Conseil d'État, 18 juin 1860, 14 avril 1864, 5 février
1875. Tribunal des conflits, 7 avril 1884) (1).

1. *Adde.* Conseil d'État, 16 février 1878, 18 mars 1881, 3 juin
1881.

Dans une hypothèse particulière, le tribunal des Conflits s'est rangé cependant à la doctrine de la Cour de cassation. Il s'agissait d'une demande en indemnité fondée sur une interdiction administrative qui visait des travaux de mines aux environs d'une gare de chemin de fer. Cette interdiction, d'abord prononcée à titre provisoire avait été renouvelée trois fois et enfin déclarée valable jusqu'à nouvel ordre. Le Tribunal des Conflits (1), dans sa décision du 5 mai 1877, a jugé qu'en pareille circonstance l'interdiction entraînait une véritable dépossession et a admis la compétence de l'autorité judiciaire.

On a vivement critiqué cette décision du Tribunal des Conflits, que l'on a considéré comme un retour à la doctrine, précédemment condamnée, des dommages permanents. Elle nous paraît cependant facilement justifiable et elle offre la véritable conciliation à établir entre les prétentions contraires des deux juridictions. La question de compétence doit être résolue suivant les circonstances. Si la mesure administrative est telle qu'on ne puisse pas espérer la voir rapporter; s'il est certain que le concessionnaire de mines ne reprendra jamais son exploitation s'il ne garde, sur la portion de son bien, ainsi soustraite, aucun des avantages de la propriété, il est vraiment permis de dire qu'il y a main-mise de l'administration et dépossession du propriétaire. En pareil cas, le concessionnaire a droit de réclamer une indemnité d'expropriation, et dans l'impossibilité de la faire évaluer par un jury, il s'adressera aux tribunaux judiciaires constitués de droit défenseurs de la propriété. En toute autre circonstance, la compétence administrative reprend ses droits.

1. (D. 77, 3, 65).

CHAPITRE II

INDEMNITÉS DUES PAR LE CONCESSIONNAIRE EN VERTU MÊME
DE L'ACTE DE CONCESSION.

L'article 17 de la loi des mines formule la règle suivante: *L'acte de concession, fait après l'accomplissement des
formalités prescrites, purge en faveur du concessionnaire,
tous les droits du propriétaire de la surface et des inventeurs ou de leurs ayants-droit, chacun dans leur ordre,
après qu'ils auront été entendus ou appelés légalement, ainsi
qu'il sera ci-après réglé.*

Cet article, qui suppose la coexistence de plusieurs
droits sur une mine, manifeste évidemment l'embarras
du législateur de 1810 en présence des théories diverses
qui fixent l'origine de la propriété minière. A certains
égards, la loi a consacré le système de la domanialité des
mines : de là la nécessité des concessions, la réglementation des recherches, la surveillance de l'exploitation. A
d'autres égards, la propriété minière est considérée
comme l'accessoire de la propriété du sol : c'est ainsi que
les articles 6, 18 et 42 reconnaissent au superficiaire
certains droits sur le tréfonds. Enfin, la mine concédée
est aussi considérée comme un bien nouveau, comme une
propriété créée de toutes pièces, franche et quitte de
toute charge. Jusqu'à la concession la mine était une *res
nullius* et les principes généraux du droit exigeraient
qu'elle fût attribuée à l'inventeur. Par des motifs d'inté-

rêt supérieur la loi ne reconnaît pas le droit absolu de l'inventeur : elle l'exproprie en quelque sorte au profit du concessionnaire, mais à la charge, pour ce dernier, de payer à l'inventeur une indemnité fixée par l'acte de concession (art. 16).

Pour dégager le droit du concessionnaire de toute indivision avec ceux de l'inventeur et du propriétaire de la surface la loi décide que l'acte de concession purgera ces deux sortes de droits et les fera disparaître en les novant. A dater de cet acte, le droit de l'inventeur prend le nom d'indemnité; celui du propriétaire revêt habituellement la forme de redevance.

Il existe enfin une troisième catégorie de personnes qui peuvent s'adresser au concessionnaire et lui demander une indemnité, même avant toute mesure d'exploitation : nous voulons parler de celles qui, antérieurement à l'acte de concession, ont exécuté des travaux devenus profitables à l'exploitant. La compensation qui leur est due est réglée par l'article 46 de la loi des mines.

Il sera traité successivement dans le présent chapitre de l'indemnité due aux propriétaires de la surface, de celle due à l'inventeur de la mine, de celle appartenant aux auteurs des travaux qui sont profitables au concessionnaire.

§ 1. — *De l'indemnité attribuée aux propriétaires de la surface par le décret de concession.*

Dans l'exposé des motifs de la loi des mines, Regnault de Saint-Jean-d'Angély s'exprime ainsi touchant l'attri-

bution de la propriété minière: « On a reconnu, dit-il,
« qu'attribuer les mines au domaine public, c'était bles-
« ser les principes consacrés en l'article 522 du Code Na-
« poléon, dépouiller les citoyens d'un droit consacré, por-
« ter atteinte à la grande charte civile, premier garant
« du pacte social.

« On a reconnu, d'autre part, qu'attribuer la propriété
« de la mine à celui qui possède le dessus, c'était lui
« reconnaître, d'après la définition de la loi, le droit d'u-
« ser et d'abuser, droit destructif de tout moyen d'exploi-
« tation utile, productif, étendu; droit opposé à l'intérêt
« de la société, qui est de multiplier les objets de consom-
« mation et de reproduction de richesse ; droit qui sou-
« mettrait au caprice d'un seul la disposition de toutes les
« propriétés environnantes de nature semblable; droit qui
« paralyserait tout autour de celui qui l'exercerait, qui
« frapperait de stérilité toutes les parties de mines qui se-
« raient dans le voisinage...... Il a fallu faire d'une mine
« une création particulière, une propriété nouvelle, à
« laquelle toutes les définitions du code Napoléon puissent
« s'appliquer. Dans cette création, le droit du proprié-
« taire de la surface ne doit pas être méconnu ni oublié;
« il faut, au contraire qu'il soit consacré pour être purgé,
« réglé pour être acquitté, afin que la propriété que l'acte
« du gouvernement définit, limite et crée en vertu de
« la loi, soit d'autant plus invariable qu'elle aura plus
« strictement satisfait à tous les droits, désintéressé
« même toutes les prétentions (1). »

1. Cf. Dal. Rep. Al, Vᵒ *Mines*, pp. 621 et 622.

L'application de ces principes se trouve dans les articles 6 et 12 de la loi des mines.

Article. 6. — *Cet acte* (le decret de concession) *règle les droits des propriétaires dc la surface sur le produit des mines concédées.*

Article 42. — *Le droit accordé par l'article 6 de la présente loi aux propriétaires de la surface sera réglé sous la forme fixée par l'acte de concession.*

La rédaction de l'article 42 est nouvelle et a été donnée par la loi du 27 juillet 1880. L'ancien article 42 décidait que le droit attribué par l'article 6, serait *réglé à une somme déterminée par l'acte de concession.* Quant à la forme de la redevance, il y avait une sorte d'antinomie entre les deux articles.

Tandis que l'article 42 paraissait la faire consister en une somme déterminée, l'article 6, au contraire, l'assimilait à un droit sur le produit même des mines, c'est-à-dire, à une portion de ce produit. En fait, la forme de la redevance fut variable. Pour la déterminer, l'autorité administrative se préoccupa davantage des coutumes reçues et des qualités des gisements concédés que des termes peu explicites de la loi. Tantôt la redevance fut fixe, selon l'article 42 ; tantôt elle fut proportionnelle selon l'article 6; tantôt même elle fut établie sous forme de rente en partie fixe ét en partie proportionnelle. La nouvelle rédaction de l'article 42 n'a fait que consacrer la pratique administrative. Le gouvernement a toute liberté pour déterminer les formes de la redevance due aux propriétaires de la surface.

En parlant de cette redevance, notre intention n'est

pas d'examiner toutes les questions difficiles et nombreuses qu'elle a fait naître. Elle n'est envisagée ici qu'au point de vue particuliér de son origine, et comme réparation offerte aux propriétaires de la surface en raison de l'éviction qu'ils subissent par suite du décret de concession.

La redevance étant une sorte d'indemnité d'expropriation, comment se fait-il qu'elle soit fixée par un acte arbitraire du gouvernement ? Si l'article 42 donne au gouvernement tous pouvoirs pour fixer les formes de la redevance, est-il également vrai que l'article 6 lui confère tous droits pour établir la quotité de cette même redevance ? Ces deux questions appellent la même réponse. Sans doute, pour justifier les droits accordés aux propriétaires de la surface par le décret de concession, la loi peut les considérer comme l'équivalent de droits antérieurs gravant la mine au profit des mêmes propriétaires. Mais ces droits antérieurs ont une existence purement théorique, puisque la même loi défend aux propriétaires de la surface d'exploiter les richesses minérales gisant sous le sol. L'acte de concession qui dispose de ces gisements n'enlève aux propriétaires aucun droit utile. Ce n'est pas leur ravir un attribut de leur propriété que d'établir sous le sol une propriété nouvelle, absolument distincte de la propriété superficiaire. En admettant le principe de la redevance, le législateur de 1810 a obéi à un scrupule d'équité. Alors qu'une théorie importante invoquait le droit naturel pour attribuer au propriétaire du sol la libre et complète disposition du sous-sol et des mines ; alors surtout que d'anciens usages, illégaux peut-

être, mais depuis longtemps enracinés, autorisaient ce
propriétaire à exploiter librement la mine, on n'osa pas
d'un seul coup condamner ouvertement la théorie et les
usages. Tout en prohibant pour l'avenir l'exploitation des
mines par les propriétaires de la surface, la loi leur assura
une compensation, en réservant au gouvernement le soin
de fixer la quotité (art. 6) et la forme (art. 42) de cette
compensation.

Au surplus, on ne comprendrait pas qu'un début litigieux intervînt pour la fixation de cette indemnité équitable. Où trouver des règles précises pour évaluer le
dommage causé au propriétaire du sol ? En quoi consiste
ce dommage et quelle peut être l'appréciation des droits
théoriques qu'un législateur scrupuleux nomme sans les
définir? Il était juste et nécessaire de confier au gouvernement l'examen des motifs d'intérêt général qui seuls
peuvent influer sur le règlement des droits dont parle
l'article 6. Le concessionnaire ne doit pas être grevé de
trop lourdes charges, surtout au début de son exploitation.

D'autre part, il est bon d'intéresser le propriétaire de
la surface au succès de l'exploitation qui va se poursuivre sous sa propriété, et peut-être, la menacer. Une raison meilleure était encore invoquée lors de la confection
de la loi des mines ; dans plusieurs parties de la France,
le droit à la mine, droit consacré par l'usage, avait une
influence considérable dans l'estimation d'un fonds de
terre. Il importait puissamment, au point de vue de la sûreté des gages immobiliers et du maintien des partages
fonciers, de compenser, par la création d'une valeur nou-

velle, la différence d'évaluation résultant de la suppression du droit à la mine.

Mais si le décret de concession est un acte de juridiction gracieuse, si la désignation du concessionnaire n'est pas faite en violation d'un droit acquis, il n'en est pas moins vrai que ce décret peut être attaqué, s'il a été rendu en dehors des formes légales. En parlant des formalités qui précèdent l'acte de concession, nous avons dit que les mesures de publicité et d'instruction édictées par la loi, avaient pour objet d'éviter des surprises et autres abus. Le propriétaire de la surface est au premier rang de ceux qui peuvent tirer argument de l'inobservation de ces mesures pour demander l'annulation du décret. S'il n'a pas été entendu, ou du moins légalement appelé, l'acte de concession ne prévaudra pas contre lui. Dans cette hypothèse on peut dire, en employant les expressions de l'article 17, que les droits du propriétaire de la surface ne sont pas purgés. Le propriétaire devra être déclaré recevable à se pourvoir contre le décret de concession, et ce décret devra être rapporté (Conseil d'État, 21 février 1814). Mais si le propriétaire a été entendu dans l'instruction préparatoire, ou s'il a été légalement appelé à formuler son opposition, toute réclamation de sa part doit être repoussée (Conseil d'État, 2 avril 1886).

Il n'y a qu'une hypothèse où la réclamation d'un propriétaire peut être utilement formulée même contre un décret rendu après l'accomplissement des formalités prescrites. C'est l'hypothèse où le réclamant invoque un droit de propriété sur la mine même concédée par le décret. Sans doute, l'opposition fondée sur ce motif aurait dû êlre proposée pendant la période d'instruction et alors le ministre ou le Conseil d'État, saisi de l'opposition, aurait renvoyé l'opposant et les divers pétitionnaires devant les tribunaux judiciaires, seuls compétents pour statuer sur la question de propriété (article 28). Mais l'opposant pouvait autrement défendre ce qu'il prétendait être sa propriété, et il avait le droit de poursuivre directement devant les tribunaux les pétitionnaires qui le troublent dans la possession de son bien. De même encore, et malgré le décret de concession rendu dans les formes, le propriétaire de mines aurait le droit de saisir le tribunal et de placer sous sa sauvegarde une propriété qui ne dépend plus de l'autorité administrative. L'autorité judiciaire est instituée gardienne de la propriété, de celle des mines notamment (article 56) (1). Le tribunal, saisi d'une pareille action, aurait donc le droit, sans annuler ou critiquer le décret de concession, de statuer sur la propriété contestée et d'en résumer la possession exclusive au profit du demandeur lésé. Mais si le titre de l'opposant est douteux, si la concession qu'il revendique est mal déterminée, il n'appartient pas au pouvoir judiciaire d'interpréter l'acte administratif qui lui est déféré. Les tribunaux de droit commun sont compétents pour statuer sur l'application du titre qui créé la propriété minière, mais ils commettraient un abus de pouvoir et feraient

1. Article 56. Les difficultés qui s'élèveraient entre l'administration et les exploitants, relativement à la limitation des mines, seront décidées par l'acte de concession. *A l'égard des contestations qui auraient lieu entre des exploitants voisins, elles seront jugées par les Tribunaux et Cours.*

naître une source de conflits s'ils prétendaient donner
l'interprétation d'un acte qu'ils n'ont pas le droit d'apprécier (Cf. Cassation, 23 novembre 1853, D. 53, 1,
332). En pareil cas, les tribunaux devraient surseoir au
jugement et renvoyer les parties devant l'autorité administrative qui aurait à interpréter le décret (D. 57, 1,
258).

L'article 6 donne au gouvernement le droit de fixer la
redevance due au propriétaire de la surface. Mais à cette
fixation arbitraire ne devrait-on pas préférer celle qui
résulte d'un accord privé entre les propriétaires et le demandeur en concession? Jusqu'en 1842 la question ne
soulevait aucune difficulté, et l'administration elle-même
favorisait ces arrangements. L'article 5 du cahier des
charges pour les concessions créées en 1824 dans le département de la Loire, s'exprime sur ce point dans les
termes suivants: « S'il existe de semblables conventions
« elles seront exécutées pourvu qu'elles ne soient pas
« contraires aux règles qui seront prescrites en vertu de
« l'acte de concession, pour la conduite des travaux souter-
« rains et dans les vues d'une bonne exploitation. Dans
« le cas opposé, elles ne pourront donner lieu, entre les
« parties intéressées, qu'à une action en indemnité » (1).

Ainsi le tarif adopté par le décret ne fixait la position
respective des parties, quant à la redevance, qu'à défaut
d'un accord antérieur. Le principe de la liberté des conventions paraissait s'appliquer tout naturellement aux
contrats de ce genre, et l'intérêt même de la bonne exploi-

1. Dalloz, Rep. Alp. V° *Mines,* n° 309.

tation des mines n'était pas sacrifié, puisque ces contrats étaient admis sous réserve des règlements administratifs imposés au concessionnaire.

Néanmoins, l'expérience fit connaître les dangers des conventions de ce genre. Dans la période d'instruction qui précède le décret, le pétitionnaire n'a qu'un souci : éviter les oppositions et les demandes en concurrence qu'il redoute surtout de la part des propriétaires du sol. Il importe de le mettre en garde contre un sentiment de crainte qui lui ferait trop aisément accepter des charges peu en rapport avec les exigences d'une exploitation régulière et profitable. Sans doute, les réglements administratifs et le cahier des charges interviendront pour faire déclarer caduques certaines conditions d'exploitation stipulées par les propriétaires dans l'accord intervenu pour fixer la redevance. Mais l'annulation de ces conditions n'aura pas lieu sans indemnité, et le but de la loi, qui est de protéger le crédit du concessionnaire, ne sera pas atteint. C'est par un motif d'intérêt supérieur, et pour éviter de livrer la mine à l'agiotage, que la loi a investi le gouvernement du droit exclusif de fixer la nature et la quotité de la redevance (1).

Une circulaire ministérielle du 8 octobre 1843 décida qu'à l'avenir les dispositions du tarif de redevances contenu dans l'acte de concession ou dans le cahier des charges y annexé, seraient applicables nonobstant les stipulations contraires qui pourraient résulter de conventions antérieures entre un concessionnaire et les propriétaires

1. Cf. *Annales des mines*, 4e série, tom. 9, p. 607 et tom. 10, p. 761.

de la surface, lesdites conventions étant à cet égard dé-
clarées nulles et non avenues.

Peu de temps après cette circulaire, la question s'éleva
de savoir si des conventions contraires aux nouveaux
cahiers des charges, nulles certainement à l'égard du
gouvernement, n'étaient pas valables du moins entre les
parties contractantes. Le concessionnaire des mines de la
Péronnière avait, antérieurement à son acte de concession, réglé amiablement avec les propriétaires de la surface la question des redevances établies par l'article 6.
Sans tenir compte de ce règlement, le gouvernement
adopta, pour la fixation légale des redevances, un tarif
beaucoup plus avantageux pour le concessionnaire que
celui librement convenu entre les parties. Le concessionnaire émit la prétention de s'en tenir au tarif fixé par son
cahier des charges. Les propriétaires de la surface s'a-
dressèrent alors au tribunal de Saint-Étienne pour demander l'exécution de leur contrat librement formé et
devenu la loi des parties. Une première question se posait
touchant la compétence du tribunal : celui-ci pouvait-il
statuer sur l'application d'un décret qui, dans une de ces
dispositions, prononçait la nullité de toute convention
antérieure relative aux redevances du propriétaire? Le
tribunal ne s'arrêta pas à cette difficulté et se déclara
compétent pour ce motif que l'action relative au paiement des redevances était du ressort des tribunaux judiciaires, et que, si dans le cours du procès, il se proposait
quelque moyen qui nécessitât l'interprétation d'un acte
administratif, le tribunal, sans se déclarer incompétent,
pourrait accorder un sursis.

Le préfet de la Loire prit alors un arrêté de conflit qui fut confirmé par une ordonnance de conflit du 1er juin 1843 (1). Au fond, le jugement du tribunal de Saint-Etienne avait éludé la véritable question. Il ne s'agissait pas de savoir si un tribunal de l'ordre judiciaire a qualité pour statuer sur le montant plus ou moins considérable des redevances dues par le concessionnaire. Il fallait décider lequel des deux avait raison : du redevancier qui invoquait un contrat librement consenti ou du concessionnaire qui prétendait se soustraire à l'exécution de ce contrat, en invoquant un acte administratif qui édictait l'annulation du contrat. Poser ainsi la question était la résoudre en faveur de la compétence de l'autorité administrative. Elle seule peut annuler un décret pour cause d'excès de pouvoir. Sans doute, s'il s'était agi d'une question de propriété, de la défense d'un droit réel appartenant indubitablement au redevancier, le tribunal aurait pu proclamer ce droit et le sauvegarder. Mais, comme nous l'avons exposé plus haut, avant l'acte de concession, le propriétaire de la surface n'a sur la future mine que des droits incomplets et en quelque sorte théoriques. Ces droits ne prennent une consistance sérieuse qu'après avoir été réglés et déterminés par le gouvernement. Jusque-là, ils ne peuvent encore faire l'objet d'une réclamation litigieuse.

Toute question de compétence mise à part, on peut se demander ce qui serait arrivé si le redevancier s'était utilement pourvu contre la disposition du décret qui an-

1. Cf. Dalloz, Rep. Al. Vº *Mines*, n. 502.

nulait la fixation conventionnelle des redevances. Selon nous, le tribunal abministratif aurait dû admettre le pouvoir et déclarer excessive la disposition attaquée. Quelque bonnes que soient, en effet, les raisons d'attribuer au gouvernement seul l'évaluation des redevances, on n'aperçoit pas qu'elles aient été condensées par le législateur de 1810 sous la forme d'une prescription quelconque. Tant que dure l'instruction préparatoire de l'acte de concession, les droits du propriétaire de la surface sont futurs et incertains. Est-ce à dire pour cela qu'ils ne puissent être l'objet de conventions. Ne peuvent-ils pas être aliénés échangés, donnés, aussi bien que pourrait l'être l'indemnité éventuelle qui résultera d'une expropriation? Dans ces conditions, il est manifeste que le pétitionnaire peut aussi bien que toute autre personne négocier cette valeur encore indéterminée. Cette valeur apparaîtra sous la forme d'une créance qui le grèvera : il peut importer beaucoup à ce futur débiteur de se rédimer à l'avance, par un marché aléatoire, de l'obligation que la loi fera peser sur lui.

Les documents de jurisprudence relatifs à la validité des conventions de ce genre ont trait le plus souvent à la question de compétence. A trois reprises le Tribunal des conflits s'est prononcé en faveur de la compétence des tribunaux administratifs (13 juin 1843; 24 janvier 1846; 5 novembre 1851). Néanmoins la Cour de cassation a proclamé la compétence des tribunaux ordinaires et a décidé d'accord sur ce point avec la jurisprudence administrative, qu'il ne fallait attribuer aucun effet aux conventions

antérieures à l'acte de concession (Paris, 22 mars 1879 ;
Cassation, 11 février 1880 : D. 81, 1, 16) (1).

Au reste ; on n'a jamais contesté la parfaite légitimité
des conventions qui interviennent après l'acte de concession, pour modifier le tarif des redevances. On ne voit
pas, en effet, pourquoi les rapports d'obligation qui lient le
concessionnaire au propriétaire redevancier ne pouvaient
pas être modifiés par une volonté commune du créancier
et du débiteur.

§ 2. — *De l'indemnité accordée à l'inventeur de la mine
par le décret de concession.*

De même que les articles 6 et 42 de la loi de 1810
accordent au propriétaire de la surface certains droits sur
le produit des mines, de même l'article 16 dispose que
*l'inventeur qui n'obtient pas la concession d'une mine, a
droit à une indemnité de la part du concessionnaire ; cette
indemnité sera réglée par l'acte de concession.*

Le mot « indemnité » convient-il exactement à la récompense que la loi assure à l'inventeur d'une mine ? Dans
l'esprit du législateur de 1810, la réponse affirmative
n'est pas douteuse. A ses yeux, l'inventeur qui n'est pas
déclaré concessionnaire subit un certain dommage pour
lequel il est dû réparation. Par le mérite de sa découverte
l'inventeur acquiert certains droits sur la mine, et si les

---

1. Dans le sens de la validité des conventions antérieures à l'acte
de concession, cf. M. Bury, *Traité de la législation des mines*, §§ 451
et suiv. Dalloz, Rep. Alph. v°. *Mines*, n° 501. Dans le sens contraire,
cf. Dupont, tom. 1, pp. 261 et suiv.

règles ordinaires de l'occupation ne sont pas pratiquées à son profit, c'est qu'un intérêt supérieur commande de donner la mine, non pas au plus digne, mais au plus capable.

Cette indemnité, dit l'article 16, *est réglée par l'acte de concession*. Mais, à propos de ce réglement, l'autorité administrative n'a pas jugé à propos de soulever la difficulté considérable que nous avons étudiée à propos de l'indemnité due au propriétaire de la surface. Aucun acte de concession, aucun cahier de charges, aucune circulaire ministérielle n'a jamais critiqué les conventions privées intervenues avant le décret de concession, entre l'inventeur et le futur concessionnaire. Les motifs qui ont poussé l'administration à combattre les prétentions des propriétaires de la surface ne présentent pas le même intérêt à l'égard de l'inventeur. L'opposition de l'inventeur ne sera pas d'ordinaire une menace bien dangereuse capable d'arracher au pétitionnaire des avantages excessifs. Les oppositions multiples émanées des propriétaires de la surface sont bien autrement inquiétantes. Enfin la découverte d'une mine est souvent le fruit de recherches et d'efforts encouragés à l'avance par celui qui se propose de solliciter le bénéfice de l'invention. Avant toute découverte, des contrats interviennent pour encourager l'explorateur en cas de succès de ses recherches. Ces contrats sont utiles au développement de la richesse minière du pays, et il serait maladroit, autant que peu équitable, d'en contester la valeur.

L'absence de toute critique dirigée contre les conventions intervenues entre l'inventeur et le futur concession-

naire, laisse voir la fausseté des objections juridiques dirigées contre ces mêmes conventions, lorsqu'elles sont pas-
sées entre le futur concessionnaire et les propriétaires de
la surface. Dans un cas l'article 6 décide que l'acte de
concession règle les droits des propriétaires de la surface, et l'on veut que ce règlement ne puisse pas être fait
autrement que par le décret. Dans l'autre cas, l'article 16
porte que l'indemnité de l'inventeur est réglée par l'acte
de concession, et l'on admet la validité d'une évaluation
conventionnelle. Ce simple rapprochement montre bien le
côté abusif de certaines conclusions que l'administration
a prétendu tirer de l'article 6.

Si l'inventeur et le futur concessionnaire ne peuvent
s'entendre, l'indemnité est fixée par décret. L'évaluation
qui en est faite ne peut pas être critiquée par le concessionnaire. Pour lui, l'acte de concession est un acte de
juridiction gracieuse, qui n'est susceptible d'aucun recours
contentieux. Ce n'est pas à celui qui sollicite une faveur
de critiquer les conditions auxquelles l'obtention de cette
faveur est assujettie. Quant à l'inventeur il n'a pas davantage le droit de se pourvoir contre la décision gouvernementale qui fixe son indemnité. Au même titre que le
propriétaire de la surface, il ne peut invoquer qu'un droit
incertain, indéterminé, que l'autorité administrative peut
évaluer sans contrôle.

Cette assimilation entre l'inventeur de la mine et le
propriétaire de la surface, est également parfaite en ce
qui concerne les recours qui peuvent être formés contre
un décret de concession rendu en violation des formalités légales. Sur ce point, nous n'avons qu'à nous repor-

ter aux observations contenues dans le paragraphe précédent.

En cas de recours de la part de l'inventeur, une question préjudicielle peut s'élever : à quelles conditions est-
on réputé inventeur ? L'instruction ministérielle du 3 août
1810 analyse les caractères auxquels on reconnaîtra
la véritable invention d'une mine. « On ne doit considé-
« rer comme découvertes, y est-il dit en fait de mines,
« que celles qui font connaître non seulement le lieu où
« se trouve une substance minérale, mais aussi la dis-
« position des amas, couches ou filons, de manière à
« démontrer la possibilité de leur utile exploitation. »
Ainsi la découverte d'un affleurement ne doit pas être
assimilée à la découverte d'une mine et n'offre qu'une
indication de valeur insuffisante.

La question d'attribution du titre d'inventeur fait partie du contentieux administratif. Tout individu qui prétend à ce titre peut utilement se pourvoir contre un acte
de concession qui ne lui fait pas application des droits
qui y sont attachés. Un tel acte, en effet, violerait un
droit acquis (Cf. M. Ducrocq, *loc. cit.*, n° 246).

§ 3. — *Indemnités mises à la charge du concessionnaire*
pour travaux antérieurs à l'acte de concession.

L'article 16 s'occupe de l'indemnité due à l'inventeur
pour le dédommager de l'éviction qu'il subit en vertu de
l'acte de concession. L'article 46 prévoit une autre sorte
d'indemnité.

Article 46. — *Toutes les questions d'indemnité à payer*

par les propriétaires de mines, à raison des recherches ou travaux antérieurs à l'acte de concession, seront décidées conformément à l'article 4 de la loi du 28 pluviôse an VIII.

Tandis que l'indemnité accordée à l'inventeur est la récompense accordée à son travail, à ses calculs, à son habileté, à sa découverte en un mot, les indemnités prévues par l'article 46 sont simplement la représentation des justes dommages dus par le propriétaire d'une mine à ceux qui ont effectué, dans les limites de sa concession, des travaux qui lui sont profitables.

Quels sont les travaux antérieurs à l'acte de concession dont parle l'article 46 ? Ce sont d'abord les travaux de recherches. Peu importe qu'ils aient été effectués ou non par l'inventeur. L'indemnité à laquelle celui-ci a droit en vertu de l'article 16 représente en quelque sorte le prix du service qu'il a rendu au pays en augmentant ses richesses minérales. Mais il a droit à une autre compensation en raison des travaux qui ont guidé ses recherches et qui profiteront exclusivement désormais au concessionnaire. Ces deux indemnités diffèrent non seulement dans leur origine, mais encore dans le choix des autorités qui ont mission de les évaluer. Tandis que la première est déterminée par l'acte de concession, la seconde est liquidée par le Conseil de préfecture, sur estimation d'experts.

Dans l'estimation des travaux de recherche, on doit comprendre non seulement ceux qui peuvent servir directement à l'exploitation, tels que les puits, galeries, sondages, mais encore ceux qui, comme simples recherches, ont fourni d'utiles renseignements sur les gisements de la mine Si une mine pouvait être découverte sans qu'aucun ouvrage eût été fait pour découvrir les gisements et indiquer leur direction et leur richesse, le concessionnaire devrait tenter une foule de travaux dont il se trouve d'ordinaire dispensé parce qu'il les reçoit tout exécutés par les soins des explorateurs. C'est à des travaux de ce genre que s'applique l'article 46, et le concessionnaire doit les payer comme si on les avait exécutés pour son propre compte. Les dépenses supportées par l'explorateur peuvent être assimilées à celles exposées par un gérant d'affaires. Aussi admet-on qu'on doive tenir compte, suivant les circonstances, du surcroit de dépenses qu'ont occasionné les incertitudes où se trouvaient les explorateurs sur l'allure ou la disposition des gîtes (Cf. Conseil d'État, 13 mars 1856, arrêt cité par M. Ducrocq, n° 408).

Pendant les premières années d'application de la loi de 1810, l'article 45 pouvait concerner des travaux d'un autre genre. Il existait alors un grand nombre de petites exploitations conduites par les propriétaires de la surface ou leurs ayants-droit. Lorsque ces exploitations furent comprises dans une concession régulière, le concessionnaire appelé à profiter des puits ou galeries anciennement exécutés, dut fournir à l'ancien exploitant une juste indemnité pour tous les travaux reconnus utilisables. Mais la mesure de cette indemnité était limitée par l'utilité même que présentaient ces travaux pour une bonne exploitation ultérieure (Cf. M. Peyret-Lallier, n° 296).

Le Conseil de préfecture a seul qualité pour résoudre les difficultés que fait naître l'évaluation de ces indemnités. L'appréciation des travaux antérieurs à la concession varie suivant le mérite de ces travaux comme moyen de

découverte et suivant leur utilité pour la future exploitation. « Des questions de ce genre se rattachent natu-
« rellement à la juridiction administrative. Leur appré-
« ciation touche indirectement a l'intérêt général de
« l'industrie minérale. En effet, s'il est bon d'encourager
« les explorateurs qui n'obtiennent point la concession,
« en leur faisant solder leurs travaux utiles par les con-
« cessionnaires, il est bon aussi de ne pas grever lourde-
« ment les concessionnaires de l'obligation de payer toutes
« les explorations antérieures à la concession, quel que soit
« leur peu de mérite ou d'utilité. Deux intérêts généraux
« sont donc ici en présence : la recherche et l'exploita-
« tion des mines ; il devait appartenir à la juridiction ad-
« ministrative de décider entre eux, et c'est ce qui motive
« l'article 46 de la loi » (Cf. M. Dupont, tom. 1, p. 101).

Au surplus, il est à peine besoin de remarquer que l'article 46 emploie une formule inexacte et trop compréhensive en soumettant au Conseil de Préfecture le *règlement
de toutes les questions d'indemnité à payer par les propriétaires de mines, à raison des recherches ou travaux antérieurs à l'acte de concession*. Si le concessionnaire a exécuté
lui-même les travaux de recherches qui lui ont valu sa
concession, les dommages qu'il a causés aux propriétaires
du sol demeurent réglés par les articles 10 et 43 de la loi
des mines. Or, ces articles maintiennent la compétence de
la juridiction civile pour assurer la réparation de ces dommages. La nouvelle rédaction du paragraphe final de l'article 43 a fait cesser toutes les difficultés soulevées avant
1880 (1) par le rapprochement des articles 44, § 2 et 46 :

1. Cf. Peyret-Lallier, n° 160.

La réparation des dommages causés à la propriété, par les travaux de recherches ou d'exploitation, reste soumise au droit commun (art. 43).

Par une dernière disposition, la loi favorise encore la recherche des mines, en offrant une garantie à ceux qui participent de leurs deniers aux travaux d'exploration.

Article 20. — *Une mine concédée pourra être affectée par privilège, en faveur de ceux qui, par acte public et sans fraude, justifieraient avoir fourni des fonds pour les recherches de la mine...*

Cet article est une application d'un principe général formulé dans l'article 2103, § 2, du Code civil : « Sont « créanciers privilégiés ceux qui ont fourni les deniers « pour l'acquisition d'un immeuble, pourvu qu'il soit « authentiquement constaté par l'acte d'emprunt, que la « somme était destinée à cet emploi, et par la quittance « du vendeur que ce paiement a été fait des deniers « empruntés ».

De même que le prêteur de deniers est subrogé au vendeur d'immeuble dans les droits maintenus au profit de ce dernier, de même celui qui a fourni des fonds à l'explorateur, en faisant constater par acte public ses avances d'argent, acquerra, dans la mesure de ses débours, les droits reconnus à l'explorateur par les articles 16 et 46 de la loi des mines. En vain objecterait-on que ces droits se réduisent à une simple créance personnelle contre le concessionnaire. L'indemnité liquidée par une décision du Conseil de préfecture est garantie par l'hypothèque générale qui résulte de tout jugement emportant condamnation. Quant à l'indemnité de l'inventeur, on peut aussi considérer le décret qui la détermine comme une sorte de décision contentieuse qui emporte hypothèque au profit de la créance liquidée (1). Dans tous les cas, les termes de l'article 20 prouvent surabondamment que les droits mis à la charge du concessionnaire, en raison des recherches de la mine, sont garantis par un privilège sur la mine.

Le bailleur de fonds, qui a droit à ce privilège, ne peut le tenir que de l'explorateur lui-même, dont il est l'ayant-droit.

' L'exercice du privilège de l'article 20 est soumis à l'application du Code civil et, plus généralement du droit commun en matière de privilèges sur les immeubles. C'est ce qui résulte de l'article 21 de la loi des mines.

1. Cf. M. Dalloz, p. 232.

CHAPITRE III

Les dommages causés par la recherche ou l'exploitation des mines donnent droit à diverses indemnités dont le paiement est autant que possible garanti par la loi. Il était juste qu'après avoir établi, dans l'intérêt des mines, des servitudes légales très onéreuses, la loi se montrât favorable aux créances nées de l'exercice dommageable de ces servitudes. Dans ce but elle a organisé trois sortes de mesures de garantie édictées par les articles 10, 14 et 15 de la loi des mines.

§ 1. — *Mesures de garantie résultant de l'article 10* (1).

Par ses travaux de recherche sur le terrain d'autrui, l'explorateur va certainement causer un dommage au

1. Dans ce chapitre, nous considérons l'exercice du droit d'occupation par le fait de l'explorateur seulement. Le même droit appartient aussi au concessionnaire, et c'est une question vivement controversée que celle de savoir si le concessionnaire est soumis aux dispositions de l'article 10. Nous renvoyons à l'examen de l'article 43 l'étude de cette question (cf. *infra*, chapitre IV, § 2). Les observations contenues dans le présent paragraphe se rapportent donc aussi bien à l'exploitant qu'à l'explorateur, dans le système de ceux qui

propriétaire du sol. La réparation de ce dommage fait l'objet des articles 10, 15 et 43 de la loi des mines. Les deux premiers ont pour objet de prémunir le propriétaire de la surface contre l'insolvabilité de l'auteur du dommage. L'article 10 est ainsi conçu :

Nul ne peut faire de recherches sur le terrain d'autrui, même avec l'autorisation du gouvernement, qu'à la charge d'une préalable indemnité, envers les propriétaires de la surface.

Cette disposition est conforme au droit commun. On peut dire, en effet, qu'à de certains égards, l'exercice du droit de fouilles constitue une sorte d'expropriation. L'article 545 du Code civil pose d'ailleurs la règle : *nul ne peut être contraint de céder sa propriété, si ce n'est pour cause d'utilité publique et moyennant une juste et préalable indemnité.* Bien longtemps auparavant, en 1413, un édit de Charles VI autorisait « tous mineurs et autres à quérir, ouvrer et chercher mines dans tous les lieux où ils pourraient en trouver, et aller traiter et faire ouvrer, moyennant juste et préalable prix. » La garantie donnée au propriétaire n'est donc pas une innovation et il est naturel que le législateur de 1810 l'ait maintenue. Sans cette règle, quel moyen aurait-on de contrôler la solvabilité de l'explorateur et de placer l'intérêt comme frein à son esprit d'aventure ?

On peut reprocher à l'article 10 de contenir trop peu

assimilent de tous points les travaux d'exploitation à ceux de recherches quant à l'exercice du droit d'occupation. Notons dès à présent que ce système est en contradiction avec la jurisprudence. Cf. D. 83, 2, 139.

d'indications sur cette indemnité préalable. L'instruction du 3 août 1810 n'est guère plus explicite. Elle dit seulement que l'arrêté du préfet doit contenir *l'avis des experts sur l'indemnité à payer aux propriétaires*. L'ancien article 44, sans faire allusion directement à l'indemnité préalable et ne concernant peut-être que le règlement de l'indemnité définitive, se bornait à dire : *L'évaluation du prix sera faite, quant au mode, suivant les règles établies par la loi du 16 septembre 1807, sur le dessèchement des marais.* Avant la loi du 27 juillet 1880, cet article 44 donnait lieu dans la pratique, à des difficultés inextricables. Le renvoi fait à la loi de 1807 mettait aux prises diverses règles inconciliables sur la nomination et les opérations des experts : les articles 56 et 57 de la loi de 1807, donnent à l'administration des pouvoirs extraordinaires dans l'expertise qu'ils réglementent, tandis que les articles 87 et suivants de la loi des mines, se réfèrent, en principe, au Code de procédure civile et n'admettent l'immixtion d'aucun agent administratif. Un arrêt de la Cour de cassation (1) consacre un système bizarre destiné à concilier les deux lois. D'après cet arrêt le tribunal civil est seul compétent pour statuer sur la nomination des experts et sur la régularité de leurs opérations ; mais comme d'après la loi du 16 septembre 1807, les contestations relatives au paiement des indemnités sont de la compétence du Conseil de préfecture, c'est à celui-ci que reviendra, en définitive, le règlement de l'indemnité. Un arrêté du Ministre des Travaux publics, du 7 octobre 1837, adoptait

1. Arrêt du 30 janvier 1823.

un système plus simple, qui consistait à s'en rapporter de tous points, à la loi de 1807, mais qui avait le grave tort de violer ouvertement l'article 87 de la loi des mines.

La nouvelle rédaction de l'article 43 a fait cesser ce conflit de législations. Son dernier paragraphe est ainsi conçu : *Les contestations relatives aux indemnités réclamées par les propriétaires du sol aux concessionnaires de mines, en vertu du présent article, seront soumises aux tribunaux civils.* Cette réforme était depuis longtemps réclamée par tous les auteurs qui se sont occupés de législation minière (1). Elle a confirmé ce principe de droit qu'en dehors d'une restriction formelle et d'une exception nettement écrite dans la loi, la règle ordinaire est en faveur de la juridiction civile. On peut seulement observer que le nouvel article aurait mieux fait de distinguer les indemnités réclamées à l'explorateur de celles réclamées au concessionnaire. Il ne vise textuellement que celles-ci, mais il n'y a pas à s'y tromper, les motifs de la loi sont les mêmes pour les indemnités dues par l'explorateur. Une chose est bien certaine, c'est que la suppression de l'ancien article 44 nous fait retomber dans le droit commun : la juridiction civile est donc incontestable (2).

Ceci établi, sur quelles bases sera faite l'évaluation de l'indemnité préalable ? Quelle sera la mission des experts et que décidera le tribunal ? On conçoit qu'il est impossible d'apprécier une indemnité avant que le dommage soit

1. Peyret-Lallier, n° 418 ; — Dalloz, tom. I p. 407 ; — Dupont, tom. I, 285.

2. Une meilleure et plus complète rédaction de l'article 43 aurait précisé le véritable sens de l'article 46, dont nous avons déjà critiqué les termes trop compréhensifs.

causé. Le règlement définitif des dommages-intérêts à attribuer au propriétaire se fera à l'issue des travaux, et, c'est à cette époque seulement, que l'article 43 sera invocable avec les bases d'appréciation qu'il indique. L'indemnité préalable n'a pour but que d'assurer au propriétaire le paiement de ce qui lui sera dû par la suite. La tâche des experts sera remplie s'ils indiquent dans leur rapport les dangers habituels aux travaux à exécuter et l'étendue approximative des dommages probables qui sont à redouter. L'indemnité accordée par le tribunal sera, par le fait, une indemnité provisoire, conditionnelle, approximative aussi.

A quel moment cette indemnité préalable est-elle fixée ? L'article 10 exige *que l'autorisation du gouvernement soit donnée, à la charge d'une préalable indemnité envers le propriétaire.* Le décret autorisant les recherches doit donc être rendu sous réserve des droits du propriétaire. Ce dernier peut donc s'opposer à toute occupation de son bien tant qu'il n'a pas reçu de l'explorateur la garantie que la loi lui accorde. Cette opposition sera faite sous la forme d'une demande introduite devant les tribunaux civils et tendant à l'interdiction des travaux à entreprendre et à la suppression de ceux entrepris. La compétence de l'autorité judiciaire ne fait l'objet d'aucun doute en pareille matière, et résulte même des dispositions de la loi : article 43, § 6. Il appartient toujours à cette autorité de réprimer les violations du droit de propriété, lorsque ce droit est l'objet d'atteintes que ne peut justifier l'intervention légale de l'administration.

Pour pratiquer cette dernière défense, peu importe, on

le comprend, que le décret ait statué ou non sur le droit
à l'indemnité. Le tribunal ne doit examiner qu'un seul
fait : à savoir, si le droit du propriétaire a été ou n'a pas
été respecté.

En présence de ces conclusions, on peut se demander
ce que signifie dans l'arrêté préfectoral qui précède et pré-
pare le permis de recherches la mention de *l'avis des experts sur l'indemnité à payer aux propriétaires.* On se rappelle que l'instruction du 3 août 1810 exige cette mention. Aujourd'hui encore elle n'est pas inutile. Il n'est
pas sans intérêt qu'avant d'octroyer aucun permis le gouvernement sache à quoi s'en tenir sur les dommages que
les recherches vont causer. La richesse aléatoire qui est
poursuivie, ne doit pas être payée trop cher. Mais, dans
le système antérieur à 1880, qui donnait au tribunal administratif le droit de statuer sur l'indemnité, l'avis des
experts consulté par le préfet avait une autre valeur. Il
servait à donner au gouvernement lui-même une base
suffisante d'appréciation des dommages futurs, de telle
sorte que le décret lui-même fixait l'indemnité approximative à fournir au propriétaire. Dans ces conditions,
l'expérience prouva que le recours au conseil de préfecture n'offrait pas une garantie meilleure, et cette manière
d'évaluer l'indemnité préalable passa en usage (1). Rien
n'empêche aujourd'hui cet usage de se perpétuer : mais
il convient d'ajouter que l'évaluation ainsi faite n'enlève
pas au propriétaire le droit de recourir au tribunal civil
pour demander une nouvelle expertise et une nouvelle
fixation.

1. Cf. Dalloz, Repert. Alph. V° *Mines*, § 151.

Une question se pose : que devient le droit à l'indemnité préalable tant que les travaux ne sont pas entrepris ?
Du jour où le permis a été accordé, — nous supposons le
décret régulier, —le propriétaire menacé d'une dépossession prochaine, néglige de cultiver son bien et l'abandonne ; il éprouve de ce chef un préjudice : peut-il immédiatement en réclamer la réparation ? La réponse négative est extrêmement probable. L'obligation de l'explorateur date du jour où il fait des recherches sur le terrain
d'autrui. Il est libre de commencer ses travaux au moment qu'il jugera convenable (1), dans le délai qui lui
est imparti. Au reste, le propriétaire peut sans crainte
continuer la culture et l'usage de son bien. Du jour où il
sera dépossédé, il aura droit à se faire indemniser de
toutes les pertes qu'il va subir. On ne voit pas, au contraire, à quel titre il pourrait se plaindre, s'il plaisait au
permissionnaire de négliger son droit de recherche.

Dans toutes les observations précédentes, nous avons
supposé l'explorateur en conflit avec le propriétaire.
Nulle part, la loi ne parle de l'usufruitier. Et cependant,
si la propriété se trouve démembrée entre un usufruitier
et un propriétaire, il n'est pas douteux que la première
victime de la dépossession soit l'usufruitier. Si la dépossession est provisoire, peut-être l'usufruitier sera-t-il
seul à en souffrir. Si elle devient définitive, parce que
l'explorateur est contraint d'acheter le terrain occupé,
l'usufruitier sera privé de sa jouissance jusqu'à la fin de

1. A moins que le décret ne fixe un délai pendant lequel les travaux doivent être mis en activité. Cf. ci-dessus.

l'usufruit. Il est certain que dans les deux cas les recherches occasionnent un préjudice et que ce préjudice doit
être réparé. De quelle manière et suivant quelles formes?
Faut-il appliquer à l'usufruitier tout ce qui a été dit du
propriétaire? Quel est son droit vis-à-vis du permis de
recherches?

La solution la plus simple consisterait à dire que l'usufruitier suivra le sort du nu-propriétaire et que son droit
sera transporté, par une sorte de subrogation réelle, sur
l'indemnité due par l'inventeur. Cette solution a le grave
défaut d'être arbitraire et injuste (1). Tout d'abort, il paraît certain que l'indemnité pour privation de jouissance
est due tout entière à celui qui a souffert de la dépossés-
sion provisoire, c'est-à-dire à l'usufruitier seul, si l'usufruit dure autant que les recherches. Et puis, on ne voit
pas pourquoi l'usufruitier serait nécessairement représenté par le nu-propriétaire dans l'exercice de tous ces
droits que nous avons vus destinés surtout à défendre la
jouissance de la propriété. Notamment pour l'évaluation
de l'indemnité préalable qui nous occupe, il est possible
que l'usufruitier ait des avantages personnels à faire ressortir, pour qu'il soit fait une équitable appréciation du
dommage qu'il va subir. De même, l'usufruitier a intérêt
à être entendu dans l'enquête préparatoire qui précède le
permis de recherches.

La loi de 1810, dans tous les textes déjà cités, concernant des hypothèses où l'intérêt de l'usufruitier est
manifestement en jeu, ne parle jamais que du pro-

1. Cette solution est celle de l'article 39 de la loi du 3 mai 1841.

priétaire. C'est un défaut de la loi, mais il est possible d'y suppléer par l'application des principes généraux du droit.

S'il s'agissait d'un fonds soumis à expropriation pour cause d'utilité publique, la loi du 3 mai 1841 fixerait en détail les droits de tous les intéressés. Dans le permis de recherches et dans le droit d'explorer le fonds d'autrui, n'y a-t-il pas une sorte d'expropriation et ne convient-il pas dès lors d'appliquer la loi de 1841, loi générale qui réglemente la dépossession des particuliers au profit du domaine public ? On serait tenté de le croire si la loi de 1810 n'excluait formellement un pareil système. Dans ses articles 10 à 12, 42 à 46, cette loi régit d'une façon absolument spéciale les indemnités qui résultent des dépossessions qu'elle autorise. Pourquoi cela, sinon pour faire exception aux règles ordinaires des expropriations ? Il est vrai que la loi des mines ne s'occupe jamais que du seul propriétaire : mais peut-on concevoir que les autres intéressés recourent à l'application d'une loi générale, alors qu'une loi spéciale est applicable au propriétaire ? Il devrait donc y avoir deux permis de recherches : l'un accordé à l'encontre du propriétaire, conformément à la loi de 1810, l'autre délivré contre les autres ayant-droit, conformément à la loi de 1841 ! C'est impossible, et il est certain qu'en notre matière la loi d'expropriation est absolument hors de cause.

La loi de 1810 suffit. Dans ses articles 10, 11, 41 à 45, on trouve la conséquence pratique du principe affirmé par l'article 545 du Code civil : *Nul ne peut être contraint de céder sa propriété, si ce n'est pour cause d'utilité publique et moyennant une juste et préalable indemnité.*

En réalité, ce n'est pas seulement la propriété, c'est tout droit acquis que l'article 545 protège et il n'est pas douteux, qu'en nommant seulement le droit de propriété, le législateur a statué *in id quod plerumque fit,* sans vouloir restreindre à ce seul droit l'application d'une règle d'équité. De même, dirons-nous, la loi de 1810, en nommant le propriétaire, n'a pas voulu réserver à lui seul les voies de recours qu'elle a ouvertes. Elle a copié l'article 545 avant d'en tirer les conséquences qu'elle édicte : au sens où il faut l'entendre, elle indique sous la désignation du prodriétaire toute la classe des ayants-droit.

L'usufruitier peut donc exercer tous les droits qui compètent au propriétaire lui-même. En ce qui touche l'indemnité préalable, il peut s'adresser aux tribunaux civils et se faire garantir par eux dans une paisible jouissance de son droit, tant qu'une compensation légitime ne lui est pas assurée.

De même pour le titulaire d'une servitude ou d'un droit d'usage, qui s'exerce sur le fonds soumis aux recherches. Celui qui possède un droit d'habitation pourrait, selon nous, invoquer l'article 11 et s'opposer à toutes recherches, au même titre que le propriétaire même de la maison (1).

Le créancier hypothécaire a sa situation nettement ré-

1. Parmi les autres ayant-droit, il convient encore de citer le concessionnaire de mines, s'il est possible, comme nous le croyons, d'autoriser la recherche de substances non concédées, dans les limites mêmes d'un périmètre qui a fait l'objet d'une concession antérieure.

glée par les·articles 18 et 19 lorsque le fonds grevé est l'objet d'une concession. Nous renvoyons au commentaire de l'article 43, l'examen des droits du créancier hypothécaire sur les indemnités dues au propriétaire du sol en cas de dépossession passagère ou définitive. Les travaux de recherche entrepris sur un fonds grevé ne font pas disparaître le gage du créancier, mais ils peuvent notablement l'amoindrir. La détérioration de l'immeuble hypothéqué, survenue par une cause quelconque, donne ne ouverture à l'application de l'article 2131 du Code civil. Mais encore faut-il que la détérioration se soit produite, tant qu'elle demeure éventuelle — et c'est notre hypothèse — le créancier hypothécaire ne saurait prétendre à aucun recours.

L'indemnité préalable une fois déterminée, est-elle attribuée immédiatement à l'ayant-droit qu'elle est destinée à garantir? L'article 10 ne le dit pas. Au surplus quel est le but de cette garantie? C'est d'empêcher que l'ayant-droit, après avoir souffert des dégradations sur son terrain, ne puisse exercer un recours utile contre l'auteur du dommage. Mais pour assurer l'efficacité de ce recours, il suffit que préalablement à tout travail l'auteur des recherches fournisse une caution bonne et solvable qui s'engage jusqu'à concurrence de l'indemnité établie, ou encore qu'il consigne le montant de cette indemnité. La caution ou la consignation libèreront valablement l'explorateur, tant qu'il s'agira de dommages purement éventuels. L'ayant-droit n'a pas intérêt à réclamer davantage : la limite de son intérêt est aussi celle du droit qu'il puise dans l'article 10.

§ 2. — *Mesures de garantie résultant de l'article 14.*

L'article 14 de la loi de 1810 est ainsi conçu :

L'individu ou la société (demandeur en concession) doit justifier des facultés nécessaires pour entreprendre et con- duire les travaux, et des moyens de satisfaire aux indemni- tés qui lui seront imposées par l'acte de concession.

Les principes mêmes qui ont poussé le législateur à créer la propriété des mines ont amené la rédaction de l'article 14. La mine, avons-nous dit, doit être au plus capable et non au plus digne. Pour être capable d'entre- prendre l'exploitation d'une mine, il faut pouvoir supporter les charges nombreuses qui grèvent la concession ; il faut non seulement avoir la faculté d'entreprendre et de conduire les travaux coûteux que nécessitent l'établisse- ment et l'entretien de la mine, mais encore présenter une solvabilité suffisante pour que le paiement des indemni- tés mises à la charge du concessionnaire ne reste pas en souffrance.

Avant de concéder une mine, le gouvernement devra donc s'assurer que le demandeur en concession offre les garanties suffisantes. D'ailleurs, la loi ne détermine pas les justifications que le gouvernement doit exiger du con- cessionnaire et son silence sur ce point n'est pas une lacune. Comme l'exprime fort bien un avis du conseil des mines de Belgique du 15 décembre 1837, les mesures que la loi aurait pu édicter à ce sujet risquaient d'être souvent inu- tiles ou inefficaces ; inutiles si elles devaient être appli- quées à des industriels ou à des sociétés entourés d'une

confiance et d'un crédit suffisamment justifiés par la notoriété publique ; insuffisantes, parce que les moyens de
preuve, en semblable matière, ont une valeur relative
variant avec les circonstances qui font varier la fortune
elle-même.

L'instruction ministérielle du 3 août 1810 exige que le
pétitionnaire produise un extrait du rôle de ses impositions, ou bien, s'il s'agit d'une société, un acte de notoriété établissant que les membres réunissent les qualités
nécessaires pour exécuter les travaux et acquitter les indemnités auxquelles la concession doit donner lieu. Rien
n'empêche le gouvernement de se montrer plus exigeant
et de préciser par décret les modes d'exécution de l'article 14.

§ 3. — *Mesures de garantie résultant de l'article 15.*

De tous les articles de la loi de 1810, l'article 15 est
celui qui a soulevé les difficultés les plus nombreuses et
les plus considérables. En parlant des dommages causés
par les travaux intérieurs des mines, nous verrons qu'on
recherche d'ordinaire dans cet article le principe de la
responsabilité de l'exploitant. Ici, nous nous préoccupe-
rons seulement de la mesure de garantie qui y est édictée.

L'article 15 est ainsi conçu :

*Il doit aussi, le cas arrivant de travaux à faire sous des
maisons ou lieux d'habitations, sous d'autres exploitations
ou dans leur voisinage immédiat, donner caution de payer
toute indemnité en cas d'accident : les demandes ou opposi-*

tions des intéressés, seront, en ce cas, portées devant nos tribunaux et cours.

Une première question s'élève sur la désignation des personnes auxquelles l'article 15 sera applicable. *Il doit aussi...*, dit l'article.

Mais *qui* doit ? L'article 15 est placé dans une section qui règle la préférence à accorder pour les successions. Est-ce à dire qu'il est applicable au demandeur en concession ? Mais celui-ci ne peut exécuter encore aucun travail et, par suite, ne s'expose à aucun acte nuisible.

Il faut rechercher dans son historique l'explication de cet article. Lors de la discussion de l'article 11, le comte Réal avait demandé si le droit d'exploration pourrait s'exercer au-dessous des maisons et lieux d'habitation. Le comte Regnauld de Saint-Jean-d'Angély et le comte Defermon se prononcèrent dans un sens favorable à l'admission de cette faculté, indispensable selon eux. Napoléon fit alors l'observation suivante : « Pour prévenir toute entreprise « nuisible au voisin, on pourrait astreindre l'exploitant « à donner caution des dommages que son entreprise peut « occasionner. Toutes les fois qu'un propriétaire voisin « craindrait que les fouilles ne vinssent ébranler les fon- « dements de son édifice, tarir les eaux dont il a usage, « ou lui causer quelques torts, il pourrait faire opposi- « tion aux travaux et la contestation serait portée devant « les tribunaux ordinaires (1) ». Cette déclaration de Napoléon qui fait pressentir la garantie nouvelle de la caution et son application sous le contrôle des tribunaux

______

1. Cf. Locré, séance du 13 février 1810, chap. IX, p. 425.

civils, était précédée de la remarque suivante qui est on
ne peut plus explicite : « Les observations présentées par
« M. Réal s'appliquent au mode d'exploitation. L'article
« en discussion ne traite encore que de la recherche de la
« première ouverture. Pour prévenir, etc. ». Ainsi, c'est
à propos de l'article 11, à propos de l'étendue des droits
de l'explorateur, que l'empereur exprime l'idée de prémunir le propriétaire contre des fouilles qui ébranleraient les
fondements de son édifice. Cette idée a été formulée plus
tard dans l'article 15 et la garantie nouvelle offerte au
propriétaire contre des fouilles imprudentes consiste dans
une caution *sui generis*.

Donc l'article 15 est certainement applicable à l'explorateur. L'est-il également au concessionnaire ? Cette
question est inséparable de celle que nous venons de
résoudre. Mais tandis que les auteurs sont unanimes à
déclarer l'article 15 applicable à l'explorateur, leur désaccord est complet en ce qui touche le concessionnaire. Les
uns soutiennent qu'on peut exiger de lui le cautionnement. La caution est utile comme garantie préalable vis-
à-vis d'un concessionnaire qui demain peut-être sera
insolvable. Elle est utile toujours à titre de contrainte et
d'avertissement en prévision des dommages qu'une exploitation vigilante saurait écarter (1). — D'autres estiment,
au contraire, que l'article 15 ne concerne que l'explorateur. C'est une addition aux articles 10 et 11. La caution
est un complément des garanties que ces articles énumè-

1. Peyret-Lallier, n° 271, 2° — Delebecque. n° 744. — Dalloz, n° 211
et suivants.

rent au profit du propriétaire d'un fond soumis aux fouilles. Ces garanties sont utiles vis-à-vis d'un explorateur
qui est peut-être sans ressources. Elles, et notamment la
caution, sont applicables à un concessionnaire qui offre
la meilleure des garanties, sa propre concession (1).

Chose remarquable sur cette question, en apparence si
pratique, la jurisprudence est à peu près muette. On peut
citer cependant un arrêt de la Cour de Lyon du 9 juin
1880 qui adopte les motifs du second système (2). Selon
nous, le concessionnaire devrait, à la demande des intéressés, être assujetti à donner caution. Sans doute, c'est
à propos de la discussion soulevée sur l'article 11 que le
législateur a imaginé une garantie nouvelle au profit du
propriétaire d'une maison d'habitation. Mais, comme
l'avait remarqué Napoléon, la question soulevée par le
comte Réal concernait aussi bien les travaux d'exploitation que ceux d'exploration. Soit, on permettra de faire
des fouilles, comme on permettra d'exploiter au-dessous des
maisons habitées. A quelles conditions ? On ne les précise
pas. Un article interviendra plus tard pour les fixer et ce
sera l'article 15. Qu'est-ce à dire, sinon que l'article 15
est applicable d'une manière générale aux travaux de
mines pratiquées sous les maisons d'habitation, c'est-à-
dire à tous ces travaux d'exploration ou d'exploitation qui
avaient soulevé les observations de Réal. Au surplus, il
n'est pas vrai de dire que la garantie offerte par la solva-

1. Cf. Aguillon, nos 327 et 328.
2. *Annales des mines*, 1881, p. 298.

bilité du concessionnaire soit toujours efficace. Le concessionnaire, même s'il est ruiné et aux approches de la
déconfiture, n'est assujetti à payer au propriétaire aucune
indemnité préalable. Qu'on laisse au moins à celui-ci la
ressource de la caution préalable, lorsqu'il est menacé,
jusque dans sa propre maison, de dommages irrépara-
bles. Si le législateur a jugé insuffisante la garantie offerte
sous la forme d'une indemnité préalable, lorsqu'il s'agit
de recherches, il n'est pas étonnant que l'unique garantie
résultant de la concession lui ait paru précaire, et qu'il
ait voulu la fortifier en exigeant du concessionnaire une
caution (1). Quoi qu'il en soit, l'expérience a prouvé jusqu'ici que les intéressés ne se mettaient pas en garde contre l'insolvabilité des concessionnaires et n'exigeaient pas
ce supplément de garantie que l'article 15 semble leur
accorder.

C'est à l'encontre de l'explorateur que l'application de
l'article 15 sera généralement invoquée.

Lorsqu'il dirige ses travaux « sous des maisons d'habitation, sous d'autres exploitations ou dans leur voisinage
immédiat » l'explorateur met en péril un droit plus res-
pectable que la propriété elle-même : il menace la vie
des hommes qui occupent ces habitations ou qui travail-
lent dans les exploitations déjà concédées. Et quand
même, grâce à la haute surveillance de l'administration,
semblable crainte serait injustifiée, n'est-il pas raisonnable de suspecter ses travaux souterrains entrepris sous
un sol surchargé de constructions ou même ébranlé par

1. Bruxelles, 29 mars 1888. *Revue des Mines*, 1888, p. 170.

12

des affouillements antérieurs ? Le préjudice éventuel présente ici une exceptionnelle gravité. Peut-être le propriétaire ou concessionnaire menacé n'a-t-il pas réclamé ou obtenu une indemnité préalable qui assure son dédommagement. Cette indemnité est forcément aléatoire, incertaine, hypothétique. L'imminence d'un danger plus redoutable fera-t-elle reconnaître l'insuffisance de la première évaluation : la *cautio damni infecti* de l'article 15 permettra toujours de parer à cette insuffisance. La caution ne fait donc pas double emploi avec l'indemnité préalable : elle en est en quelque sorte le complément et la suite. Elle intervient pour corriger les appréciations incertaines d'un examen superficiel. Ce rapprochement entre la caution et l'indemnité préalable appelle une remarque importante. Avant la réforme de la loi de 1810, on décidait généralement, par application de l'ancien article 44, que l'indemnité devait être fixée par le tribunal administratif. La caution, au contraire, devait être demandée devant le tribunal civil. Cette différence de juridictions était absolument inexplicable. Aujourd'hui la juridiction civile demeure seule compétente.

La caution présente encore un avantage que l'indemnité préalable ne saurait offrir. Postérieurement au permis de recherches, des constructions ont été édifiées sur les terrains asservis aux fouilles et dont on n'a pu tenir compte dans le calcul de l'indemnité : le propriétaire des constructions nouvelles aura certainement le droit d'exiger caution dès que les travaux de recherches atteindront la partie suspecte du sous-sol. Il a le droit de bâtir : il doit avoir le droit de se prémunir contre les dommages causés à ce bâtiment.

Si le concessionnaire est assujetti au cautionnement aussi bien que l'explorateur, il faudra décider de même que la caution pourra lui être demandée à l'occasion de constructions édifiées après l'acte de concession. En vain dirait-on que le propriétaire est moins digne d'intérêt lorsqu'il va de lui-même au-devant du danger: nul ne l'a exproprié du droit de bâtir, et s'il use de ce droit, qui pourrait s'en plaindre? L'obligation de l'exploitant, pas plus que celle de l'explorateur, ne saurait varier suivant la date de la construction de la maison (1).

L'article 15 parle de *travaux à ouvrir: quid* s'il s'agissait de travaux en cours, d'exécution, ou même de travaux terminés, mais présentant encore un danger? Pour les travaux en cours, ils semblent bien avoir été prévus par l'article 15. Lorsque la loi vient au secours du propriétaire, elle présume qu'il est effrayé des fouilles pratiquées sous son bien. Mais le danger aussi bien que la crainte du propriétaire sont à leur point extrême pendant les travaux d'affouillement. Tant que durent ces travaux, la solidité des couches supérieures du sol est mise à l'épreuve. Jusqu'à ce qu'ils soient achevés, l'inquiétude du propriétaire justifie très bien sa demande de la caution. Il n'en est plus de même lorsque le danger se manifeste et lorsque la caution est demandée après l'achèvement complet des galeries intérieures. Désormais, tant que les dommages seront purement éventuels, l'explora-

1. Cf. *Contra*, Dupont, tom. I, p. 305.

teur et le concessionnaire ne seront pas tenus de fournir une garantie préalable au concessionnaire. L'épreuve des travaux a tourné en leur faveur. Il ne faut pas entraver la recherche et l'exploitation des mines en vue de craintes le plus souvent chimériques. L'obligation consacrée par l'article 15 est exceptionnelle et presque abusive. Il faut interpréter restrictivement les termes de la loi qui parle de *travaux à ouvrir* et non de travaux achevés (Cf. Bury, n° 666).

Pour une raison analogue, le cautionnement ne sera pas exigible en prévision d'un travail quelconque à ouvrir sous les habitations et les exploitations. A quoi tend l'article 15 ? A faire *donner caution de payer toute indemnité en cas d'accident.* Donc, si en raison des circonstances, telles que la consistance du sol, la profondeur des galeries, etc., aucun accident ne paraît probable, les tribunaux pourront, avec un souverain pouvoir d'appréciation, dénier tout droit à la caution.

Toute personne intéressée à invoquer l'article 15 a le droit de vérifier par elle-même l'existence du danger qu'elle invoque. Le tribunal ordonnera, à cet effet, à l'explorateur ou au concessionnaire, de produire ses plans et même de laisser visiter ses travaux. Pour obtenir ce droit l'intéressé ne pourrait pas se borner à l'emploi de moyens extra-judiciaires. Tant qu'il n'y a pas procès entamé, l'explorateur et le concessionnaire ne sont pas tenus de publier l'état de leurs travaux.

L'article 15 vise les travaux à ouvrir sous des maisons ou lieux d'habitation, sous d'autres exploitations *ou dans leur voisinage immédiat.* La ponctuation de cette phrase donne naissance à un doute : les mots « *dans leur voisinage immédiat* » qui se rapportent aux exploitations, se rapportent-ils également aux maisons et lieux d'habitation ? A ne consulter que le bon sens, la solution affirmative s'impose. Si les travaux pratiqués dans le voisinage des exploitations constituent un danger pour cette propriété du dessous et pour ce motif, sont déclarés suspects, on ne voit pas pourquoi il en serait autrement à l'égard des travaux entrepris autour des maisons d'habitation. Aujourd'hui tout le monde est d'accord pour déclarer que les mots « dans leur voisinage immédiat » concernent les maisons et lieux d'habitation (Cf. Aguillon, n° 332 et les documents cités par l'auteur).

Une question plus délicate est celle de savoir ce qu'il faut entendre par voisinage immédiat. A défaut de délimitations précises, comme celles édictées par l'article 11, cette question doit être abandonnée au pouvoir discrétionnaire du juge. Elle sera résolue diversement suivant le caractère même des travaux suspects, suivant la consistance du sous-sol, l'épaisseur des galeries, etc. Dans tous les cas, l'interprétation de l'article 15 doit être restrictive étant donnée la portée exceptionnelle de ce texte. Il ne faudrait pas l'étendre à tous les travaux susceptibles de nuire, mais la restreindre plutôt à ceux qui sont fatalement dommageables.

Les tribunaux judiciaires ont une compétence exclusive pour statuer sur la caution et pour en fixer le chiffre. L'indemnité éventuelle représentera la valeur du préjudice redouté. Au surplus, puisque la loi de 1810 ne statue pas autrement sur cette caution, on devra se reporter, quant aux règles de détail, au titre XIV du livre III du Code civil. L'article 2040 dit notamment : toutes les fois qu'une personne est obligée, par la loi ou par une condamnation, de fournir une caution, la caution offerte doit remplir les conditions prescrites par les articles 2018 et 2019.

Dans ce même titre XIV, l'explorateur et le concessionnaire trouveront le moyen de remplacer la caution par une garantie plus facilement réalisable. L'article 2041 permet, en effet, à celui qui ne peut trouver une caution, de donner à sa place un gage en nantissement suffisant, par exemple une hypothèque, un gage ou une consignation de somme d'argent. J'en conclus, à l'avantage de l'explorateur, que l'indemnité préalable fournie par lui, pourra être simplement maintenue par le tribunal, si elle suffit à remplir le vœu de l'article 15 ; ou bien encore, le tribunal ordonnera d'en grossir le chiffre, si la première évaluation est trop faible.

Dans le jugement qui statuera sur la caution, le Tribunal devra préciser les dommages éventuels dont la réparation est ainsi garantie. Il se peut, en effet, que dans l'avenir des travaux encore imprévus fassent naître de nouvelles craintes. L'hypothèse intéresse surtout les concessionnaires voisins, dont les exploitations sont contiguës et dont les travaux se déplacent incessamment. L'apparition de tout nouveau préjudice fera surgir l'application de l'article 15.

Si le cautionnement n'est pas fourni, quel est le droit du propriétaire ou de l'exploitant menacés ? L'article 15 *in fine* dit : les demandes et *oppositions* des intéressés se -

ront portées devant nos tribunaux et cours. Qu'est-ce que ces *oppositions* des intéressés, sinon leur résistance aux travaux de recherche ou d'exploitation, sinon le droit de demander aux tribunaux d'en interdire la continuation ? La résistance du propriétaire qui n'a pas obtenu le cautionnement fixé par le Tribunal, ne peut pas être moins efficace que celle du propriétaire qui n'a pas obtenu de l'explorateur l'indemnité préalable.

Mais faut-il aller plus loin ? Faut-il accorder aux tribunaux le droit d'interdire, nonobstant tout cautionnement, des travaux gravement nuisibles à la sûreté du sol ? M. Dalloz observe (*loc. cit.*, n° 216) que, « la vie des « hommes étant plus précieuse que toutes les indemnités « pécuniaires, les propriétaires pourraient même, nonobs- « tant le cautionnement offert, s'opposer encore à ce « que les travaux fussent dirigés sous leurs habita- « tions, s'il était démontré qu'il y eût péril imminent. » D'autre part, le nouvel article 50 confère à l'autorité administrative, ce même droit de haute protection que l'on voudrait attribuer aux tribunaux : « *Si les travaux de recherche ou d'exploitation d'une mine sont de nature à compromettre la sécurité publique, la conservation de la mine, la sûreté des ouvriers mineurs, la conservation des voies de communication, celle des eaux minérales, la soli- dité des habitations, l'usage des sources qui alimentent les villes, villages et établissements publics, il y sera pourvu par le préfet.* Les dispositions de cet article sont relatives à l'action de l'administration et nullement à celle des tribu- naux. Est-ce à dire que le pouvoir de police reconnu au préfet sera l'unique sauvegarde des propriétaires et des concessionnaires menacés? La rédaction de l'article 50 est assez compréhensive pour attribuer à l'administration, la protection des intérêts privés, aussi bien que celle de l'intérêt public. Ces mots « la solidité des habitations » font évidemment allusion au droit d'assurer la conservation des édifices privés. Dès lors, pourquoi permettre au pouvoir judiciaire d'empiéter sur cette attribution de l'autorité administrative? Pourquoi créer une source de conflit?

Quelque bonnes que soient ces raisons, elles doivent, selon nous, s'effacer devant un droit supérieur : le droit pour le propriétaire de défendre sa maison d'habitation et le droit pour un exploitant de conserver sa concession. La défense de la propriété, de la propriété souterraine aussi bien que de celle du sol, est placée sous la sauvegarde des tribunaux judiciaires. Si des travaux d'exploration ou d'exploitation doivent porter une atteinte certaine à cette propriété, il appartient à la justice de les suspendre ou de prescrire telles mesures qui feront disparaître le danger. Qu'on ne dise pas que l'article 15 autorise indirectement le préjudice dont il assure la réparation. Cet article fait allusion aux accidents possibles ou même probables. Si les accidents sont certains, s'ils présentent une telle gravité qu'aucune compensation pécuniaire ne peut en effacer les traces, il faut que les tribunaux, avec des pouvoirs aussi étendus que ceux reconnus à l'administration, puissent les empêcher de se produire.

Une jurisprudence certaine adopte cette dernière opinion (1). Toutefois ce droit reconnu à l'autorité judiciaire

1. Cassation, 23 avril 1850; 17 juin 1857; 2 avril 1879.

est appliqué avec une extrême réserve. Dès qu'un jugement outrepasse les limites délicates qui séparent l'intérêt privé de l'intérêt public, le préfet peut dénoncer cet
empiétement en élevant le conflit. Mais les autorités
administrative et judiciaire, peuvent, selon nous, exercer librement leurs pouvoirs propres, quand le droit légitime des particuliers est seul menacé.

CHAPITRE IV

DE L'OCCUPATION DU SOL PAR LES EXPLORATEURS ET LES
CONCESSIONNAIRES DE MINES ET DES DOMMAGES QUI EN
RÉSULTENT.

Cette matière est régie par les articles 43 et 44 de
la loi de 1810, profondément modifiés par la loi du 27
juillet 1880. Nous mettons en regard, pour mieux les
comparer, les deux rédactions de ces articles.

ANCIEN ARTICLE 43

*Les propriétaires de mines
sont tenus de payer les indemnités dues au propriétaire de
la surface sur le terrain duquel ils établiront leurs travaux.*

*Si les travaux entrepris par
les explorateurs ou par les
propriétaires de mines ne sont
que passagers, et si le sol où
ils ont été faits, peut être mis
en culture au bout d'un an
comme il l'était auparavant,
l'indemnité sera réglée au
double de ce qu'aurait produit*

NOUVEL ARTICLE 43

*Le concessionnaire peut être
autorisé, par arrêté préfectoral, pris après que les propriétaires auront été mis à même
de présenter leurs observations, à occuper dans le périmètre de sa concession, les terrains nécessaires à l'exploitation de la mine, à la préparation métallique des minerais
et au lavage des combustibles,
à l'établissement des routes ou
à celui des chemins de fer ne
modifiant pas le relief du sol.*

Si les travaux entrepris par

net le terrain endommagé.

ANCIEN ARTICLE 44

Lorsque l'occupation des terrains pour la recherche ou les travaux des mines, prive les propriétaires du sol de la jouissance du revenu au delà du temps d'une année, ou lorsqu'après les travaux, les terrains ne sont plus propres à la culture, on peut exiger des propriétaires des mines l'acquisition des terrains à l'usage de l'exploitation. Si le propriétaire de la surface le requiert, les pièces de terre trop endommagées ou dégradées sur une trop grande partie de leur surface, devront être achetés en totalité par le propriétaire de la mine.

L'évaluation du prix sera faite, quant au mode, suivant les règles établies par la loi du le concessionnaire ou par un explorateur, muni du permis de recherches mentionné à l'article 10, ne sont que passagers, et si le sol où ils ont eu lieu peut être mis en culture au bout d'un an, comme il l'était auparavant, l'indemnité sera réglée à une somme double du produit net du terrain endommagé.

Lorsque l'occupation ainsi faite prive le propriétaire de la jouissance du sol, pendant plus d'une année, ou lorsque, après l'exécution des travaux, les terrains occupés ne sont plus propres à la culture, les propriétaires peuvent exiger du concessionnaire ou de l'explorateur l'acquisition du sol.

La pièce de terre trop endommagée ou dégradée sur une trop grande partie de sa surface doit être achetée en totalité, si le propriétaire l'exige.

Le terrain à acquérir ainsi sera toujours estimé au double de la valeur qu'il avait avant l'occupation.

Les contestations relatives aux indemnités réclamées par les propriétaires du sol aux

16 septembre 1807, sur le dessèchement des marais, etc., titre XI ; mais le terrain à acquérir sera toujours estimé au
double de la valeur qu'il avait
avant l'exploitation de la mine.

concessionnaires de mines, en
vertu du présent article, seront
soumises aux tribunaux civils.

Les dispositions des paragraphes 2 et 3, relatives au
mode de calcul de l'indemnité
due au cas d'occupation ou
d'acquisition des terrains, ne
sont pas applicables aux autres dommages causés à la
propriété par les travaux de
recherches ou d'exploitation ;
la réparation de ces dommages
reste soumise au droit commun.

NOUVEL ARTICLE 44

Un décret rendu en Conseil
d'État peut déclarer d'utilité
publique les canaux et les chemins de fer, modifiant le relief
du sol, à exécuter dans l'intérieur du périmètre, ainsi que
les canaux, les chemins de
fer, les routes nécessaires à la
mine et les travaux de secours
tels que puits ou galeries destinés à faciliter l'aérage et l'é-
coulement des eaux, à exécuter en dehors du périmètre.
Les voies de communication
pourront être affectées à l'u-
sage public, dans les condi-

> *tions établies par le cahier*
> *des charges.*
>
> *Dans le cas prévu par le pré-*
> *sent article, les dispositions de*
> *la loi du 3 mai 1841, relatives*
> *à la dépossession des terrains*
> *et au règlement des indemni-*
> *tés, seront appliquées.*

La propriété des mines étant enclavée, il a fallu donner au concessionnaire le droit de contraindre les propriétaires du sol à lui livrer passage pour parvenir jusqu'à la mine et, d'une manière générale, pour organiser tous travaux nécessaires à l'exploitation.

Ce droit n'est que l'application du principe général affirmé dans l'article 682 du Code civil : le propriétaire dont les fonds sont enclavés, et qui n'a sur la voie publique aucune issue, ou qu'une issue insuffisante pour l'exploitation, soit agricole, soit industrielle de sa propriété, peut réclamer un passage sur les fonds de ses voisins, à la charge d'une indemnité proportionnée au dommage qu'il peut occasionner.

Mais cette application est exceptionnelle comme la propriété au profit de laquelle elle est faite. Le caractère d'utilité générale que présente l'établissement des travaux de mines, appelle l'intervention de l'autorité administrative et non celle du pouvoir judiciaire, pour fixer l'assiette de cette servitude de passage. D'autre part, quant à la réparation des dommages causés au propriétaires des fonds asservis, le législateur a pensé qu'il ne fallait pas se borner à une simple indemnité proportionnée au dommage.

Comme l'expliquait M. de Girardin dans son rapport au Corps Législatif, « le passage pour la culture est « une servitude réciproque ; l'équité n'exige que la sim- « ple réparation du dommage. Mais, dans l'exploitation « des mines, il n'y a pas de réciprocité entre le proprié- « taire de la surface et le propriétaire de la mine. Sous « ce rapport, il était donc juste de doubler l'indemnité, « et même le prix des terrains en cas d'achat. »

Les articles 43 et 44 présentaient de graves lacunes. Il n'expliquaient pas de quelle manière devait s'effectuer la prise de possession des terrains nécessaires aux travaux des mines ; ils ne donnaient pas l'énumération des travaux qui, par leur importance, justifiaient le droit d'occupation de la propriété d'autrui ; ils n'autorisaient, en aucun cas, l'établissement de ces travaux, lorsque la nécessité commandait de les exécuter en dehors de la concession, et obligeaient ainsi le concessionnaire à suivre la procédure lente des expropriations ordinaires. On leur reprochait enfin, à juste titre, d'avoir confié aux tribunaux administratifs le règlement des indemnités de dépossession et d'avoir ainsi confondu les dommages provenant de l'exercice d'une servitude légale, avec ceux résultant de l'exécution des travaux publics.

La loi du 27 juillet 1880 a fait droit complètement aux critiques soulevées contre les anciens articles 43 et 44. La réforme opérée semble avoir tenu un compte égal de l'intérêt des propriétaires de la surface et des nécessités de l'exploitation des mines.

Les matières qui font l'objet de ce chapitre peuvent être divisées de la manière suivante :

§ 1. — De l'exercice du droit d'occupation.

§ 2. — De l'indemnité pour privation de jouissance.

§ 3. — De l'acquisition obligatoire des terrains soumis à l'occupation.

§ 4. — De certains dommages prévus dans le dernier alinéa de l'article 43.

§ 1. — *De l'exercice du droit d'occupation.*

L'ancienne rédaction de l'article 43 pouvait laisser croire que l'exploitant avait le droit d'occuper librement les portions de la surface qu'il jugeait indispensables à ses travaux. On avait soutenu que l'exploitant serait prévenu contre l'abus même de son droit, par la crainte des indemnités rigoureuses auxquelles il s'exposait. Le Conseil d'État, dans un arrêt du 22 août 1853, avait adopté cette façon de voir, en décidant que la loi n'avait institué aucune autorité pour restreindre sur ce point la liberté du concessionnaire. Dans la pratique toutefois, et par crainte des décisions sévères prononcées par les tribunaux en cas d'occupation non autorisée, il était d'usage de faire régler par arrêté préfectoral l'exercice du droit d'occupation. Ce règlement était d'autant plus indispensable que la loi de 1810 n'énumérait pas les travaux qui légitimaient la prise de possession du sol par le concessionnaire de mines.

Aujourd'hui toute difficulté a cessé : la loi de 1880 confère au pouvoir exécutif, ou simplement au préfet, le droit d'accorder le permis d'occupation. Un arrêté préfectoral suffit, s'il s'agit d'exécuter, dans le périmètre de la concession, l'un des travaux prévus par l'article 43, § 1.

Il faut, au contraire, procéder par la voie de l'expropriation régulière pour établir les travaux énumérés dans l'article 44.

Le préfet doit accorder le permis d'occupation, lorsque ce permis est *nécessaire* à l'exploitation de la mine, à la préparation métallique des minerais et au lavage des combustibles, à l'établissement des routes ou à celui des chemins de fer ne modifiant pas le relief du sol. Si le permis est simplement utile aux travaux énoncés, s'il n'offre à l'exploitant qu'un avantage d'économie, le préfet ne devra pas l'accorder. Le vœu de la loi est toutefois qu'on assimile au cas de nécessité, le besoin d'échapper à une dépense excessive que le permis d'occupation fera éviter. Les intentions du législateur de 1880, si clairement manifestées par les dispositions nouvelles de l'article 11, sont favorables à l'exploitant, et, en les suivant, on ne doit pas entendre, dans leur sens strict, ces mots « occupation nécessaire ».

L'exploitation de la mine comporte diverses espèces de travaux dont l'énumération ne pouvait être faite par la loi. Si l'article 43 énonce « la préparation métallique des minerais, le lavage des combustibles, l'établissement des routes ou celui des chemins de fer », c'est que ces travaux ne font pas partie de l'exploitation proprement dite, mais en sont seulement des annexes : on les assimile pourtant aux travaux d'exploitation parce que, comme eux, ils ne peuvent pas être séparés de la mine, comme eux ils sont nécessaires à l'utilisation des gîtes minéraux et doivent être pratiqués aux abords des puits et galeries. Quant aux installations établies pour la transformation des minerais, elles ne peuvent être imposées au propriétaire de la surface que si elles ont pour objet la préparation métallique des minerais : en tout autre cas, il faut les considérer comme distinctes de l'exploitation et les soustraire à l'application de l'article 43. Faudrait-il donner au concessionnaire le droit d'occupation pour l'organisation de ses services commerciaux et l'édification des bâtiments à y affecter ? La réponse négative est préférable, alors surtout qu'il ne s'agit pas d'un édifice affecté en même temps à l'administration commerciale et à la direction technique de la mine. Ainsi, il faudrait refuser à l'exploitant le droit d'établir, sur la propriété d'autrui, des dépôts et des hangars, pour faciliter les approvisionnements et la vente du minerai. Une charge de cette nature ne pourrait être imposée que dans le voisinage immédiat du puits, parce que la nécessité de l'exploitation commande de faire une place aux matériaux de toutes sortes qui sont extraits de la mine.

Un simple arrêté préfectoral permet de créer, dans le périmètre de la concession, des chemins de fer ne modifiant pas le relief du sol. Avant 1880, une jurisprudence libérale entendait dans un sens large le droit conféré à l'exploitant *pour l'exécution de ses travaux*. Le Conseil d'État avait validé des permis d'occupation accordés pour établir des chemins de fer à voie étroite avec traction par chevaux, quelquefois même avec traction à vapeur (1).

1. Cf. Conseil d'État, 23 février 1870 ; 9 juillet 1875 ; 15 juin 1877 ; arrêts cités dans le rapport de M. Brossard à la Chambre des Députés.

L'arrêt du 15 juin 1877 ne s'occupait plus de l'écartement de la voie : le chemin de fer établi à la surface du sol était donc assimilé à un chemin de charroi ordinaire.

Lors de la discussion de la loi de 1880, la majorité de la commission se déclara favorable au maintien pur et simple de cette jurisprudence. Elle décida seulement que pour établir un chemin de fer devant modifier le relief du sol, le gouvernement aurait le droit de déclarer d'utilité publique les travaux nécessaires. La procédure d'expropriation, qui sera suivie dans cette circonstance, offre toutes garanties aux propriétaires fonciers, dont les immeubles partagés par une voie ferrée peuvent, dans le cas de travaux un peu importants, être privés de communication directe d'une parcelle à une parcelle voisine.

Mais les chemins de fer et les routes établis dans le périmètre de la concession, ne suffisent pas toujours aux exigences de l'exploitation des mines. Comme le fait remarquer M. Brossard dans son rapport, le choix de l'emplacement d'une exploitation minière dans une contrée n'est pas laissée à la volonté de l'industriel comme l'emplacement d'une usine ; il dépend surtout de l'allure, de la richesse des gisements, des conditions naturelles que la loi ne saurait modifier. Si l'exploitant ouvre ses travaux dans des localités éloignées de toutes voies de communication, il faut lui donner le droit de construire, même en dehors du périmètre concédé, des chemins de fer ou autres destinés à relier l'exploitation aux chemins déjà existants. Cette faculté, timidement accordée autrefois par la jurisprudence, est formellement attribuée au concessionnaire de mines par la loi de 1880, qui donne au gouvernement le droit d'en régler l'exercice par un décret rendu au Conseil d'État. Chose digne de remarque, tandis que le législateur, dans la loi du 11 juin 1880 (1), cédait « à une tendance parfois excessive à exiger une « loi pour la déclaration d'utilité publique en matière « d'expropriation (2) », il maintenait, relativement aux voies de communication nécessaires aux mines, les principes de la loi du 27 juillet 1870 : encore cette dernière loi ne donnait-elle au gouvernement le droit de déclarer l'utilité publique que pour les chemins de fer d'embranchement de moins de vingt kilomètres de longueur.

L'article 44 autorise encore, en dehors du périmètre concédé, l'établissement de *travaux de secours, tels que puits ou galeries destinés à faciliter l'aérage et l'écoulement des eaux,* après une déclaration d'utilité publique donnée par décret au Conseil d'État, comme pour les routes, les chemins de fer et les canaux.

La loi ne définit pas les travaux de secours, mais elle donne clairement à entendre ce qu'il faut entendre par là. Il s'agit de puits, galeries ou autres établissements, destinés à triompher des obstacles que les limites de la concession apportent à l'exploitation. On peut citer à titre d'exemple, l'établissement d'un aqueduc pour donner un échappement aux eaux de la mine et les jeter dans une rivière ; ou encore, la construction d'un puits d'aérage pour la ventilation d'une galerie placée aux limites mêmes de la concession.

1. Loi relative aux chemins de fer d'intérêt local et aux tramways.
2. Cf. M. Ducrocq, *loc. cit.*, n° 814, § 5.

Recours des propriétaires de la surface contre les permis d'occupation.

S'il s'agit d'un permis accordé par simple arrêté préfectoral, la loi ne veut pas que cet arrêté soit pris sans que le propriétaire ait été mis à même de présenter ses observations. Il est donc certain que le propriétaire (1) peut recourir au Conseil d'Etat par la voie contentieuse, s'il se plaint que la loi ait été violée à son détriment, par cela seul qu'il n'a pas été entendu, ni dûment appelé par le préfet. Il va sans dire que l'arrêté ne saurait avoir aucun effet avant d'être notifié au propriétaire. Si la loi ne parle pas de cette notification, c'est qu'elle est de règle en matière de travaux publics. Sans la notification la voie de recours serait indéfiniment ouverte, parce que le propriétaire n'aurait pas été valablement appelé à défendre ses droits (Montpellier, 9 février 1882; D. 83, 2, 155).

Le propriétaire pourrait encore se pourvoir contre un permis d'occupation donné pour des motifs autres que ceux en vue desquels il pouvait être accordé. C'est ainsi qu'est attribuée au Conseil d'Etat la souveraine interprétation des dispositions de l'article 43 relatives à la désignation des travaux qui justifient l'occupation de la surface.

Qu'arriverait-il si l'arrêté préfectoral permettait à l'exploitant d'installer ses travaux sur les terrains réservés par l'article 11 ? Les termes formels de cet article s'oppo-

1. Nous avons énuméré, à propos de l'article 10, les divers ayants-droit qu'il faut, en cette matière, assimiler au propriétaire.

sent absolument à ce que l'explorateur ou le concessionnaire puissent faire des sondages, ouvrir des puits et galeries, établir des machines, ateliers ou magasins dans les
enclos murés, cours et jardins. Nous renvoyons aux explications fournies au sujet de l'article 11, l'étude des
divers recours appartenant au propriétaire du sol pour la
défense des biens réservés.

Mais, s'il s'agissait de travaux à exécuter par application de l'article 44, il ne paraît pas que l'article 11 puisse
être invoqué. En définitive, l'article 44 considère comme
présentant le caractère d'utilité publique certains travaux
nécessaires aux mines et la dépossession qu'il autorise,
pour faciliter l'établissement de ces travaux, est une véritable expropriation, soumise aux règles de la loi du 3
mai 1841. Peut-on dire que l'article 11 s'oppose à ce que
l'expropriation s'étende à certaines catégories de biens ?
Il serait singulier que la déclaration d'utilité publique eût
moins d'effets en ce qui concerne les travaux de mines que
pour des travaux d'un autre genre : l'établissement d'un
tramway, par exemple. Si l'article 11 limite l'exercice des
droits établis par l'article 43 § 1, c'est que ce dernier article est une disposition exceptionnelle qui prive le propriétaire du sol des garanties ordinaires données en matière d'expropriation. On ne peut se pourvoir contre la
déclaration d'utilité publique que par le recours extraordinaire, pour incompétence ou excès de pouvoir, ouvert
contre tous les actes de l'autorité administrative, lorsque
ces actes ont été rendus en violation des formes substantielles, ou encore pour des motifs autres que ceux en vue
desquels ils sont autorisés par la loi.

I e droit d'occupation prévu en l'article 44, se confond avec le droit d'expropriation. Le permis d'occupation resultera en pareil cas, de l'arrêté préfectoral réglementé par la loi du 3 mai 1841 et désigné dans la pratique sous le nom d'arrêté de cessibilité. (Cf. Loi du 3 mai 1841, articles 4 à 12).

§ 2. — *De l'indemnité pour privation de jouissance.*

Lorsque les travaux entrepris par l'explorateur ou le concessionnaire ne sont que passagers, il sera dû seulement une indemnité pour privation de jouissance si les rois conditions suivantes se trouvent réunies :

1° Les travaux ne doivent durer qu'un an au plus.

2° Le sol doit pouvoir être mis en culture au bout de ce temps.

3° Le sol doit pouvoir être cultivé comme il l'était auparavant.

En pareil cas, l'indemnité est réglée à une somme double de ce qu'aurait produit net le terrain endommagé. Ce produit net est assez difficile à évaluer lorsque le propriétaire cultive lui-même le sol. Les tribunaux judiciaires ont tout pouvoir d'appréciation pour faire cette estimation. Dans tous les cas il paraît juste de déduire du produit brut habituel l'équivalent des avances et de la main-d'œuvre fournie par le propriétaire, le montant de la contribution foncière et des frais d'assurance.

Lorsque l'occupation dure plus d'une année, le propriétaire n'est pas ténu de contraindre l'exploitant à l'acquisition du terrain. S'il préfère demander l'indemnité de non-jouissance, cette indemnité sera réglée annuellement et, par suite, à des taux divers et variables comme l'aurait été le produit net lui même.

Le propriétaire a pu donner à bail le terrain occupé. En pareil cas l'évaluation du produit net est facile à établir: il suffira d'extraire du revenu locatif le montant des impositions annuelles supportées par le bailleur. On s'est demandé, à cette occasion s'il ne serait pas plus judicieux de donner au locataire l'indemnité de non-jouissance, en maintenant à sa charge l'obligation de payer les fermages. En général, la jurisprudence a décidé que le locataire n'avait pas affaire avec l'exploitant (1) il peut seulement, aux termes de l'article 1726 du Code civil demander au bailleur une diminution sur le prix du bail proportionnée à la dépossession qui l'atteint. L'indemnité extraordinaire de l'article 43 est acccordée en faveur du propriétaire et comme compensation d'une servitude légale qui ne peut que lui nuire. Le paiement de cette indemnité peut être la cause d'un enrichissement et l'on ne voit pas à quel titre cet enrichissement profiterait au locataire. Si le locataire, en cas d'expropriation, a droit a une indemnité spéciale, c'est que cette indemnité se réduit au simple dédommagement du trouble à lui causé par l'éviction. Tout ce que l'on doit admettre, c'est que le fermier aura le droit de réclamer des dommages intérêts au concessionnaire, conformément au paragraphe final de l'article 43, s'il justifie que la diminution du prix du bail ne constitue pas un dédommagement suffisant.

1. Cf. arrêt de la cour de Douai : *Gazette du Palais*, 18 février 1888.

Au contraire, si le terrain occupé est grevé d'un usufruit, l'usufruitier aura droit à la double indemnité de
non jouissance : il jouit en effet du fonds grevé comme
le propriétaire lui-même.

Le titulaire d'une servitude n'a pas la jouissance du
fonds ; mais il a un droit réel sur le fonds, et aux termes
de l'article 545 du Code civil entendu dans son sens large,
il ne peut en être dépossédé que moyennant une juste
indemnité. Cette indemnité sera-t-elle fixée d'après le
paragraphe 2 de l'article 43, c'est-à-dire, au double, ou
bien sera-t-elle simplement proportionnée au dommage
causé, conformément au paragraphe final du même article ?
Malgré les motifs d'une équité évidente qui demanderaient de faire au titulaire de la servitude une situation
égale à celle du propriétaire, les termes de l'article 43 ne
permettent de lui accorder qu'une simple indemnité. Lorsque l'indemnité est fixée au double, on l'apprécie d'après
le produit net du bien occupé. Or une servitude ne donne
pas, à proprement parler, de produit. Elle rend des services elle augmente la valeur du fonds dominant, mais par
elle-même elle ne donne pas de fruits. Le titulaire de la
servitude pourra donc seulement demander à l'occupant
des dommages intérêts, dont le chiffre variera avec la durée de l'occupation. Puis, lorsque l'occupant sera mis en
demeure d'acquérir le fonds grevé, il réclamera une indemnité définitive pour compenser la perte résultant de la
disparition de son droit. Sur un point seulement, il se
distinguera des autres ayants-droit qui peuvent demander
des dommages intérêts à l'occupant, suivant le droit commun. Avant toute occupation, le titulaire de la servitude

peut exiger le paiement préalable des dommages-intérêts qui lui sont dûs. Mais ce dernier point soulève une grave controverse.

On se demande en effet depuis longtemps si l'indemnité due au propriétaire de la surface en vertu de l'article 43, § 2 doit être payée préalablement. Il est regrettable que la loi de 1880 n'ait pas tranché cette difficulté, déjà soulevée à propos de l'ancien article 44. En faveur du droit du propriétaire à réclamer l'indemnité préalable, on soutient que l'article 43 se réfère implicitement à l'article 10 qui oblige l'explorateur à fournir l'indemnité avant de commencer ses travaux. L'article 43, dit-on, met sur le même rang l'explorateur et le concessionnaire : on ne peut dire que le permis d'occupation confère à l'un plus de droits qu'il n'en donne à l'autre et exempte le concessionnaire seul du paiement préalable de l'indemnité. Dans l'opinion adverse, on soutient au contraire que l'article 43 n'assimile l'explorateur au concessionnaire qu'au point de vue de l'évaluation de l'indemnité, Si, dans une autre disposition, la loi a voulu protéger le propriétaire contre l'insolvabilité de l'explorateur, elle n'a pas jugé à propos d'étendre cette disposition au concessionnaire qui ne poursuit pas des travaux aléatoires et qui offre, dans sa concession même, un gage sérieux de solvabilité.

Notre opinion est que l'indemnité doit être préalable. Dans le silence de l'article 43, il faut se référer aux règles du droit commun. L'article 545 du Code civil est d'une application générale : nul ne peut être contraint de céder sa propriété, si ce n'est pour cause d'utilité publique et moyennant une juste et *préalable indemnité*. Pour faire exception à l'article 545 il faut une disposition formelle et on la cherche vainement dans la loi des mines. En vain objecterait-on que l'occupation passagère n'impose pas au propriétaire la cession de sa propriété : il s'agit dans tous les cas d'une cession partielle, d'une dépossession matérielle et cela suffit pour qu'il y ait éviction prévue par l'article 545 (1).

Nous avons énuméré déjà (chap. III, § 1), les règles particulières à la prestation de la préalable indemnité. Tout ce que nous avons dit des obligations mises à la charge de l'explorateur pour l'article 10, quant au paiement de l'indemnité, devrait, selon nous, être appliqué au concessionnaire.

Lorsque l'occupation passagère a cessé, l'explorateur ou le concessionnaire sont tenus de remettre le terrain occupé dans l'état où il était auparavant. Il ne faut pas en effet empêcher le propriétaire de reprendre son bien et de l'affecter à son ancienne destination. L'exploitant n'a pas le droit de retenir les terrains primitivement occupés sous prétexte que le propriétaire sera suffisamment indemnisé par le double prix qui lui sera attribué. Le propriétaire, dit l'article 43, peut exiger l'acquisition du sol. Ainsi, c'est une simple faculté qui lui est offerte et à l'exercice de laquelle il peut renoncer. Il a donc le droit, soit d'exiger l'acquisition de son terrain, soit de se faire attribuer l'indemnité de non jouissance tant qu'il n'a pas

1. Dans ce sens, Peyret-Lallier, n⁰ 420 ; — Dupont, tome 1, p. 295. — *Contra* Bury, n. 551 et un arrêt de la cour de Montpellier du 9 février 1882 : D. 83, 2, 139.

repris son terrain et il n'est tenu de le reprendre que si les
travaux ont duré moins d'un an et si le sol peut être rendu
à son ancienne culture. Enfin, alors même qu'il n'est pas
tenu de reprendre son terrain, le propriétaire *peut le récla-*
mer à l'exploitant et obliger ce dernier à supprimer les
traces de ses anciens travaux, si les nécessités de l'occupation ont cessé. Si les travaux ont à ce point bouleversé
le sol que la remise des lieux en leur état primitif soit
devenue impossible, il faut décider, conformément à l'article 1142 du Code civil, que l'obligation de l'occupant se
résoudra en dommages-intérêts (Lyon, 14 juin 1860 — S·
61, 2, 163).

Lorsque le propriétaire des terrains occupés opte pour
le paiement annuel des indemnités de non jouissance, il
acquiert droit à une sorte de loyer du sol ainsi retenu
par l'occupant. En pareil cas, les indemnités annuelles
sont prescriptibles au bout de cinq ans, conformément
à l'article 2277 qui déclare cette courte prescription applicable à tout ce qui est payable par année. Un arrêt de la
Cour de Lyon, du 3 janvier 1857, écarte par des motifs
pertinents les objections soulevées contre cette solution.
« Attendu, dit l'arrêt, que cette indemnité représentant
« le prix de l'occupation du sol est un revenu ; qu'elle est
« payable chaque année, c'est-à-dire à des échéances pério-
« diques, qu'il importe peu que cette indemnité consti-
« tue un créance indéterminée; que cette indétermination
« n'en laisse pas moins ouverte l'action en paiement ; que
« même au point de vue de l'ordre public, c'est surtout
« les créances indéterminées dont il importe de hâter la
« liquidation et le paiement par la perspective d'une pres-

« cription imminente ; que dès lors, elle tombe évidem-
« ment sous le coup des dispositions de l'article 2277. »

§ 3. — *De l'acquisition obligatoire des terrains soumis à l'occupation.*

Lorsque l'occupation, dit l'article 43, *prive le propriétaire de la jouissance du sol pendant plus d'une année, ou
lorsque, après l'exécution des travaux, les terrains occupés ne
sont plus propres à la culture, les propriétaires peuvent exiger
du concessionnaire ou de l'explorateur l'acquisition du sol. La
pièce de terre trop endommagée ou dégradée sur une trop
grande partie de sa surface doit être achetée en totalité, si le
propriétaire l'exige. Le terrain à acquérir ainsi sera toujours estimé au double de la valeur qu'il avait avant l'occupation.*

Nous avons expliqué, dans le paragraphe précédent,
les divers partis que pouvait prendre le propriétaire des
terrains occupés et la complète liberté de détermination
qui lui était laissée à l'encontre de l'auteur des travaux.
Il reste à voir quels seront ses droits, s'il opte pour l'a-
liénation du sol occupé.

Et d'abord, le droit d'option appartient-il toujours au
propriétaire ? Si la propriété est démembrée, l'exercice
de ce droit ne doit-il pas être reconnu à l'usufruitier ?
Nous avons dit que l'usufruitier avait droit aux indemnités de non jouisssance : il semble impossible que le nu-
propriétaire puisse compromettre ce droit. D'autre part,
l'usufruitier ne doit pas engager l'avenir et priver le nu-
propriétaire de la faculté, qui lui reviendra un jour, de

reprendre le terrain occupé ou de s'en faire donner le prix d'acquisition. Selon nous, pendant la durée de l'usufruit, le droit d'option ne peut être exercé que par suite d'un accord amiable entre le nu propriétaire et l'usufruitier. A défaut de cet accord, le nu-propriétaire ne peut stipuler avec l'occupant et traiter avec lui de l'acquisition des terrains, que pour le temps qui suivra l'usufruit. Enfin, l'usufruitier devra s'en tenir aux indemnités de non jouissance. Cette solution, regrettable à de certains égards parce qu'elle porte plus d'entraves à la libération définitive de l'exploitant, a du moins l'avantage de sauvegarder les droits acquis. On n'en pourrrait dire autant de la solution proposée par un auteur considérable (1) qui attribue au nu-propriétaire seul le droit d'option et reporte l'usufruit sur le prix d'acquisition. La loi du 8 mai 1841 adopte, il est vrai, une solution du même genre, peu judicieuse à notre avis : mais outre que cette loi n'est pas applicable à notre matière, il faut remarquer que la loi des mines, en établissant deux sortes d'indemnités d'éviction, l'une évaluée par fractions périodiques, l'autre en masse et d'un seul coup, permet la conservation à l'état distinct de l'indemnité affectée à l'usufruit et de celle due à la nue-propriété.

Si les terrains acquis par suite d'occupation sont grevés d'hypothèque, l'acquéreur aura soin de procéder aux formalités de la purge. L'occupant n'est pas autrement tenu vis-à-vis des créanciers hypothécaires, et, jusqu'à l'aliénation du fonds grevé, ceux-ci n'ont de droit à exer-

1. M. Bury, *loc. cit.*, n° 515.

cer que contre leur débiteur direct, conformément à l'article 2131 du Code civil. Si l'immeuble assujetti à l'hypothèque est dégradé à tel point par les travaux d'occupation qu'il soit devenu insuffisant pour la sûreté des créanciers, ceux-ci pourront ou poursuivre leur remboursement ou obtenir un supplément d'hypothèque. Les recours exercés à cette occasion peuvent être dommageables au propriétaire : mais comme cette atteinte portée à son crédit est une conséquence directe des travaux d'occupation, il sera fondé à réclamer à l'occupant, en dehors de l'indemnité de non-jouissance, des dommages-intérêts proportionnés au préjudice subi.

L'ancien article 44 décidait que le terrain à acquérir devait être estimé au double de la valeur qu'il avait avant *l'exploitation de la mine*. Cette réduction avait laissé croire à quelques auteurs qu'il fallait reporter l'estimation au début de l'exploitation tout entière, c'est-à-dire, évaluer les terrains à la date du décret de concession. Plus généralement on admettait que par exploitation de la mine, l'ancien article 44 entendait cette portion restreinte de l'exploitation qui se confondait avec les travaux d'occupation. Aujourd'hui l'article 43 exige l'estimation au double de la valeur qu'avait le terrain *avant l'occupation*. Cette rédaction a fait cesser une difficulté pour en créer une nouvelle. De quelle occupation parle l'article 53 ? s'est-on demandé. Est-ce de l'occupation qui résulte de l'arrêté préfectoral ? Est-ce au contraire de l'occupation devenue définitive à la suite de l'option faite par le propriétaire en faveur de l'acquisition forcée ? On a prétendu qu'il s'agissait de l'occupation définitive

et que le bon sens même exigeait de fixer le prix d'acquisition au moment de l'acquisition du terrain. Le propriétaire peut pendant longtemps se contenter des indemnités de non-jouissance : si, durant ce temps, le terrain
acquiert une plus-value, pourquoi le propriétaire en
serait-il privé ? On a donc décidé que l'estimation serait
faite au moment de la demande d'achat formulée par le
propriétaire (Cf. Cour de Lyon, 14 mars 1877, D. 79,
2, 5) (1).

Le système que nous venons d'exposer est inacceptable
parce qu'il est contraire à la loi. L'article 43 dit que le
terrain sera estimé au double de la valeur qu'il *avait*
avant l'occupation. C'est donc que la loi exige qu'on détermine cette valeur dans le passé avant de l'estimer ; elle
choisit à cet effet le moment de l'ouverture des travaux
d'occupation, parce qu'il est plus facile alors d'estimer les
qualités naturelles du terrain. Plus tard, il pourra se
faire que l'établissement de la mine nuise à la valeur du
sol, par les désagréments de son voisinage : il serait injuste de faire supporter au propriétaire les dépréciations
de ce genre. En sens inverse, il arrive souvent que certains travaux de mines augmentent la valeur vénale des
terrains qui les entourent : dans une hypothèse de ce
genre, pourrait-on demander à la mine de donner au propriétaire la double valeur d'une plus-value créée par elle?
Entre ces deux dangers, le législateur s'est arrêté à un

1. Cette décision est d'autant plus singulière qu'elle a été rendue
sous l'empire de la loi de 1810, qui parlait de la valeur avant l'exploitation de la mine.

parti moyen : il a voulu que le prix de l'acquisition définitive fût établi d'après la valeur du bien au moment où il a passé entre les mains du futur acquéreur.

Les tribunaux ont un souverain pouvoir d'appréciation pour faire le calcul des éléments qui composent la valeur du terrain. Même ils auraient le droit, ce semble, de tenir compte de ce qu'on appelle la valeur d'affection, par extension des habitudes reçues en matière d'expropriation ordinaire. Pareil pouvoir d'appréciation leur est accordé afin de déterminer dans quels cas une pièce de terre sera assez endommagée pour que le propriétaire en puisse exiger l'acquisition totale. Parmi les considérations qui sont prises en faveur de cette acquisition on peut citer : le fait qu'une portion de parcelle est devenue impropre à la culture ; qu'elle soit enclavée ou d'un accès difficile ; que son étendue par rapport à la parcelle retenue par la mine soit peu considérable. (1).

Si l'occupation a été faite en vertu de l'article 44, il n'est plus question d'indemnités de non jouissance, d'indemnités au double, de faculté d'option accordée au concessionnaire : tout est réglé par la loi du 3 mai 1841, aux dispositions de laquelle l'article 44 prononce un renvoi formel, en ce qui concerne la dépossession des terrains et le règlement des indemnités.

§ 4. — *De certains dommages prévus dans le dernier alinéa de l'article 43.*

Les dispositions des paragraphes 2 et 3, relatives au mode

1. Cf. Bréchignac et Michel, n° 380.

de calcul de l'indemnité due au cas d'occupation ou d'acqui-
sition des terrains, ne sont pas applicables aux autres dom-
mages causés à la propriété par les travaux de recherches ou
d'exploitation ; la réparation de ces dommages reste soumise
au droit commun.

Les dommages causés par l'occupation ne résultent pas seulement de l'éviction imposée au propriétaire : ils se rattachent à toutes les conséquences nuisibles des travaux d'occupation. Çà et là, dans les paragraphes précédents, nous avons noté quelques-unes de ces conséquences : le préjudice causé au titulaire d'une servitude dont l'exercice se trouve empêché ; le préjudice souffert par le locataire de l'immeuble occupé, lorsque la résiliation du bail ou la diminution du loyer ne sont pas des dédommagements suffisants. D'une manière générale, l'occupant est tenu de réparer tous les dommages causés à la surface par les travaux qu'il a entrepris : la suppression des sources, le dégagement d'odeurs nuisibles et d'eaux malsaines, le morcellement des fonds occupés et l'obstacle qu'il apporte à leur culture, etc., engagent sa responsabilité indépendamment des doubles indemnités affectées au propriétaire dépossédé.

On a pourtant essayé de soutenir que ces mêmes dommages ne devaient pas donner lieu à une indemnité spéciale, lorsque le propriétaire qui les subit a déjà droit à la double indemnité de dépossession. Les partisans de cette opinion soutiennent que l'indemnité fixée au double constitue une sorte de forfait qui résume toutes les dépréciations subies par l'héritage où les travaux d'occupation ont été établis. Cette évaluation arbitraire a du moins l'avantage d'éviter les contestations sans nombre qui se seraient élevées, si la condition du propriétaire était restée soumise au droit commun. Si l'indemnité est double c'est qu'elle est unique et qu'elle doit suffire à la réparation d'autres dommages que ceux résultant de la dépossession (1).

L'opinion contraire est généralement admise. Le véritable motif qui a déterminé le législateur à doubler l'indemnité du propriétaire n'est pas l'intention de résumer en une seule toutes les réparations qui lui sont dues. Comme nous l'avons expliqué au début de ce chapitre, le législateur de 1810 a pensé qu'il ne s'agissait pas là de l'exercice ordinaire de la servitude de passage, mais d'une servitude plus onéreuse, toute nuisible aux fonds grevés, telle enfin qu'il paraissait équitable de doubler l'indemnité due au propriétaire du sol asservi. Incidemment, le législateur de 1880 s'est préoccupé de cette question. M. Bozérian avait proposé un amendement aux termes duquel le propriétaire qui réclamerait une indemnité de dépréciation, devrait préalablement renoncer à l'indemnité au double que la loi lui accorde et réclamer pour tout genre de dommage une indemnité réglée au simple. Cet amendement n'a pas été pris en considération (2), parce qu'il a paru juste de conserver au propriétaire la situation favorable que lui faisait l'ancien article 44. La juris-

---

1. Dijon, 29 mars 1854. — D. 54, 2, 143. Bruxelles, 1888. *Revue des mines*, 1888, p. 247.

1. *Journal Officiel* du 19 février 1880.

prudence paraît aujourd'hui fixée dans le sens de cette doctrine (1).

Le dernier alinéa de l'article 43 s'applique aussi aux dommages causés par les travaux de l'exploitation intérieure des mines. Ces dommages n'appelleront donc jamais qu'une réparation égale au préjudice. Lorsqu'ils se produisent, l'exploitant se trouve chez lui, il extrait des richesses qui sont siennes, il jouit de son bien propre. Lorsque, au contraire, il exécute des travaux superficiels, il prend possession du bien d'autrui, il prive le propriétaire de la jouissance de ce qui lui appartient, il ne travaille plus chez lui. Il est donc naturel d'admettre une différence entre les deux cas et d'admettre une indemnité plus forte dans le second que dans le premier.

1. Cassation, 7 juin 1869. S. 70, 1, 73, — 27 janvier 1885. — D. 85, 1, 297.

CHAPITRE V

En principe, tout fait de l'homme qui cause à autrui un
dommage, oblige celui par la faute duquel il est arrivé à
le réparer. Il en est de même lorsque le dommage résulte
non plus seulement du fait volontaire de l'homme, mais
encore de sa négligence ou de son imprudence (Art. 1382
et 1383 du Code civil). Ces règles, qui suffisent d'ordinaire
à l'appréciation normale des responsabilités, demeurent
inapplicables à de nombreux dommages causés par l'exploitation des mines. Les travaux souterrains les mieux
conduits, dirigés suivant toutes les prescriptions de l'art
et sans qu'aucune négligence ait échappé à celui qui les
entreprend, peuvent par leur nature même, être nuisibles à la surface et troubler la jouissance du sol. Aussi
est-ce une grave question que celle de savoir si en dehors
de toute faute et de toute conduite reprochable, le propriétaire de mines est assujetti à une responsabilité spéciale pour les suites dommageables des travaux qu'il exécute dans l'intérieur de la terre. Déjà, pour les travaux
d'occupation entrepris à la surface du sol, nous avons vu
quelles indemnités exceptionnelles la loi mettait à la
charge des propriétaires et des explorateurs de mines.
Les dispositions de la loi relatives aux travaux intérieurs

ne sont pas claires et certaines comme celles résultant de l'article 43 de la loi des mines. Elles ont fait naître des controverses délicates qui, après quatre-vingts ans d'application de la loi, se prolongent encore. Aussi la matière du présent chapitre est-elle en quelque sorte inépuisable à raison du nombre et de la variété des dommages qui peuvent résulter des travaux intérieurs de mines. Pour garder à cette étude le caractère d'un examen purement doctrinal, nous avons cru pouvoir omettre les questions qui soulèvent seulement des difficultés de fait. Nos observations seront divisées de la manière suivante :

§ 1. — Du principe de la responsabilité de l'exploitant.

§ 2. — Des personnes responsables du paiement des indemnités.

§ 3. — Des personnes qui ont droit à une indemnité.

§ 4. — De l'évaluation des dommages causés à la propriété et des modes de leur réparation.

§ 5. — Des dommages causés aux concessions voisines. Hypothèses de l'article 45. Loi du 27 avril 1838.

§ 6. — Des dommages causés aux voies de communication.

§ 1. — *Principe de la responsabilité de l'exploitant.*

La loi de 1810 ne consacre par aucun texte précis la responsabilité de l'explorateur et du concessionnaire de mines à l'occasion des dommages causés à la surface par les travaux souterrains de recherches ou d'exploration. Diverses théories ont été émises pour déterminer le fondement juridique de cette responsabilité et pour en préciser les limites ; elles se rattachent à deux systèmes principaux que nous allons successivement analyser.

Premier système : L'auteur des travaux souterrains est responsable selon les règles du droit commun conformément aux articles 1382 et suivants du Code civil.

Pour être tenu de réparer un dommage, il faut, selon toute justice, être coupable de l'acte nuisible, c'est-à-dire l'avoir accompli par faute ou par négligence.

L'exploitant (1) qui aura conduit ses travaux d'une façon défectueuse et qui les aura rendus dommageables pour la surface, sera tenu de réparer le préjudice indûment causé aux propriétaires du sol. Si, au contraire, l'exploitation souterraine est entreprise selon toutes les règles de l'art, avec toutes les précautions que la plus extrême prudence suggère, l'accident qui peut en résulter est dû à un cas de force majeure et n'engage la responsabilité de personne. Pour que, dans ce dernier cas, le concessionnaire fût tenu, il faudrait que son obligation fût édictée par un texte de loi, puisque les principes généraux du droit le déclarent exempt de toute responsabilité. Or, ce texte de loi ne se trouve nulle part. On le chercherait vainement dans la loi des mines, et c'est à tort qu'on a prétendu le trouver dans l'article 15 de la loi de 1810. Cet article oblige, il est vrai, le concessionnaire à fournir cau-

---

1. Tout ce qui, dans ce chapitre, concerne l'exploitant, est également applicable au permissionnaire qui effectue des fouilles pour la recherche de la mine. Les entreprises souterraines du concessionnaire et celles de l'explorateur sont entièrement assimilables relativement aux responsabilités qu'elles engagent. Articles 15 et 43 de la loi de 1810.

tion de payer toute indemnité en cas d'accident, avant de
commencer des travaux sous des maisons d'habitations,
dans le champ d'autres exploitations, ou dans leur voisinage immédiat. Mais quelles sont les indemnités pour le
paiement desquelles est stipulée la garantie du cautionnement? Evidemment les indemnités dont nous venons de
parler : celles dues par le concessionnaire dont les travaux sont défectueux. Puisque la loi ne définit pas les indemnités prévues dans l'article 15 il s'ensuit qu'elle renvoie aux règles du droit commun pour les désigner. On
ne comprendrait pas d'ailleurs que la loi eût introduit
une dérogation si importante aux principes ordinaires de
l'équité par la voie indirecte de l'article 15. Avant de créer
une garantie pour le paiement d'indemnités exceptionnelles, il convenait d'affirmer clairement l'obligation du débiteur à la charge de qui on les aurait établies. Or, non
seulement le législateur n'a pas manifesté l'intention de
traiter l'exploitant comme un propriétaire assujetti dans
l'exercice de ses droits à des règles spéciales de responsabilité, mais encore il a affirmé nettement l'équivalence absolue entre la propriété minière et la propriété du sol (1).
Lorsque le législateur impose une entrave aux libres agis-
sements du concessionnaire, il s'exprime d'une façon non
équivoque (art. 10, 43, 45, 49). Si l'exploitant avait dû
être tenu de réparer tous les dommages résultant des travaux intérieurs des mines, son obligation eût été inscrite

1. Cf. nos observations sur l'ingérence de l'administration dans
l'exploitation des mines; chapitre I, *passim*.

d'une façon formelle à la suite des articles 43 et 45 de la loi des mines.

La servitude de fouilles établie sur tout le territoire, pour la recherche et l'exploitation des mines, est une servitude légale qui grève la surface du sol, et cela sans dédommagement, comme il arrive pour toutes les servitudes légales qui dérivent de la nature des lieux. Le propriétaire de la surface est tenu de subir les conséquences fatales des travaux de mines, de même que le propriétaire du fonds inférieur est tenu de recevoir les eaux découlant du fonds supérieur. Au surplus, il n'est pas vrai de dire que cette servitude soit établie sans dédommagement. Qu'est-ce que la redevance attribuée au propriétaire de la surface, sinon une indemnité qui très souvent compense largement les désagréments imposés par le voisinage de la mine ? Avant l'acte de concession, le superficiaire a un droit complet sur le sous-sol. La loi de 1810 considère que l'acte de concession restreint ce droit : comment le restreindrait-il, sinon en imposant au superficiaire l'obligation de subir la dislocation des couches inférieures du sol ? La restriction ne peut consister à enlever au superficiaire le droit à la mine : la loi même déclare que ce droit ne lui appartient pas. Il faut donc que la redevance ait pour objet de compenser, par une sorte d'indemnité fixée à forfait, les conséquences dommageables résultant nécessairement, pour le propriétaire de la surface, de l'exploitation des mines.

Un autre argument favorable au concessionnaire résulte de l'obligation légale qui lui incombe d'exploiter tous les gisements qui lui sont concédés (art. 49). Il doit seulement respecter certaines portions de la concession que l'administration détermine (art. 50). Comment cette obligation légale pourrait-elle se concilier avec une autre obligation, issue également de la loi, qui aurait pour effet de rendre le concessionnaire responsable de toutes les suites fâcheuses de son exploitation ? Il répugne au bon sens d'accoupler ensemble deux obligations contradictoires : l'une ayant pour effet d'ordonner l'exploitation ; l'autre ayant pour résultat de faire déclarer le concessionnaire coupable d'avoir exploité.

Enfin, si l'on veut absolument trouver dans la loi des mines la réglementation de la responsabilité de l'exploitant, il faut la chercher dans le paragraphe final du nouvel article 43 : *La réparation de ces dommages (causés à la propriété par les travaux de recherches ou d'exploitation), reste soumise au droit commun.* Voilà la décision du législateur de 1880 : elle est formelle et devrait interdire toute controverse. L'exploitant n'est tenu que selon les règles du droit commun, c'est-à-dire lorsqu'il est en faute. Toute sa responsabilité se trouve dégagée lorsque l'exploitation est régulière et conduite avec prudence.

Les partisans de ce système ne se mettent point d'accord sur un point capital. A qui incombe l'obligation de prouver que l'exploitant est en faute ? Au propriétaire lésé, disent les uns. Il ne peut prétendre un droit à l'indemnité qu'en établissant la responsabilité de l'exploitant ; or, cette responsabilité suppose le concours de deux conditions dont la réalisation doit être prouvée par le demandeur, a savoir : un préjudice résultant des travaux de mines : une faute de l'exploitant ayant occasionné ce préjudice. D'autres ont dit : c'est à l'exploitant à justifier qu'aucune faute ne lui est imputable. Par cela seul que les travaux de mines occcasionnent un dommage, il est à présumer que l'exploitant est en faute. En employant les moyens ordinaires et extraordinaires que l'article met à sa disposition, il doit pouvoir soutenir le toit de la mine, ou du moins il est présumable qu'il peut garantir la surface. C'est à lui à prouver le cas de force majeure : *reus in excipiendo fit actor* (Cassation, 20 juillet 1842. D. 42, 1, 296).

Second système : l'auteur des travaux souterrains est responsable dans tous les cas où ces travaux ont occasionné un dommage.

Le propriétaire de mines et l'explorateur n'ont été investis du droit de fouiller le sol que sous la condition de laisser subsister, avec sa destination naturelle et toutes ses conséquences légitimes, la propriété de la surface. Il importe donc peu que l'auteur des travaux dommageables soit coupable de maladresse et de négligence. Alors même que son entreprise a été conduite avec les précautions de la plus extrême prudence, il suffit qu'elle devienne nuisible pour qu'il viole la clause tacite de son titre, par laquelle il est astreint à tenir le propriétaire de la surface complètement indemne des suites préjudiciables de l'entreprise.

Dire que l'exploitant est responsable même des dommages occasionnés sans faute, ce n'est pas, comme on pourrait le croire, formuler une exception aux règles du droit commun. L'équité la plus apparente exige que nul ne soit privé sans indemnité d'un droit acquis. Or le propriétaire du sol a un droit acquis incontestable à la jouissance paisible de la surface. Le législateur n'avait donc pas besoin de dire que l'exploitant serait tenu d'indemniser le propriétaire du sol de toutes les conséquences dommageables de l'exploitation : cette obligation résulte du titre même qui a concédé la mine à l'exploitant ; il n'a pu être investi de la propriété souterraine qu'à la condition de sauvegarder les droits antérieurs de la propriété superficiaire. Le droit commun prescrit donc à l'exploitant de s'abstenir de tout travail qui peut compromettre la solidité du toit de la mine. En vain objecte-t-on que le concessionnaire est investi de tous les attributs du droit de propriété et qu'en fouillant le sous-sol il ne fait qu'user de son droit ; que dès lors il ne peut causer de préjudice injuste et qu'il faut lui appliquer la règle : *neminem lœdit qui suo jure utitur*. Ce raisonnement, bon pour la propriété ordinaire, ne peut être invoqué au profit de la propriété minière qui est une création artificielle de la loi. Ce qui est vrai entre deux propriétés égales, de mêmes nature et valeur, cesse de l'être lorsqu'on oppose à la propriété normale, naturelle, de droit des gens, la propriété fictive que la loi a établie sur les mines. Entre le sol et le sous-sol les rapports ne sont pas établis sur un pied d'égalité : le sol a des droits antérieurs auxquels ne doit nuire, ni directement, ni indirectement, ce démembrement de la surface qui est la mine. Le législateur en enlevant une dépendance de son bien au propriétaire de la surface, lui a du moins laissé intact tout ce qu'il ne lui enlevait pas.

L'article 15 de la loi des mines, dont le premier système fait si bon marché, renferme la consécration implicite de l'obligation du concessionnaire. Lors de la discussion qui a précédé l'adoption de cet article, Napoléon disait : « pour prévenir toute entreprise nuisible au voisin, on « pourrait astreindre l'exploitant à donner caution des « dommages que peut causer son entreprise, toutes les « fois qu'un propriétaire voisin craindrait que les fouil- « les ne vinssent ébranler les fondements de son édifice, « tarir les eaux dont il a usage ou lui causer quelque tort. »

Ces explications donnent à l'article 15 une signification plus précise. Pourquoi la caution stipulée de l'exploitant ? Pour rassurer le propriétaire contre les conséquences dommageables de toutes sortes, que les fouilles vont entraîner. Le propriétaire redoute aussi bien les domma- ges résultant fatalement des travaux souterrains, que ceux résultant de la faute de l'exploitant. Il faut le rassurer contre les uns et les autres : on lui reconnaît donc non seulement le droit à une indemnité, mais encore une garantie qui assure le paiement de cette indemnité. Il est bon de remarquer au surplus que l'article 15 ne dit pas : en cas d'imprudence ou de faute de l'exploitant, mais bien : *en cas d'accident*. Ce terme si large comprend évi- demment tous les dommages résultant de l'exploitation souterraine (1).

La caution exigée du concessionnaire ressemble à la *cau- tio damni infecti* du droit romain. Or voici comment les jurisconsultes romains auraient résolu la question qui

____

1. Cette remarque est de M. Labbé dans son commentaire de l'ar- rêt de Cassation, du 12 août 1872, S. 72, 1, 353.

nous occupe. Ils auraient considéré le caractère dangereux des travaux souterrains, non comme un vice naturel du sous-sol, dont l'existence est fatale et n'entraîne
pas la responsabilité du propriétaire ; mais comme un
vice provenant de l'intervention de l'homme, *vitium
extrinsecus accidens*, dont les effets dommageables sont
assimilés aux actes nuisibles accomplis par le propriétaire lui même : *vitium autem œdium et loci esse Labeo ait,
quod accidens extrinsecus infirmiores cas (œdes) fecit* (L.
24, § 2 D. *de damno infecto*).

Nous dirons de même que le concessionnaire ne peut
pas exciper de la force majeure et se justifier en prouvant
qu'aucune précaution humaine ne saurait, par exemple,
empêcher les eaux souterraines de s'écouler dans la mine
et de provoquer ainsi un affaissement des couches inférieures du sol. Lorsque l'accident se produit par suite des
travaux de mines, il n'est pas absolument fatal et fortuit : il provient du fait de l'exploitant et cela suffit pour
que l'exploitant soit engagé.

Dire que la redevance accordée aux propriétaires du
sol constitue une sorte d'indemnité fixée à forfait pour
la réparation des dommages provenant fatalement de
l'exploitation, c'est prêter au législateur une intention
manifestement contraire à celle qui a dicté la rédaction
de l'article 6. On ne peut nier qu'aux yeux du législateur
de 1810 la mine n'ait apparu comme une dépendance
naturelle de la surface. La rente sur les produits de la
mine est une indemnité d'éviction pour dédommager le
propriétaire de la perte des richesses minérales qu'on
lui enlève dans un but d'utilité générale. Il eut été

absurde d'établir une indemnité fixe pour la réparation de dommages inconnus, incertains, dont l'appréciation ne peut pas, même approximativement, être faite à l'avance.

Sans doute, le concessionnaire est tenu d'exploiter, mais à la condition toutefois que l'exploitation soit rationnellement possible. L'article 49 a pour but de réprimer l'incurie de l'exploitant et non sa prudence. Jamais l'administration ne pourrait sévir contre un concessionnaire qui restreindrait son exploitant en prouvant qu'elle occasionnerait plus de dommages que de profits. Il serait manifestement contraire à l'intérêt général d'exploiter les richesses souterraines, lorsque le profit en résultant doit être inférieur aux dommages que cette exploitation causerait à la surface.

Reste l'article 43 dont le paragraphe final est invoqué par les partisans du système contraire : *les dommages résultant de la recherche et de l'exploitation restent soumis au droit commun.* Nous avons déjà donné le véritable sens de ce texte et nous avons expliqué qu'il avait pour objet exclusif de déclarer que les doubles indemnités exigibles en cas de dommages provenant des travaux de mines. Au surplus, lorsque la loi de 1880 a été faite, la jurisprudence s'était depuis longtemps rangée à la doctrine de ce second système et elle décidait, à juste titre, que les conséquences de cette doctrine étaient conformes au droit commun qui commande le respect des droits acquis. C'est cette jurisprudence que l'article 43 consacre et l'on peut dire que le législateur lui-même a sanctionné officiellement le principe de la responsabilité du concessionnaire à l'égard de tous les dommages provenant de l'exploitation des mines (1).

La jurisprudence n'a pas adopté de prime-abord les raisons que nous venons d'exposer pour appuyer le système de la responsabilité de l'exploitant. Des arrêts de la Cour de Cassation des 4 janvier 1841, 20 juillet 1842, 16 novembre 1852 (1), fondent la responsabilité de l'exploitant sur une présomption de faute mise à la charge de ce dernier. « En fait et en droit », dit un des considérants de l'arrêt de 1842, « la faute du concessionnaire « est présumée d'après l'évènement, sans qu'il soit besoin « d'autre vérification. » Ce motif est très critiquable, car il répugne à l'équité qu'une présomption *juri et de jure* soit admise pour établir la preuve d'une faute. A partir de 1857, les décisions de la Cour de Cassation ne font plus mention de cette prétendue présomption. L'arrêt du 17 juin 1057 porte en effet :

« Attendu que le concessionnaire d'une mine doit user « de la concession de manière à ne porter aucune atteinte « à l'usage légitime de la propriété de la superficie ; « qu'au nombre et au premier rang de ses obligations il « faut placer le devoir de donner au toit de la mine « toute la solidité nécessaire à la sensibilité des cons- « tructions élevées à la surface... »

L'arrêt du 21 juillet 1885 (D. 86. 1. 336) affirme plus nettement que la responsabilité de l'exploitant résulte de

---

1. M. Labbé, note sur l'arrêt du 12 août 1872. Aguilon, n° 376 ; Dalloz, tom. 1, p. 413 ; Dupont, t. 1 p. 286 ; Féraud Giraud, n° 623.
1. D. 41. 1. 65 ; — 42. 1. 396 ; — 53. 1. 189.

la loi : « Attendu, y est-il dit, qu'aux termes de l'article
« 15 de la loi du 21 avril 1810, tout concessionnaire de
« mine est tenu de réparer le préjudice que son exploi-
« tation occasionne aux constructions ou installations fai-
« tes à la surface par les propriétaires ou avec leur au-
« torisation. »

Lorsqu'un dommage a été causé par les travaux d'exploitation souterraine, il n'est pas sans intérêt de distinguer
si l'exploitant est en faute et peut être tenu en vertu de
l'article 1382, ou si au contraire, il n'est responsable qu'en
vertu de la loi. On peut s'affranchir par convention d'une
obligation légale ; ainsi les tribunaux ont validé des contrats qui avaient pour but de régler les questions de dommages pouvant résulter dans l'avenir d'une exploitation
régulière. Ces contrats n'auraient aucun effet et ne pourraient être invoqués par l'exploitant, lorsque le dommage provient de sa faute ou de son imprudence. Un principe d'ordre public empêche qu'on puisse s'exonérer à
l'avance de l'obligation de réparer les dommages qui
résultent d'un acte délictueux (1).

Nous disons plus loin (§ 2 du même chapitre) que lorsque le dommage est imputable à plusieurs exploitants,
l'obligation de réparer le préjudice causé est solidaire à
l'égard de ceux qui sont en faute.

§ 2. — *Des personnes responsables du paiement de l'indemnité.*

Il est très difficile de déterminer à quel instant précis

1. Cassation, 8 décembre 1880. S. 82, 1, 297 ; 4 janvier 1886. D.
86, 1. 110.

les travaux d'exploitation ont commencé à nuire au sol et par quelle série de secousses graduelles ils en ont compromis la solidité. Aussi lorsque plusieurs exploitants se seront succédé dans la même entreprise minière, il sera le plus souvent impossible au propriétaire du sol de savoir auquel d'entre eux il devra s'adresser.

Un auteur considérable est d'avis que le propriétaire s'en prenne toujours à celui qui détient la mine au moment où le dommage apparaît (Cf. M. Aguillon, n° 389). L'obligation d'indemniser la surface serait ainsi une charge réelle de la concession. Quelle que soit la date à laquelle les travaux nuisibles ont été entrepris, l'action en dommages-intérêts devrait être donnée contre le concessionnaire qui a la charge de ces travaux au moment où leur action dommageable se manifeste. L'obligation de garantie indemne, la libre jouissance du sol est une obligation permanente. Du jour où cette jouissance est troublée, l'exploitant est en faute et doit être tenu à réparation.

Ce système est excessif et nous semble contraire aux principes du droit. Nul ne peut être tenu pour le fait d'autrui, à moins d'avoir assumé volontairement cette charge ou d'en être grevé par une disposition légale. L'article 46, en cas de dommages causés à une exploitation par les eaux souterraines d'une autre exploitation, dit bien qu'en pareil cas il y aura *indemnité d'une mine envers l'autre* : mais ce texte, qui fait du droit à l'indemnité une sorte de servitude, est exceptionnel et ne doit pas s'étendre à des hypothèses autres que celles qu'il prévoit. Sans doute, on est tenu d'admettre que les travaux de mines engagent la responsabilité de l'exploitant, alors même qu'aucune faute ne lui est reprochée. Néanmoins son obligation reste personnelle : c'est à lui, et non pas à ceux qui le remplaceront et ne tireront peùt-être aucune utilité des travaux, qu'incombent l'obligation de ne pas nuire à la surface. Les exploitants ultérieurs doivent seulement entretenir en bon état les travaux qu'ils ont reçus : ils seront complétement à couvert si aucune faute ne peut leur être reprochée. Les nombreuses décisions de jurisprudence qui ont condamné le détenteur de la mine à défaut de l'auteur des travaux se fondent ordinairement sur ce que le détenteur actuel doit étayer suffisamment les travaux anciens et les entretenir comme les travaux nouveaux, puisqu'il a seul la surveillance de la libre disposition de la mine. En outre, il peut résulter des circonstances que la cession de la mine a été faite à la charge pour l'acquéreur de subir toutes les conséquences de l'ancienne exploitation.

Si l'auteur des travaux exploite la mine en vertu d'un contrat d'amodiation, il est certain qu'il est tenu personnellement de réparer le préjudice causé. Mais le concessionnaire, qui demeure propriétaire de la mine, peut-il être également actionné? Sans doute, l'amoditaire n'est pas un simple préposé : il est l'entrepreneur substitué aux droits du concessionnaire; seul, il a la conduite de l'exploitation dans la limite des droits que lui confère son contrat. Mais vis-à-vis des tiers, le concessionnaire demeure chargé de l'exécution des conditions qui grèvent *sa propriété*. Il pourra donc être poursuivi avec l'amodiataire, ou même être actionné seul, sauf son recours contre l'auteur des travaux, suivant les conventions de l'amodiation.

Il arrive que les dommages sont dus aux travaux de deux exploitations différentes : en pareil cas, les deux exploitants sont responsables et le partage de leur responsabilité est fait suivant les circonstances. Cette hypothèse présente un intérêt spécial lorsque le jugement constate que les exploitants sont en faute : alors, en effet, leur obligation est solidaire, et cette seule observation montre quel avantage a le propriétaire de la surface à invoquer les articles 1382 et 1383 du Code civil, plutôt que la qualité de l'auteur du dommage, pour motiver son action. Les auteurs d'une exploitation irrégulière doivent être condamnés solidairement au paiement des indemnités mises à leur charge ; au contraire, si l'exploitation dommageable était régulière, les exploitants sont tenus suivant leur part de responsabilité.

§ 3. — *Des personnes qui ont droit à une indemnité.*

L'action en indemnité appartient à toute personne qui éprouve un dommage résultant des travaux intérieurs des mines. Le propriétaire, l'usufruitier, le titulaire d'une servitude, sont, en pareille matière, traités d'une façon égale, à la différence de ce qui se passe en cas de dommage résultant des travaux d'occupation. La rédaction du paragraphe final de l'article 43 nouveau a fait cesser toute incertitude à cet égard : aujourd'hui personne ne peut plus contester que la double indemnité de non jouissance concerne exclusivement les dommages causés par les travaux d'occupation aux propriétaires et usufruitiers du sol.

Si l'immeuble dégradé est grevé d'hypothèque, le créancier hypothécaire peut demander à son débiteur un supplément de garantie, dans les conditions ordinaires de l'article 2131 du Code civil. Ce supplément de garantie peut occasionner au propriétaire de l'immeuble un préjudice dont il lui sera tenu compte dans l'évaluation de l'indemnité qui lui est due.

Quant au locataire de l'immeuble endommagé, il peut évidemment réclamer à l'exploitant une indemnité correspondant à l'importance du trouble apporté à sa jouissance. Le bailleur, en effet, ne doit pas prendre cette indemnité à sa charge ; *il n'est pas tenu de garantir le preneur du trouble que des tiers apportent par voies de fait à sa jouissance, sans prétendre d'ailleurs aucun droit sur la chose louée* (art. 1725 Code civil). C'est au preneur à défendre son droit personnel en recourant directement contre l'auteur du dommage. On a peine à comprendre que cette application très naturelle de l'article 1725 ait pu soulever des difficultés, et que le droit d'actionner le bailleur ait été revendiqué au profit du locataire. En faveur de cette dernière prétention, on a soutenu que les dommages causés par les travaux de mines ne résultaient pas d'une voie de fait analogue à celle dont la répression est à la charge du locataire. Lorsque le preneur peut et même doit défendre l'immeuble loué contre certaines atteintes, on comprend qu'on lui refuse la faculté de s'adresser au propriétaire pour demander la réparation d'un mal qu'il n'a pas su empêcher. Lors au contraire qu'il s'agit de dommages produits par une exploitation que le locataire ne peut empêcher, il faut assimiler cette cause de dommages aux vices inhérents à la nature même de l'immeuble. Dans ces conditions, c'est l'article 1721 et non l'article 1725, qui devient applicable : le bailleur est tenu personnellement d'indemniser le preneur.

Cette argumentation serait irréfutable s'il était vrai de dire que tout immeuble exposé aux dommages résultant de l'exploitation des mines est atteint d'un vice essentiel qui le rend impropre à la jouisssnce du preneur. Mais il n'en est pas ainsi, pour la raison bien simple que le danger qui menace le sol par suite des travaux des mines est un danger très incertain, exceptionnel même. Ce n'est pas parce qu'il est situé dans le périmètre de la concession que l'immeuble est endommagé. Le mal causé est toujours accidentel : il provient de la conduite des travaux intérieurs et quelquefois même de la faculté de l'exploitant.

Le locataire serait mal venu à se plaindre d'une situation qu'il a acceptée lorsqu'il a occupé l'immeuble. L'article 1721 doit être complété par l'article 1742, c'est-à-dire que le bailleur ne peut pas être tenu à garantie pour un vice apparent de la chose louée, dont le preneur a pu se convaincre lui-même. Tout ce qu'on peut demander au propriétaire c'est la résiliation du bail, ou encore, suivant les circonstances, une simple diminution du loyer, sans autre dédommagement.

Dans un seul cas, nous admettrions l'action directe du locataire contre le bailleur: il faudrait supposer que celui-ci a traité avec l'exploitant au sujet d'une indemnité unique, comprenant la réparation de tous les dommages causés à l'immeuble. Alors se forme, avec l'assentiment du locataire, une sorte de délégation en vertu de laquelle le bailleur est substitué aux obligations de l'exploitant. Cette hypothèse se réalise assez souvent dans la pratique : la solution particulière qui lui convient suppose implicitement que l'action directe du preneur vise l'exploitant. Cette action directe demeurerait seule, s'il plaisait au locataire de méconnaître l'arrangement intervenu entre l'exploitant et le propriétaire.

En résumé, toute personne lésée dans un droit acquis peut demander la réparation du dommage à elle causée par les travaux d'exploitation des mines et, par dommage, il faut entendre toute conséquence préjudiciable, à la condition qu'elle soit actuelle et certaine et qu'elle provienne directement des travaux. On sait, en effet, que les dommages-intérêts ne s'étendent jamais au-delà de ce qui est la suite immédiate et directe de l'acte préjudiciable (1). A ce propos, il convient de citer l'opinion de Pothier (2) : « Si un propriétaire, dit-il, exerçait une « industrie dans la maison qui est devenue inhabitable « par l'effet des travaux d'une exploitation de mines, et « que son déplacement lui ait causé un tort dans son « commerce, les dommages-intérêts ne doivent pas com- « prendre ce dommage, mais seulement la dégradation de « la maison, la perte des meubles et les frais de dépla- « cement qui en ont été la suite immédiate et directe. »

1. Cf. Aubry et Rau, § 308, 4°.
2. *Obligations*, n° 161.

§ 4. — *De l'évaluation des dommages causés à la propriété et des modes de leur réparation.*

Après avoir établi que le concessionnaire de mines est tenu de maintenir le propriétaire de la surface dans la jouissance intégrale de tous ses droits, il reste à indiquer d'après quelles règles se liquident les indemnités mises à la charge du concessionnaire pour exécution de cette obligation.

Avant la réforme de 1880, un grand nombre d'auteurs soutenaient que les dispositions de l'ancien article 44, quant aux doubles indemnités de non jouissance et aux acquisitions forcées moyennant un double prix, devaient être appliquées aux dommages résultant de travaux intérieurs des mines comme à ceux résultant des travaux d'occupation. La jurisprudence avait généralement repoussé cette doctrine, par ce motif principal, à savoir que l'exploitant ne devait pas être tenu aussi sévèrement lorsqu'il travaille chez lui, dans le sous-sol qui est son bien propre, que lorsqu'il prend possession du bien d'autrui et en expulse le propriétaire (1). Les tribunaux décidaient donc que l'article 44 contenait une disposition exceptionnelle qui devait être entendue dans un sens restrictif, et l'indemnité mise à la charge de l'exploitant était simplement égale au préjudice causé. Nous avons dit à la fin du chapitre précédent que cette solution est aujourd'hui consacrée officiellement par le paragraphe final du nouvel article 43.

1. Cassation, 23 avril 1850. S. 50. 1. 735.

L'exploitant doit réparer tous les dommages résultant de ses entreprises souterraines lorsque celles-ci ont pour but de modifiier l'état de la surface et de porter atteinte à la libre jouissance du sol. Le propriétaire de la surface, (1) par suite de la concession de la mine, n'est dépouillé d'aucun des droits qu'il a de disposer de la surface. Ainsi il peut établir sur son terrain toutes les cultures et toutes les constructions qu'il juge convenable. Mais si les constructions ont été élevées sur une portion du sol notoirement ébranlée, et cela dans un esprit d'hostilité et de taquinerie n'ayant d'autre but que de paralyser l'exploitation, les tribunaux pourront réduire l'indemnité aux étroites limites que l'équité commande en pareille circonstance : *malitiis non est indulgendum.* Le propriétaire du terrain ébranlé a du reste une voie normale pour recourir contre l'exploitant : il n'a qu'à demander la réparation du préjudice résultant pour lui de la servitude *non œdificandi* imposée au sol d'une façon indirecte.

Il ne faudrait pas non plus que le propriétaire de la surface abusât du voisinage de la mine pour se dispenser de prendre des mesures de conservation au sujet de son bien, avec l'intention de rendre l'exploitant responsable de la dégradation totale lorsque les travaux de mines auront aggravé le premier dommage. Si, par exemple, les travaux de mines achèvent la destruction d'une maison de construction vicieuse, la responsabilité de l'exploitant sera complètement écartée, à la condition de démon-

1. Au propriétaire il faut assimiler certains ayants-droit indiqués plus haut dans le paragraphe.

trer que le propriétaire a omis certaines précautions indispensables, telles que des réparations urgentes qui auraient permis d'éviter tout dommage.

Le propriétaire de l'immeuble endommagé peut demander à l'exploitant une indemnité proportionnelle à l'importance de la dégradation, ou le contraindre à réparer l'immeuble, ou encore cumuler ces deux recours. Son choix
se déterminera suivant les circonstances.

Si la dégradation est d'une nature telle qu'elle puisse
disparaître, sans dépenses excessives, à l'aide de certains
travaux de réfection, le tribunal ordonnera la réparation
de l'immeuble endommagé et on l'effectuera aux frais de
l'exploitant. Lorsque la restitution de l'immeuble en son
état primitif est devenue impossible, ou occasionnerait
des frais excessifs, le propriétaire obtient seulement une
indemnité de dépréciation, composée d'éléments multiples, qui, réunis, forment la différence entre la valeur de
l'édifice dégradé et celle qu'il aurait s'il n'avait pas subi
de dommage. Dans l'un et l'autre cas, le propriétaire
peut demander un supplément de dommages-intérêts,
pour compenser tous autres préjudices directs qu'il supporte par suite de la dégradation.

Réparation des immeubles dégradés (1). — Lorsque le
tribunal juge opportun de prescrire la réparation de
l'immeuble, la question se pose de savoir qui procédera
aux travaux de réfection. L'exploitant peut avoir intérêt
à entreprendre lui-même ces travaux, s'il craint qu'ils
ne soient pas conduits avec habileté et économie. Il redou-

1. Sur ce point cf. Bréchignac et Michel, § § 178 et suivants.

téra à bon droit les dispenses exagérées auxquelles le
propriétaire se laissera facilement entraîner dans l'intention d'améliorer son bien. Le tribunal, il est vrai,
ordonnera le plus souvent, qu'en cas de contestation, les
travaux seront visités par des experts et estimés quant à
leur utilité et leur valeur ; mais cette expertise entraî-
nera de nouveaux frais et des lenteurs de procédure qui
aggraveront le procès. L'exploitant qui a des hommes de
l'art et de nombreux ouvriers à son service effectuera les
réparations avec plus de méthode et d'économie. Il y a
moins à craindre avec lui que des contestations s'élèvent
sur l'exécution des travaux, et prolonge inutilement le
procès. Enfin s'il y a doute sur la question de savoir qui
doit procéder aux réparations, ce doute doit être tranché en sa faveur, puisque l'obligation est à sa charge et
que le mode d'exécution de l'obligation ne lui est pas
indifférent.

Nous croyons que la prétention de l'exploitant est sans
valeur, lorsqu'il plaît au propriétaire d'effectuer lui-
même les réparations. Pourquoi l'exploitant est-il tenu ?
Parce qu'il n'a pas exécuté l'obligation légale qui lui
incombait de garantir la solidité du toit de la mine. S'il a
contrevenu à cette obligation, il est passible de dommages-intérêts (art. 1142 C. civil). Mais en pareille matière,
on ne peut pas concevoir que la condamnation aux dommages-intérêts soit une simple voie de contrainte destinée à déterminer le débiteur à exécuter son obligation
primitive. Cette obligation ne peut plus être exécutée,
parce qu'il est impossible de faire que le dommage n'ait
pas eu lieu.

Du jour où le dommage est causé, il ne s'agit plus entre le propriétaire et l'exploitant de leurs rapports antérieurs : il s'agit de réparer un préjudice et de fixer une indemnité. Si, pour la détermination de cette indemnité, le tribunal fait entrer en ligne de compte un élément incertain, je veux dire : le coût des réparations, l'exploitant n'a qu'à attendre la production du compte définitif. Il aura le droit de discuter ce compte et de soutenir qu'il excède les limites de la condamnation. Mais, en attendant, il ne peut pas davantage diriger à sa volonté les réparations prescrites qu'il n'a le droit de contraindre le propriétaire à réclamer des dommages-intérêts sous la forme des travaux de réfection. Du reste, on ne peut pas imposer à un propriétaire d'admettre chez lui des ouvriers qui ne seraient pas de son choix. Le propriétaire doit rester libre de faire faire à son immeuble toutes les modifications et additions qui lui conviennent : lui imposer des réparations à effectuer par autrui, c'est lui enlever la libre disposition de son bien.

Au cas où le propriétaire demanderait la réparation de l'immeuble, en déclarant ne pas vouloir y procéder lui-même, le tribunal pourrait-il contraindre l'exploitant à effectuer les travaux de réfection ? Evidemment non, s'il est vrai, comme nous l'avons dit, que l'exécution de ces travaux est prescrite pour donner des indications certaines, relatives à la fixation des dommages-intérêts. L'exploitant qui se déclare prêt à payer une indemnité en argent, ou encore à payer à dire d'experts les réparations effectuées par le propriétaire, satisfait complètement aux articles 1142 et suivants du Code civil. Le tri-

bunal, en pareil cas, se bornera à attribuer au propriétaire une indemnité de dépréciation.

L'indemnité de dépréciation. — Cette indemnité a pour
but de réparer le préjudice résultant de toute diminution
de valeur subie par l'immeuble dégradé. S'il s'agit de
terrains non bâtis qui continuent à recevoir une destination agricole, mais qui subissent des secousses assez
fortes pour qu'ils soient devenus impropres à recevoir
des constructions, l'appréciation du dommage sera difficile ; en dehors des agglomérations de maisons, il est à
peu près impossible de mesurer le côté onéreux d'une
servitude *non œdificandi*. En pareil cas, tant que le propriétaire n'a pas un intérêt appréciable à bâtir sur son
fonds, on ne peut pas dire qu'il existe encore de dommage résultant de l'interdiction de bâtir. Pour qu'un
droit soit acquis à l'indemnité, il faut que le propriétaire, invité par une circonstance quelconque à user de
son droit de bâtir, en soit empêché par le fait de l'exploitant.

Pour un sol nu, les dommages autres que celui résultant de l'interdiction de bâtir consistent d'ordinaire dans
le déchirement de la surface, la formation de crevasses,
l'altération des pentes, et surtout le dessèchement des
sources. L'apparition de ces dommages ne soulève d'ordinaire que deux sortes de questions : qui est l'auteur du
dommage ? quelle est l'importance du préjudice causé ?
Les données de l'expertise dictent la réponse à ces questions. En quelques hypothèses cependant, le fond même
de la réclamation est l'objet de controverses.

Ainsi, lorsque le sol est tellement dégradé qu'il est

devenu impropre à toute espèce d'usage, l'exploitant condamné à payer la valeur du terrain et celle des constructions qu'il supporte, pourrait-il exiger du propriétaire la
cession de l'immeuble endommagé ? En aucune façon :
l'exploitant n'a pas le droit d'expropriation, et nous avons
vu que même dans l'hypothèse de l'article 43, § 3, il
appartenait au propriétaire seul d'imposer l'acquisition
obligatoire du sol endommagé. Il n'est pas impossible que
dans un avenir incertain, lorsque le tassement des couches
inférieures sera achevé d'une façon définitive, la surface
redevienne utilisable. L'exploitant objecterait en vain qu'il
a payé le prix de l'immeuble et qu'il doit en conséquence
être traité comme un véritable expropriant. La vérité est
qu'il a payé seulement une indemnité de non-jouissance :
c'est affaire à lui de faire observer au tribunal quelles
espérances restent encore pour l'utilisation future de
l'immeuble. S'il reste entre les mains du propriétaire une
valeur appréciable tenant à l'existence de l'immeuble,
cette valeur devra être déduite du prix total de l'immeuble, dans l'évaluation de l'indemnité.

Pour des raisons analogues, si l'exploitant refuse d'acquérir le sol, rien ne peut le contraindre à cette acquisition (1). Il n'a pas exproprié ; donc aucun droit réel ne
lui a été transmis sur le bien. L'intérêt pratique de cette
solution est que l'exploitant n'aura pas à payer les contributions foncières ; en outre, il ne s'exposera à aucun
recours de la part des créanciers hypothécaires à qui
l'immeuble dégradé est engagé.

1. Lyon, 20 mai 1887.

En aucune hypothèse la réclamation du propriétaire de la surface ne donne lieu à des controverses plus importantes que lorsqu'elle est fondée sur le tarissement total ou partiel des sources.

On a d'abord soutenu que le concessionnaire pouvait impunément faire tarir les eaux jaillissant à la surface. N'est-il pas admis communément que le propriétaire d'un fonds dans lequel passent les eaux de source peut faire des fouilles pour dériver les eaux et les utiliser à son avantage? Aux termes des articles 552 et 641 du Code civil, un propriétaire voisin du réclamant aurait évidemment le droit de creuser dans son fonds et de supprimer les sources des fonds adjacents, sans être passible d'aucune indemnité. Lorsque ce propriétaire voisin se trouve être un concessionnaire de mines, pourquoi les règles ordinaires du droit seraient-elles écartées?

La jurisprudence n'admet pas les conclusions de ce système. Elle considère que la constitution artificielle des deux propriétés distinctes de la superficie et du tréfonds établit entre l'une et l'autre des rapports nécessaires, très différents de ceux qui existent entre deux héritages de même nature situés l'un à côté de l'autre. Le concessionnaire de mines n'a pas à l'égard des fonds superposés à la propriété souterraine tous les droits résultant de l'article 544 du Code civil. Il est tenu légalement de respecter le libre usage de ces fonds, et en conséquence, il n'a pas le droit de détourner d'une manière quelconque le cours des eaux qui alimentent ces fonds.

La surface et la mine, *dans les limites du périmètre concédé,* doivent avoir entre elles les mêmes rapports qui

existeraient entre deux domaines voisins, dont l'un serait
asservi légalement à ne pas troubler la jouissance de
l'autre. Lors, au contraire, que le sol où la source a été
tarie n'est pas compris dans le périmètre de la concession,
il n'y a pas la même corrélation entre la propriété du
dessus et celle du dessous; en pareil cas, le propriétaire
de la surface n'a dans l'usage de l'eau qu'un avantage
accidentel dont il peut être privé impunément par le fait
de l'exploitant. Alors surtout que les travaux d'exploitation sont exécutés sous un fonds appartenant au concessionnaire lui-même, on ne voit pas comment sa seule
qualité de propriétaire de mine restreindrait l'exercice du
droit qui lui appartient en qualité de propriétaire de la
surface. La concession n'a pas pu améliorer la situation
du propriétaire de la surface voisine de cette concession
et lui donner sur les eaux qui se rendent chez lui par
le fonds intermédiaire un droit plus certain que celui
qu'il avait avant la concession (Cf. Cassation, 12 août
1872, rendu contrairement aux conclusions de M. le con-
seiller Rau, et conformément aux conclusions de M. l'avocat général Reverchon. S. 72, 1, 353. — Nîmes, 14 janvier 1872, D. 74, 2, 244. — Dijon, 18 février 1879. D. 81,
2, 88. — Riom, 21 février 1881. D. 81, 2 ,133).

Ces décisions, et particulièrement l'arrêt du 12 août
1872, ont fait l'objet d'observations critiques de la part
d'auteurs considérables (1). Selon ces auteurs, la distinction admise par la jurisprudence entre les fonds super-

1. Cf. notamment dans le recueil de Sirey, les observations de
M. Labbé au sujet de l'arrêt de 1872 (§ 72, 1, 353; 74, 2, 129). Cf. aussi
un mémoire de M. Paradan, *Revue critique*, 1873, tom. II, p. 321.

posés à la mine et les fonds extérieurs au périmètre concédé, ne repose sur aucune base sérieuse. Ce n'est pas seulement la superficie du territoire concédé, mais bien toute superficie, qui doit être respectée par l'exploitant ; on l'admet bien pour les fissures du sol et autres dommages : pourquoi ne pas l'admettre lorsque le dommage consiste dans le tarissement d'une source ? Le voisin, dit-on, peut impunément détourner les eaux de la source et la mine n'est qu'un héritage voisin de la superficie extérieure au périmètre. Mais qu'importe, si le voisinage des mines n'est pas le voisinage ordinaire ! L'article 15 de la loi des mines, selon les expressions mêmes de Napoléon, a pour but de prévenir les effets dommageables de ce voisinage inquiétant : « Afin de prévenir *toute entreprise nuisible aux* « *voisins*, on pourrait astreindre l'exploitant à donner « caution des dommages que son entreprise peut occa-« sionner, *toutes les fois qu'un propriétaire voisin* craindrait « que les fouilles ne vinssent ébranler les fondements « de ses édifices, *tarir les eaux dont il a usage.* » Ainsi, dans la pensée du législateur de 1810, tout propriétaire voisin de la mine a le droit de se prémunir contre les entreprises souterraines qui menacent les eaux dont il a usage : *a fortiori,* a-t-il le droit de recourir contre l'auteur des entreprises lorsque le dommage a été causé.

Ce dernier système nous paraît le seul équitable et le seul conforme à la véritable conception de la propriété minière. L'Etat concède cette propriété à la charge de respecter les droits des tiers, et notamment le droit de jouir des sources qui jaillissent à la surface. Le propriétaire de la surface peut disposer de son bien de la ma-

nière la plus absolue : le concessionnaire ne peut disposer de la mine qu'à la condition de ne pas troubler l'u-
sage du sol, et lorsqu'il use de son droit de fouille d'une
manière préjudiciable à la surface, il n'a pas le droit d'invoquer l'article 641 du Code civil. Peu importe que le
concessionnaire soit en même temps propriétaire du sol
superposé : la réunion des deux propriétés qui s'opère
en sa personne n'empêche pas qu'elles restent distinctes et assujetties chacune à leur condition propre (Cf.
dans ce sens, un jugement du tribunal de Saint-Étienne
du 30 juin 1884. *Gazette du palais*, 1886, 1, supp. 3).

La loi du 27 juillet 1880 autorise le préfet à prendre
des mesures dans l'intérêt de la conservation des sources
qui alimentent les villes, villages, etc. (nouvel article 50).
Quant aux sources affectées à un usage privé, la loi n'en
parle pas : il n'est donc pas permis à l'administration de
les protéger, comme elle a le droit de protéger la sûreté
des habitations. D'après M. Féraud-Giraud (1), le silence
de la nouvelle loi sur ce point peut être considéré comme
une adhésion implicite au système de la jurisprudence. Il
est plus exact de dire que le législateur ne s'est pas
préoccupé de cette question spéciale : les explications fournies devant le Sénat (2) par M. Paris nous font connaître
seulement l'opinion du rapporteur, et ne sauraient être
prises pour une décision sûre de la question.

Qu'arriverait-il si les travaux souterrains, après avoir
eu pour premier résultat de faire jaillir une source dans

1. Cf. tom. II, p. 77.
2. Séance du 18 décembre 1878.

un fonds, amènent plus tard le tarissement de la source ?
L'exploitant devra une indemnité si le propriétaire de la
surface a pu acquérir un droit réel de jouissance sur les
eaux de cette source, et ce propriétaire invoquera utilement un droit de servitude active sur les eaux, s'il justifie d'une possession continuée pendant trente ans et manifestée d'une façon apparente par des travaux entrepris
jure servitutis. Le simple fait du jaillissement permanent
de la source pendant une période trentenaire ne suffirait
pas à constituer le droit de servitude (1).

§ 5. — *Dommages causés aux concessions voisines. Hypothèses de l'article 45. Loi du 27 avril 1838.*

*Lorsque, par l'effet du voisinage ou pour toute autre
cause, les travaux de l'exploitation d'une mine occasionnent
des dommages à l'exploitation d'une autre mine, à raison
des eaux qui pénètrent dans cette dernière en plus grande
quantité ; lorsque d'un autre côté, ces mêmes travaux produisent un effet contraire et tendent à évacuer tout ou partie des eaux d'une autre mine, il y aura lieu à indemnité
d'une mine en faveur de l'autre : le règlement s'en fera
par experts* (Loi de 1810, article 45).

En principe, les dommages causés à un concessionnaire
de mines par une exploitation voisine, sont régis par le
droit commun et ne diffèrent pas de ceux qui préjudicient
aux propriétés ordinaires. Cela résulte *a contrario* de l'article 45 qui apporte une disposition exceptionnelle au cas

1. Tribunal de Saint-Etienne, 15 mars 1890. Journal *La Loi*, 23
mars 1890.

d'irruption des eaux de mines. Dans la pratique, et pour empêcher les exploitants de se nuire réciproquement, les cahiers des charges attribuent au préfet le droit de contraindre les concessionnaires à laisser intact un certain massif du sous sol, près des limites communes des concessions. L'épaisseur du massif (appelé *investison*) est déterminée par arrêté préfectoral et on la prend par moitié sur chaque concession. A défaut d'une stipulation expresse du cahier des charges, le préfet peut encore édicter un investison obligatoire, en usant des droits que l'article 50 lui confère pour assurer la conservation et la sécurité des mines.

Malgré la surveillance administrative, il est trois sortes de dommages que les exploitations se causent assez souvent ; ils résultent soit du mouvement des eaux souterraines (hypothèses de l'article 15) soit des incendies intérieurs, soit des empiètements pratiqués par un exploitant en dehors de sa concession. Voyons d'abord ces deux derniers cas.

Lorsqu'une mine s'enflamme, elle communique fréquemment l'incendie aux exploitations voisines. Alors même que l'incendie ne provient pas d'une faute ou d'une négligence de l'exploitant, la responsabilité de ce dernier peut être engagée, si d'ailleurs c'est par sa faute que la flamme a pu se répandre. Les tribunaux ont toute liberté d'appréciation pour décider dans quels cas la conduite de l'exploitant a été la cause, ou l'une des causes de la propagation du feu (Cassation, 1er mars 1882. D. 83, 1, 413).

L'empiétement commis par un exploitant sur les gisements d'une concession voisine est un acte qui paraîtrait impossible si l'on n'en trouvait des exemples assez nombreux dans les recueils de jurisprudence minière. L'article 6 du décret du 3 janvier 1813 oblige, en effet, l'exploitant à tenir un registre et un plan qui constatent l'avancement journalier de ses travaux. Malgré cette double précaution et malgré le contrôle des ingénieurs, les empiètements se pratiquent, et, chose bizarre, ils se pratiquent le plus souvent de bonne foi (Tribunal de Saint-Etienne, 15 mai 1885). Il va sans dire que l'auteur de l'empiètement est tenu de fournir au concessionnaire dépouillé une indemnité égale à la valeur des substances soustraites. Cette valeur doit être estimée, déduction faite des frais que le concessionnaire aurait supportés pour extraire lui-même le minerai. En outre, l'auteur de l'empiètement sera responsable de toutes les autres conséquences dommageables de son entreprise injuste. Il pourra être condamné à combler, si la chose est possible, les galeries indûment établies. Si les travaux peuvent être utilisés par le concessionnaire, celui-ci les acquerra aux conditions établies par les articles 554 et 555 du Code civil.

Lorsque l'empiètement est pratiqué de mauvaise foi, doit-il être assimilé au vol? *Quiconque*, dit l'article 379 du Code pénal, *a soustrait frauduleusement une chose qui ne lui appartient pas est coupable de vol*. Il est clair que la mine elle-même n'a pu être soustraite, mais il y a eu certainement appréhension frauduleuse des minerais détachés du fonds et c'est cette appréhension qui constitue le vol (Cassation, 17 juillet 1884. D. 85, 1, 43). Lorsque les circonstances caractéristiques du délit se

trouvent réunies, l'action publique doit être dirigée contre le propriétaire de la mine et contre ses préposés,
lorsqu'ils sont de mauvaise foi. Quant à l'action civile
qui a pour objet la réparation du préjudice causé par
l'acte délictueux, elle se trouve prescrite au bout de trois
ans à compter du dernier acte d'appréhension frauduleuse. Ainsi la responsabilité civile résultant des travaux
d'empiètement se trouve beaucoup mieux sanctionnée
lorsque l'auteur des travaux est de bonne foi que lorsque
son intention est frauduleuse.

Que l'empiètement ait eu lieu de bonne ou de mauvaise
foi, peu importe au redevancier qui a toujours le droit de
réclamer au concessionnaire la part de produits que
celui-ci lui doit. Il appartient, en effet, au concessionnaire
de sauvegarder par toutes les mesures utiles la propriété
qui lui est confiée, et il ne peut pas par un défaut de vigilance, si excusable soit-il, s'affranchir des charges réelles
qui grèvent cette propriété. La Cour de Lyon a décidé
à bon droit (arrêt du 23 novembre 1886) que le concessionnaire était tenu de payer les redevances sur les produits qui lui avaient été enlevés par voie d'empiètement,
alors même qu'il avait laissé prescrire son droit de recours
contre l'auteur de l'empiétement.

Hypothèses de l'article 45. — Lorsque les travaux d'une
mine amènent une irruption d'eau dans une autre exploitation, l'exploitant peut réclamer une indemnité à l'auteur
des travaux. En sens inverse, lorsque les travaux d'une
mine profitent à l'asséchement d'une autre exploitation,
l'exploitant doit une indemnité à l'auteur des travaux.
Telles sont les deux hypothèses de l'article 45.

Cet article, dont les dispositions semblent toutes naturelles, présente du moins l'avantage de bien définir une situation délicate. Lorsque des travaux d'exploitation modifient le cours des eaux souterraines, la nécessité oblige souvent une mine voisine à subir l'envahissement des eaux ainsi détournées. Cette nécessité ne se confond pas cependant avec celle qui a fait établir la servitude légale d'écoulement des eaux. L'article 640 du Code civil n'assujettit le fonds inférieur à recevoir que les eaux découlant naturellement du fonds supérieur, sans que la main de l'homme y ait contribué. L'application du droit commun aurait donc conduit, dans la première hypothèse de l'article 45, à reconnaître au propriétaire de la mine envahie le droit de s'opposer à tout travail destiné à modifier, à son détriment, le cours des eaux souterraines. La reconnaissance d'un tel droit eût pu être très préjudiciable à l'exploitation des mines. D'autre part, et dans la seconde hypothèse de l'article 45, le concessionnaire n'aurait pas été obligé, aux termes du droit commun, à payer sa part des travaux qui lui profitent, et l'auteur des travaux n'aurait pu invoquer les droits d'un gérant d'affaires, puisqu'il les a entrepris dans son intérêt propre. L'effet de l'article 45 est donc d'établir une sorte de servitude de mine à mine, à raison de l'eau qui peut s'écouler d'une mine dans l'autre, et de créer un droit à indemnité au profit de la mine qui reçoit ou évacue les eaux d'une autre exploitation.

Lorsque les travaux d'une exploitation rejettent les eaux souterraines dans une autre mine, le dommage qui en résulte pour la mine inondée consiste principalement dans l'augmentation des frais d'exhaure. Mais il faut y joindre, pour parfaire une juste indemnité, tout le préjudice causé par le retard apporté à l'exploitation des gisements inondés.

L'indemnité due dans la première hypothèse de l'article 45 n'offre pas le caractère des dommages-intérêts réclamés par application des articles 1147 et 1382 du Code civil. Elle représente l'acquittement d'une obligation légale qui subsiste indépendamment de toute faute de la part de l'exploitant auteur des travaux nuisibles. L'article 45 ne subordonne le droit à l'indemnité qu'à deux conditions : il exige d'une part qu'un préjudice ait été occasionné, d'autre part que les travaux de l'exploitation soient la cause de ce préjudice. Il ne dit pas que ces travaux doivent être défectueux (Cassation, 18 juin 1883. — D. 83, 1, 413).

Qui doit payer l'indemnité? Si l'auteur des travaux a aliéné la concession, peut-il encore être déclaré responsable? Le nouveau concessionnaire peut-il être poursuivi à raison de travaux qu'il n'a pas entrepris? La solution de la question précédente dicte la réponse à ces nouvelles questions. Ce n'est pas parce qu'il est en faute, que l'exploitant est poursuivi ; il est tenu en qualité de représentant de la mine. Le droit à l'indemnité grève la mine elle-même en la personne de son détenteur et comme compensation de la servitude créée à son profit. La Cour de cassation de Belgique a décidé à ce sujet que l'indemnité due par une mine dont les eaux se déversent dans une autre mine, constitue une charge réelle. Mais elle a prononcé en même temps que le propriétaire de la

mine, dont les travaux ont occasionné le dommage (1),
doit répondre personnellement à l'action en indemnité,
par cela seul que le dommage a été occasionné à l'époque où il était propriétaire. En d'autres termes, pour déterminer le débiteur de l'indemnité, il faut rechercher à
qui appartient la mine au moment du dommage et non au
moment de l'établissement des travaux.

Dans la seconde hypothèse de l'article 45, il faut rechercher quel est le bénéfice procuré à la mine qui profite de l'épuisement pratiqué par la mine voisine : on
fixera ainsi, pour employer des expressions usitées dans
la pratique, l'indemnité due par la mine exhaurée à la
mine exhaurante. Le bénéfice d'exhaure peut être évalué
de deux manières : ou bien en estimant la part de dépenses que supporterait la mine exhaurée si elle devait
pratiquer les travaux d'épuisement ; ou bien, en calcu-
lant les avantages de toute nature qu'elle retire de l'asséchement. Ce second mode de fixation paraît bien plus
équitable, si l'on remarque surtout que l'épuisement peut
avoir trait à un volume d'eau restreint, pour lequel il serait maladroit d'entreprendre des travaux coûteux.

Il n'est pas nécessaire que l'évacuation des eaux de la
mine exhaurée impose un supplément de frais à la mine
exhaurante : l'obligation légale de payer l'*indemnité*
existe à la seule condition qu'un avantage soit procuré à
la mine exhaurée. Le mot « indemnité » est pris ici dans
un sens spécial : il signifie la rétribution d'un service
rendu.

1. Arrêt du 26 décembre 1885. *Revue des Mines*, 1886, p. 108
Cf. aussi Arrêt du 3 novembre 1886. *Revue des Mines*, 1887, p. 50

Si la mine exhaurée fait partie d'une exploitation abandonnée, il est clair qu'elle ne retire aucun bénéfice des
travaux d'épuisement ; elle ne doit pas alors d'indemnité.
Mais pour qu'il en soit ainsi, il faut que l'abandon soit
définitif ; s'il ne s'agissait que d'une suspension provisoire
des travaux, le droit à l'indemnité apparaîtrait dès qu'il
résulterait pour le propriétaire de la mine asséchée un
bénéfice quelconque résultant de l'exhaure. Cour de Lyon,
1er mars 1882. Cassation, 18 juin 1883. D. 83, 1, 413.

Loi du 27 avril 1838. — Lorsqu'une inondation enva-
hit ou menace plusieurs concessions, le salut ne peut
venir que de l'union des propriétaires menacés et de
leur entente parfaite dans le choix des moyens à prendre
pour conjurer le danger commun. En 1837, un évènement considérable fit ressortir les insuffisances de la loi
de 1810, quant à l'organisation des travaux d'ensemble
destinés à sauvegarder les exploitations mises en péril.
Une inondation souterraine, s'étendant de proche en
proche dans le bassin houiller du Gier, amenait successivement l'abandon de la plus grande partie des mines
qu'il renferme. L'administration s'efforça d'abord d'obtenir le concours libre des concessionnaires pour opérer,
dans une vue d'ensemble, l'asséchement des mines inon-
dées, mais la complication des intérêts empêcha les concessionnaires de s'entendre sur les bases d'après lesquelles ils devaient concourir à l'œuvre commune. L'article
49, qui donnait alors au ministre des pouvoirs à peu près
discrétionnaires en cas de restriction et de suspension
des exploitations, ne lui permettait d'agir que d'une
façon individuelle contre chaque concessionnaire. Or, on

savait d'avance que les efforts isolés seraient inutiles. L'intérêt de l'industrie minérale de la France exigeait de porter remède à cet état de choses par des mesures législatives. Le gouvernement prit alors l'initiative d'une réforme qui devint la loi du 27 avril 1838.

Cette loi a imité en beaucoup de points les dispositions de la loi du 16 septembre 1807, relative au dessèchement des marais. L'article 1 donne au gouvernement le droit de forcer les concessionnaires à s'unir pour faire exécuter les travaux d'assèchement, ou pour arrêter les progrès de l'inondation, lorsque l'inondation est de nature à compromettre l'existence des mines, la sûreté publique ou les besoins des consommateurs. Avant toute décision une enquête administrative est ouverte à laquelle tous les intéressés sont appelés : cette enquête a lieu dans des formes déterminées par l'ordonnance du 23 mai 1841 (1). Après cette enquête, et suivant les indications fournies, le ministre décide quelles concessions seront tenues d'opérer, à frais communs, les travaux d'assèchement. Cette décision est notifiée aux intéressés, mais vu l'urgence, le recours contre cette décision n'est pas suspensif. Les concessionnaires désignés sont réunis en assemblée générale, à l'effet de nommer un syndicat chargé de gérer les intérêts communs. Le mode de votation dans les assemblées générales est réglé par le paragraphe 6 de l'article 2 : il est établi d'après ce principe que les concessionnaires ont un nombre de voix proportionnel à l'importance de chaque concession.

1. Dalloz. Rep. Alph. V° *mines*, p. 638.

Les syndics formulent leurs propositions; les intéressés peuvent y joindre leurs observations. Enfin, un
décret en Conseil d'Etat détermine l'organisation définitive et les attributions du syndicat, les bases de la
répartition des dépenses et la forme dans laquelle les
comptes devront être rendus. Un simple arrêté ministériel suffit pour décider, sur la proposition des syndics,
le mode d'exécution et d'entretien des travaux, ainsi que
les époques périodiques où les taxes devront être acquittées par les concessionnaires. Au cas où le syndicat ne
fonctionnerait pas régulièrement, soit par la résistance
des assemblées générales, soit par celles des syndics, le
ministre peut, sur la proposition du préfet, suspendre les
syndics de leurs fonctions et leur substituer un nombre
égal de commissaires qui seront investis de l'autorité et
des attributions des concessionnaires rebelles.

Les rôles de recouvrement des taxes réglées sur les
bases de répartition fixées par le décret, sont dressés par
les syndics et rendus exécutoires par le préfet. Les réclamations des concessionnaires, sur la fixation de leur
quote-part dans les dites taxes, sont jugées par le Conseil
de préfecture, sur mémoires des réclamants communi-
qués au syndicat et après avoir pris l'avis de l'ingénieur
des mines. Les réclamations relatives à l'exécution des
travaux sont jugées comme en matière de travaux publics.
Dans aucun cas le recours, soit au Conseil de préfecture,
soit au Conseil d'Etat, n'a d'effet suspensif.

Jusqu'à ce moment, on le voit, les exigences de l'administration peuvent toujours vaincre la résistance des concessionnaires. Mais que décider si les concessionnai-

res refusent d'acquitter la part de dépenses qui lui revient sur les frais exposés dans l'intérêt commun ? Sur ce point, les auteurs de la loi de 1838 eurent de la peine à s'entendre. Ils s'accordèrent, après de longues discussions, pour voter l'article 6, qui prononce le retrait de concession au détriment du concessionnaire récalcitrant. Nous aurons plus loin l'occasion de donner un commentaire détaillé de cet article 6 et en même temps de l'article 9 qui applique la pénalité nouvellement établie à certains cas prévus par l'article 49 de la loi des mines.

Notons en passant deux dispositions de la loi de 1838, qui ont pour but de prévenir certains dommages, et qui, à ce titre, auraient pu trouver place dans le premier chapitre de cette étude. La première, résultant de l'article 7, assujettit à une direction unique l'exploitation d'une mine appartenant à plusieurs personnes ou à une société. Le préfet peut obliger les co-propriétaires ou la société, à justifier que les travaux entrepris dans la concession sont coordonnés dans un intérêt commun et soumis à une direction unique. Ces mêmes intéressés sont tenus de désigner, par une déclaration authentique faite au secrétariat de la préfecture, le représentant qui aura mandat de comparaître en leur nom dans l'établissement des syndicats d'assèchement, et qui, en général, sera leur fondé de pouvoirs vis-à-vis de l'administration.

Toute contravention aux dispositions de l'article 7, tout travail d'exploitation ouvert en violation des lois et règlements sur les mines, peuvent faire appliquer une pénalité nouvelle établie par le paragraphe final de l'article 7 et consistant dans la suspension de tout ou partie des travaux. Nous disons que cet arrêté de suspension, pris par le préfet, a un caractère pénal : on peut le considérer, en effet, comme un moyen de contrainte indirecte, pour obliger l'exploitant à se soumettre aux lois et règlements. Lors, au contraire, que l'arrêté de suspension est pris en vertu de l'article 50 de la loi de 1810, et non par application de l'article 8 de la loi de 1838, il constitue une mesure de police administrative au profit de certains intérêts sauvegardés par la loi.

§ 6. — *Dommages causés aux voies de communication.*

En principe, les dommages causés aux routes, canaux et chemins de fer par les travaux d'exploitation des mines sont régis comme tous autres dommages causés à la propriété non-bâtie. En deux hypothèses particulières toutefois des règles particulières seront appliquées.

La première hypothèse est visée par l'article 14 de la loi du 21 mai 1836 sur les chemins vicinaux. Cet article suppose qu'un chemin vicinal entretenu à l'état de viabilité par une commune, est habituellement ou temporairement dégradé par une entreprise industrielle, telle qu'une exploitation de mines : en pareil cas, il peut y avoir lieu à imposer à l'entrepreneur ou au propriétaire de l'exploitation, des subventions spéciales, dont la quotité est proportionnée à la dégradation extraordinaire attribuée à l'exploitation. Ces subventions peuvent, au choix du subventionnaire, être acquittées en argent ou en prestations en nature, et sont exclusivement affectées à ceux des chemins qui y ont donné lieu. Elles sont réglées annuellement sur la demande des communes, par les conseils de préfecture, après une expertise faite conformément à l'article 17 de la loi du 21 mai 1836.

L'article 11 de la loi du 20 août 1881, contient des dispositions identiques édictées en faveur des chemins ruraux reconnus, s'ils sont entretenus à l'état de viabilité.

Qui doit payer la subvention ? Cette question se pose fréquemment lorsque les chemins sont dégradés à la fois par les transports exécutés pour le compte de l'exploitant et par ceux qui sont effectués pour le compte des acheteurs. Il semble que les subventions devraient être réparties entre acheteurs et exploitant proportionnellement à leur part dans le dommage. Mais encore faut-il qu'il s'agisse d'acheteurs auxquels s'applique l'article 14 de la loi de 1836, c'est-à-dire, qui soient à la tête d'entreprises industrielles. Pour les autres acheteurs, la jurisprudence administrative décide que la part de subvention relative aux dégradations par eux commises doit être supportée par l'exploitant : on considère que ces transports, faits à cause de la mine, sont faits pour elle. Cette jurisprudence est manifestement contraire aux termes de l'article précité qui parle des dégradations comprises *par* l'exploitation, et non de celles faites à l'occasion de l'exploitation.

La loi de 1836 n'exige pas que le chemin dégradé appartienne à la commune où l'exploitation est faite. Les subventions pour chemins sont ainsi demandées aux mines dans un rayon très étendu autour des centres d'exploitation.

La seconde hypothèse particulière indiquée au début de ce paragraphe concerne les dommages causés aux chemins de fer. Nous avons dit à propos de l'article 50 que dès le premier établissement des chemins de fer, la jurisprudence avait admis qu'un concessionnaire ne devait pas être privé sans indemnité de l'usage de la mine, lorsque les travaux souterrains des chemins de fer commandent d'interdire l'exploitation sur certains points, pour cause de sûreté publique. On voulut aller plus loin et l'on prétendit qu'un concessionnaire de mines n'était pas tenu de garantir la solidité de la surface au profit d'un chemin de fer établi postérieurement à l'exploitation. Mais la jurisprudence fit bonne justice de cette prétention en décidant que les travaux superficiels des chemins de fer constituent un exercice usuel du droit de propriété, à la différence des travaux souterrains : s'il est juste d'indemniser l'exploitant du tort que lui causent les travaux souterrains, à l'établissement desquels il n'est pas tenu de s'attendre, il n'en est pas de même pour les travaux superficiels que les chemins de fer entreprennent comme propriétaires de la surface, avec tous les droits et actions des autres propriétaires (Lyon, 1882, Cassation, 21 juin 1885. — D. 86, 1, 336).

On a admis au contraire que l'exploitant n'était pas tenu de garantir la solidité du toit de la mine pour sauvegarder spécialement les travaux souterrains des chemins de fer, à moins toutefois que l'exploitation ne fut défectueuse. (Lyon, 14 juillet 1846. D. 47. 2. 24). La pratique administrative s'est rangée à cette opinion, et les cahiers de charges de 1856 ont un article ainsi conçu : « Dans le cas

« où le chemin de fer traverse un sol déjà concédé pour
« l'exploitation d'une mine, l'administration déterminera
« les mesures à prendre pour que l'établissement de la voie
« ne nuise pas à l'exploitation. Les travaux de consolida-
« tion à faire dans la mine et tous les dommages résul-
« tant de cette traversée pour le concessionnaire seront
« à la charge de la Compagnie. » L'obligation légale qui
rend les concessionnaires de mines responsables des dommages causés par les travaux souterrains, est ainsi étendue aux concessionnaires de chemins de fer qui sont tenus
de l'exécuter au profit des propriétaires de mines comme
à l'égard des propriétaires de la surface. La concession
la plus nouvelle est tenue de respecter les droits de la plus
ancienne.

DU RETRAIT DES CONCESSIONS DE MINES

L'attribution de la propriété minière, telle qu'elle est régie par la loi du 21 avril 1810, a soulevé de nombreuses critiques. Parmi les objections dirigées contre le système complexe adopté par la loi, il en est une qui lui reproche de n'avoir pas établi la propriété minière sur des bases assez fermes. En effet, dit-on, du moment qu'on admet que les concessions sont accordées dans un intérêt public, on est enclin à admettre qu'elles peuvent être retirées lorsque l'intérêt public paraît l'exiger.

Cette objection devrait tomber d'elle-même devant les termes formels de l'article 7 de la loi de 1810, ainsi conçu : *L'acte de concession donne la propriété perpétuelle de la mine, laquelle est dès lors disponible et transmissible comme tous les autres biens, et dont on ne peut être exproprié que dans les cas et selon les formes prescrites pour les autres propriétés, conformément au Code civil et au Code de procédure civile.* Mais, d'autre part, si l'on considère que l'acte de concession ne confère qu'une propriété modale, dont l'exercice est assujetti à des conditions nombreuses et notamment à une étroite surveillance administrative,

on peut se demander si la propriété de la mine comprend
réellement le droit de disposer des giscments concédés et
si elle ne se reduit pas à un simple privilège d'exploitation
que l'administration a le droit de restreindre pour des
motifs d'intérêt général. L'article 7 perd beaucoup de son
importance lorsqu'on le rapproche des articles 31, 47, 49
et 50 de la loi de 1810 et lorsqu'on lui oppose les dispositions de la loi du 27 avril 1838. Enfin la possibilité du
retrait de concession manifeste clairement que le concessionnaire n'a pas sur la mine le droit absolu qui constitue la propriété ; il n'est pas libre d'user ou de ne pas user
du droit qui lui est conféré : il est tenu de donner à la
mine la destination en vue de laquelle elle a été établie.

Pour bien comprendre la nature et l'étendue des droits
qui composent la propriété des mines, il faut se reporter
aux débats parlementaires qui ont précédé le vote de la
loi du 27 avril 1838. On sait quel était le but de la loi
projetée. Avant de chercher à l'atteindre, il fallait résoudre deux questions de principe. La première était de
savoir si le législateur portait atteinte aux droits acquis
des concessionnaires en leur imposant une charge nouvelle rendue nécessaire pour assurer la conservation
de la mine. La seconde, plus grave encore, laissait entrevoir la possibilité de retirer le bénéfice de la concession
à celui qui ne voulait ou ne pouvait plus en accomplir
les conditions.

Le projet de loi fut attaqué avec une grande vigueur par
Michel de Bourges et le duc Decazes. Ces orateurs s'ef-
forcèrent avant tout d'établir que l'incommutabilité de la
propriété minière résultait de la loi de 1810 qui avait

édicté dans son article 7 le caractère absolu et immuable du droit concédé. Ils appuyèrent leurs dires de citations nombreuses empruntées aux observations de Napoléon devant le Conseil d'État. « Le droit de propriété est « non seulement le droit d'user, mais celui d'abuser : « si donc le gouvernement oblige d'exploiter ou fixe la « manière dont chacun exploitera, il n'y aura plus de « propriété » (Séance du 18 novembre 1809). « Il n'est « pas besoin de règlement et de surveillance pour empê- « cher le dépérissement des mines, mieux vaut laisser « agir l'intérêt général que d'établir la surveillance des « ingénieurs. C'est un grand défaut dans un gouverne- « ment de vouloir être trop père. A force de sollicitude, « il ruine la liberté et la prospérité » (Séance du 9 jan- « vier 1810). Il doit en être d'une mine abandonnée « comme d'un moulin qui est tombé en ruine et que le « propriétaire ne rebâtit pas. On n'oblige pas un proprié- « taire à abandonner sa ferme lorsqu'il cesse de l'exploi- « ter ; pourquoi en serait-il autrement des mines. »

Les adversaires du projet de loi signalèrent le caractère injuste, voire même inconstitutionnel, de dispositions qui auraient pour effet de rétroagir dans le passé et de substituer aux propriétés libres concédées depuis 1810 des propriétés asservies à une réglementation excessive. Mais par-dessus tout ils protestèrent contre la dépossession dont le concessionnaire était menacé en cas de résistance à certaines mesures administratives. Cette dépossession, disaient-ils, et le retrait de concession qui en est la suite sont la négation même de toute propriété perpétuelle. Et l'on appelait sur ce point spécial les paroles de Napoléon :

« la concession d'une mine constituant une propriété, il
faut que le concessionnaire ne puisse en être dépossédé
que par les tribunaux (c'est-à-dire, par voie d'exploitation
régulière) et non par un simple arrêté du ministre. Il
n'y a pas de motif pour distinguer les mines des autres
propriétés, sous le rapport de la vacance pour cessation
de travaux. On ne fait pas de différence pour les « manu-
« factures et les exploitations dont l'interruption peut
« aussi causer la ruine » (Séance du 28 octobre 1808).
« Il faut qu'on ne puisse jamais considérer le mineur
« comme un simple concessionnaire qu'un décret dépouil-
« le ; mais bien comme un particulier qui ne perd sa pro-
« priété que comme le propriétaire d'un champ ou d'une
« maison perd la sienne » (Séance du 9 janvier 1810).

On ajoutait que la loi de 1810 avait été faite en partie
pour supprimer les causes multiples de révocation qui
avaient rendu trop précaires les concessions organisées par
la loi du 28 juillet 1791 et qui avaient détourné des entreprises minières les capitaux nécessaires à leur établissement. Le silence du législateur de 1810 sur la possibilité
du retrait des concessions devait donc être interprété
comme la condamnation même de tout retrait et comme
une attestation formelle de l'irrévocabilité absolue des
concessions.

Le projet de loi fut défendu par M. Martin (du Nord),
alors ministre des travaux publics, et surtout par M. Sau-
zet qui avait rédigé le rapport. Ils n'eurent pas de peine
à établir que les dispositions les plus formelles de la
loi de 1810 attribuaient au concessionnaire une propriété
restreinte dans les droits de jouir et de disposer qui for-

ment les attributs ordinaires de la propriété. Les articles 31, 47 à 50, 93 à 96 de cette loi, ainsi que tous les articles du décret du 3 janvier 1813, fournissent sur le véritable caractère de la propriété minière des indications certaines et obligatoires contre lesquelles ne peuvent prévaloir de simples observations formulées par Napoléon, en sa qualité de président du Conseil d'Etat. Dès 1810 on avait reconnu qu'il ne fallait pas s'en remettre à l'intérêt privé du concessionnaire comme garantie d'une active et suffisante exploitation ; qu'il ne fallait pas davantage s'en remettre à sa prudence comme obstacle aux travaux dangereux qui pourraient mettre en péril la sûreté des ouvriers mineurs, celle de la surface, celle enfin de la mine elle-même. On avait édicté, et l'Empereur avait réglementé en 1813, une surveillance administrative indispensable pour qu'il fût rendu raison à l'intérêt public qui se rattache à la production de la richesse minérale et aux intérêts particuliers que peut compromettre l'exploitation de cette richesse. Mais on avait omis alors, par une lacune regrettable, de définir les droits de l'administration et les devoirs du concessionnaire, dans le cas où la nécessité de la conservation des mines ordonne de prendre des mesures exceptionnelles. Le droit de contraindre l'exploitant à sauver les richesses minérales qui lui avaient été concédées à la charge pour lui de les faire valoir, était indiqué d'une façon latente dans la loi de 1810 (Articles 49 et 50). N'était-ce pas le devoir du législateur de mieux préciser le sens de dispositions incomplètement rédigées ?

L'obligation d'exploiter et de conserver les mines

résultait donc de la loi de 1810. Seulement il n'y avait pas de sanction efficace pour garantir l'exécution de cette obligation. A la vérité, l'article 49 disposait bien que si l'exploitation venait à être restreinte ou suspendue de manière à inquiéter la sûreté publique ou les besoins des consommateurs, les préfets, après avoir entendu les propriétaires, en rendraient compte au ministre *pour y être pourvu ainsi qu'il appartiendrait*. Mais ces expressions, aussi vagues que laconiques, n'avaient pas de portée sérieuse et signifiaient seulement que le législateur entendait renvoyer à une époque ultérieure la détermination de la contrainte à employer pour garantir l'exécution de l'obligation d'exploiter. On supprima du projet de loi les deux titres déjà préparés *de la vacance par abandon de la mine et de la vacance par cessation d'exploitation*; on ne condamna pas les mesures coercitives qu'ils devaient organiser ; on résolut de demander au temps et à l'expérience de fournir les indications utiles pour réglementer opportunément les sanctions reconnues nécessaires (1).

Le législateur de 1838 n'avait donc pas à porter atteinte à l'inviolabilité de la propriété. Il n'avait pas à défaire l'œuvre de 1810, mais simplement à combler des lacunes de la loi ancienne et à compléter cette loi sans en contrarier l'esprit général et les dispositions formelles.

---

1. Un projet de loi relatif à *la vacance et à l'abandon des mines* fut même discuté par le Conseil d'Etat en 1813. Il fut abandonné lors de la disparition de l'Empire (Locré, XXXV).

La sanction énergique du retrait de concession était-elle donc excessive ? Non pas, puisque seule elle était efficace. Le concessionnaire qui viole la loi de son contrat, ne peut plus en réclamer le bénéfice ; ce n'est pas même-là un principe de droit spécial, c'est un axiome de droit commun. En échange de la propriété qu'il enlève aux propriétaires de la surface, dans le but de garantir la bonne exploitation des mines, l'État reçoit du concessionnaire de cette propriété nouvelle la promesse d'une exploitation persévérante. La condition du maintien du concessionnaire dans les droits qui lui sont conférés, c'est sa fidélité à la loi dont il les tient. Un contrat qui n'engagerait que d'un côté serait une monstruosité législative.

La loi du 27 avril 1838 fut votée à la suite de cette mémorable discussion. Nous n'avons pas à revenir sur les dispositions qu'elle édicte pour préserver les mines du danger des inondations, pour assurer l'unité de direction des travaux d'exploitation et pour garantir l'exécution régulière de ces mêmes travaux (Art. 1 à 5, 7 et 8 ; cf. *supra*, chap. V, § 5). Il nous reste à parler des règles qu'elle a établies pour organiser le retrait de concession.

D'une manière générale, le retrait de concession peut être décidé lorsque le concessionnaire refuse d'obéir aux injonctions légales qui lui sont adressées par l'administration pour l'établissement de travaux nécessaires à une bonne exploitation, ou encore lorsqu'il restreint son exploitation de manière à compromettre la sûreté publique ou les besoins des consommateurs. Le retrait est prononcé par le ministre, sauf recours du concessionnaire, devant le Conseil d'État. Si le retrait n'a pour but que de contraindre l'exploitant au paiement des frais qu'ont occasionné les travaux prescrits par l'administration, la déchéance du concessionnaire n'est pas encore définitive. Le retrait n'a pas pour effet de remettre la concession aux mains de l'État. Dans toute hypothèse, il doit être suivi de la mise en adjudication de la concession retrogée, et le propriétaire déchu pour refus de payer les frais obligatoires mis à sa charge, peut jusqu'au jour de l'adjudication, arrêter les effets de la dépossession en payant les taxes qui lui incombent. Passé le jour d'adjudication, ce concessionnaire est assimilé au propriétaire dépossédé de la mine pour insuffisance d'exploitation. L'adjudication suit son cours et la concession est attribuée au plus offrant. Le prix d'adjudication, déduction faite des taxes revenant à l'État pour les frais obligatoires avancés par lui, est remis au concessionnaire déchu ou à ses ayants-droit.

La procédure du retrait nous paraît mériter de justes critiques sur un point important. Il est regrettable que l'exercice du droit de retrait ait été remis aux mains de l'autorité administrative. L'attribution de compétence aurait dû être faite au profit du pouvoir judiciaire, établi par toutes les lois, gardien naturel du droit de propriété, de la propriété minière comme de la propriété du sol. Lorsque le concessionnaire se refuse à acquitter des taxes obligatoires, régulièrement mises à sa charge, l'administration devrait procéder suivant les voies ordinaires ouvertes contre les débiteurs de l'État. En vertu d'une contrainte délivrée conformément à l'article 5 de la loi de 1838, la mine serait saisie, et à défaut par l'exploitant

de payer les taxes mises à sa charge, l'expropriation serait poursuivie conformément aux dispositions du titre
XII du Code de procédure civile. Décider le retrait de la
concession et ordonner la mise en adjudication de la
mine par une simple mesure administrative, c'est ouvertement violer l'article 7 de la loi des mines aux termes
duquel le concessionnaire ne peut être exproprié de la
propriété perpétuelle de la mine que *selon les formes prescrites pour les autres propriétés, conformément au Code civil
et au Code de procédure civile.*

Nous maintenons la même critique pour le cas où le
retrait est fondé sur l'insuffisance de l'exploitation. S'il
est vrai de dire, en pareil cas, que le concessionnaire
subit les effets d'une condition résolutoire tacite sous
entendue dans le contrat de concession, il est inadmissible de laisser à l'autorité administrative, partie en cause
dans le contrat de concession, le droit de statuer sur la
réalisation de cette condition résolutoire. Là encore,
le contrôle de l'autorité judiciaire était indispensable. La
concession d'une mine n'est pas une concession ordinaire
de travaux publics ; elle implique la création d'une propriété, qui, une fois attribuée, ne peut plus faire retour à
celui qui l'aliène, sans que les tribunaux aient prononcé
la résolution de l'acte d'aliénation, conformément à l'article 1184 du Code civil.

La loi récente du 8 juillet 1890 sur les délégués mineurs rend implicitement justice aux critiques dirigées
contre l'exercice du droit de retrait par voie administrative. L'article 16, § 7 de cette loi porte que les frais avancés par le trésor, pour le paiement de l'indemnité des

délégués, sont recouvrés sur les exploitants comme en matière de contributions directes. Il ne viendra à l'idée de personne que le refus de payer les taxes affectées à ce recouvrement puisse donner lieu à l'exercice du retrait prononcé par arrêté ministériel. On se rend bien compte, en effet, que les mesures de contrainte ordinaires suffisent à garantir les droits de l'Etat. Pourquoi donc, en toute autre hypothèse, le défaut de paiement des travaux exécutés par l'administration pour le compte du concessionnaire, entraine-t-il l'application de la pénalité excessive du retrait ? L'article 9 de la loi de 1838 aurait été conçu d'une façon équitable, s'il avait porté simplement que les frais avancés par le trésor, pour le paiement des travaux exécutés dans les mines par les soins de l'administration, seraient recouvrés sur les exploitants comme en matière de contributions directes.

Le droit de retrait est entre les mains de l'administration une arme très dangereuse, si l'administration en fait un usage arbitraire. L'inamovibilité des juges qui est considérée comme une garantie propre à sauvegarder la propriété ordinaire n'existe pas dans la juridiction administrative : pourquoi la propriété minière ne serait-elle pas admise au bénéfice de cette même garantie ? M. Dalloz dit à ce sujet (1) : « Nous n'admettons pas que la propriété minière, que le législateur a entendu protéger au « même titre que la propriété ordinaire, puisse être ainsi « conquise aux périls éventuels d'un arbitraire toujours « possible, et qu'elle ait à supporter des chances d'abus « que n'a pas à craindre la propriété ordinaire. »

1. *De la propriété des mines*, tom. I. p. 295.

En fait, depuis 1838, il n'y a eu que six déchéances prononcées administrativement (1). Mais l'esprit de réserve et de longanimité manifesté dans le passé est singulièrement contrarié aujourd'hui par les mouvements irraisonnés de certaine opinion. Nous verrons, en effet, à propos de l'application de l'article 49, quelles singulières idées se sont accréditées au sujet de l'exercice du retrait motivé par l'insuffisance d'une exploitation. Combien de temps se prolongera la résistance de l'administration aux prétentions de ceux qui veulent à tout prix donner *la mine aux mineurs ?* Beaucoup d'exploitants se posent cette question avec inquiétude, car le philosophe a eu raison de dire : *optima lex quæ minimum judici, optimus judex qui minimum sibi.*

II. — HYPOTHÈSES DU RETRAIT DE CONCESSION.

Dans quatre hypothèses il est permis au ministre d'user du droit de retrait : trois sont indiquées par les articles 6, 9 et 10 de la loi de 1838 ; la quatrième est prévue par le décret du 23 octobre 1852. Nous disons : « il est *permis* au ministre ». Jamais en effet le ministre n'est astreint légalement à prononcer le retrait. L'article 6 de la loi de 1838, l'article 49 de la loi de 1810, l'article 2 du décret de 1852 s'accordent tous en ce point qu'ils confèrent au ministre une faculté et ne l'obligent pas à en user. Le représentant du pouvoir administratif est armé d'une sanction pénale : à lui seul il appartient, dans les

1. *Critique de la loi minière de 1810,* par Ernest Nibaut, p. 58.

cas où elle est encourue, de juger si cette sanction doit être ou non prononcée, sauf le recours de l'intéressé au Conseil d'État, si la pénalité est appliquée.

Première hypothèse. — Article 6, § 1, de la loi de 1838 : *A défaut de paiement dans le délai de deux mois à dater de la sommation qui aura été faite, la mine sera réputée abandonnée ; le ministre pourra prononcer le retrait de concession.* Lorsque le dessèchement des mines est prescrit par l'administration, il est exécuté à frais communs par tous les concessionnaires à qui il profite. Nous avons exposé dans le chapitre cinquième de notre étude sur les dommages provenant de l'exploitation des mines, comment étaient entrepris les travaux de dessèchement, et comment le recouvrement des frais qu'ils occasionnent était assuré contre chacun des concessionnaires intéressés, au moyen de taxes, rendues exécutoires par le préfet. Les concessionnaires peuvent contester la fixation de ces taxes et porter leurs réclamations devant le Conseil de préfecture. Mais leur recours n'est pas suspensif, et la loi les oblige à acquitter les taxes dans le délai de deux mois à dater de la sommation qui leur a été faite. Le refus de paiement les expose aux rigueurs du retrait. De deux choses l'une, en effet : ou bien ils ont la faculté de payer et alors il est nécessaire de vaincre leur résistance par une pénalité sévère ; ou bien ils sont incapables de supporter une charge essentielle de leur concession et alors il convient de leur enlever un droit qu'ils ne peuvent plus utilement exercer. S'ils ont de bonnes raisons pour motiver leur résistance, s'ils peuvent compter sur le retour prochain d'une fortune plus heureuse, s'il convient d'attendre le résultat des réclamations qu'ils ont soumises aux tribunaux administratifs, le ministre tiendra compte de ces circonstances et fera bien de surseoir à l'exécution de la mesure extrême que la loi lui permet de prendre.

Deuxième hypothèse. — Article 9 de la loi de 1838 : *Dans tous les cas où les lois et réglements sur les mines autorisent l'administration à faire exécuter des travaux dans les mines aux frais des concessionnaires, le défaut de paiement de la part de ceux-ci, donnera lieu contre eux à l'application des dispositions de l'article 6 de la présente loi.*

Les actes administratifs concernant la police des mines ont pour objet la protection de tous les intérêts que la loi énumère dans l'article 50 (1). L'arrêté destiné à pourvoir aux exigences de la sûreté publique, de la sûreté des ouvriers mineurs, de la conservation de la mine, de la protection de la surface, etc., est notifié à l'exploitant afin qu'il s'y conforme dans les délais prescrits. *En cas d'inexécution de la part de l'exploitant,* dit l'article 10 du décret de 1813, *les dispositions qui auront été prescrites seront exécutées d'office aux frais de l'exploitant.*

Une circulaire ministérielle du 10 mai 1843 a réglé le mode de recouvrement des dépenses faites d'office par l'administration. Tout se passe comme pour le recouvrement des taxes obligatoires relatives aux travaux d'assèchement. D'après un état de frais fourni par l'ingénieur qui a dirigé les travaux prescrits, le préfet délivre un exécutoire qui fixe la somme à payer et met l'exploitant en demeure de s'exécuter. Si le règlement est attaqué, la réclamation est portée devant le Conseil de préfecture,

1. Cf. *supra*, chapitre premier.

sauf recours au Conseil d'Etat. Après le second mois qui suit la mise en demeure, le ministre peut prononcer le retrait comme dans l'hypothèse de l'article 6 de la loi de 1838.

Avant la réforme de 1838, l'article 37 du décret du 18 novembre 1810 permettait seulement à l'administration de récupérer les avances du Trésor, en prélevant une somme suffisante sur les valeurs existant dans la mine, telles que chevaux, machines et ustensiles servant à l'exploitation. Cet article signifiait évidemment que l'on devait procéder par voie de saisie exécutée en vertu de la contrainte administrative. Rien n'empêche aujourd'hui encore l'administration de recourir à ce moyen d'exécution forcée. Il est vrai que la saisie des machines et ustensiles servant à l'exploitation serait plus dangereuse qu'utile. Lors, au contraire, que l'extraction du minerai est encore pratiquée, il paraît bien simple de saisir en premier lieu les produits mêmes de l'exploitation.

L'indemnité due aux délégués mineurs, en vertu de l'article 16, § 7, de la loi du 8 juillet 1890, ne peut pas être assimilée aux frais exposés par l'Etat pour l'exécution des travaux prescrits dans un intérêt de police. Le paiement de cette indemnité est l'occasion d'un impôt spécial mis à la charge du concessionnaire : il ne faut pas l'assimiler au paiement des taxes obligatoires dont parle l'article 9 de la loi de 1838. Du reste, l'article 16, § 7, de la loi précitée dit simplement que les frais avancés par le trésor sont recouvrés sur les exploitants *comme en matière de contributions directes*. La pénalité du retrait n'est donc pas applicable en cas de non paiement de ces frais. L'article 9 de la loi de 1838 doit être pris dans son sens le plus strict, puisqu'il édicte une peine.

Troisième hypothèse. — Elle est prévue par l'article 19 de la loi de 1838. *Dans tous les cas prévus par l'artile 49 de la loi du 21 avril 1810, le retrait de concession et l'adjudication de la mine ne pourront avoir lieu que suivant les formes prescrites par l'article 6 de la présente loi.*

Nous avons expliqué déjà que l'article 49 de la loi de 1810, dans le cas où une exploitation restreinte ou suspendue de manière à inquiéter la sûreté publique ou les besoins des consommateurs, ordonne au préfet d'en rendre compte au ministre, après avoir entendu l'exploitant, *pour y être pourvu ainsi qu'il appartiendra.* Le législateur de 1838 a fixé la pénalité que la loi de 1810 avait seulement laissé entrevoir: la concession pourra être retirée au propriétaire qui n'exécute pas son obligation d'exploiter la mine suivant sa destination.

Des quatre hypothèses du retrait, celle-ci est de beaucoup la plus grave, parce qu'elle est indécise et indéterminée, et parce qu'elle offre un vaste champ à l'arbitraire. A quels caractères le ministre reconnaîtra-t-il qu'une exploitation est restreinte de manière à inquiéter la sûreté publique ou les besoins des consommateurs? Dans quels cas l'activité d'une exploitation est-elle suffisante pour qu'on doive la considérer comme régulière? Dans quels cas, au contraire, est-elle insuffisante? Il est impossible de donner une réponse certaine à ces questions, parce que rien n'est plus variable, plus irrégulier, plus hypothétique, que les circonstances qui règlent le mode d'exploitation et le rendement d'une mine.

Pour bien montrer le véritable esprit de l'article 49 de la loi des mines et les motifs de la déchéance qu'il entraîne, il convient de citer les instructions contenues dans la circulaire du directeur général des mines du 29 décembre 1838. Cette circulaire est en quelque sorte le commentaire officiel de l'article 10 de la loi de 1838 :

« Il est bien entendu qu'on ne doit employer qu'avec
« une grande réserve la faculté de poursuivre la dé-
« chéance pour cause d'inexploitation. Beaucoup de cir-
« constances indépendantes du concessionnaire, des
« revers de fortune, des procès, les difficultés mêmes de
« l'exploitation ou le manque de débouchés, la baisse
« des prix dans le commerce, peuvent occasionner des
« interruptions dans les travaux ; d'un autre côté, l'in-
« térêt public n'est pas menacé parce qu'une mine n'est
« pas exploitée... Quand il s'agit de mesures de rigueur,
« il faut surtout qu'on ne puisse pas en contester l'ap-
« plication... L'action de l'administration sera d'autant
« plus efficace qu'elle aura su tenir compte de toutes
« les circonstances. Il convient donc, quand une mine
« n'est pas exploitée, d'adresser d'abord des avertisse-
« ments au propriétaire de la mine, de le prévenir des
« mesures qui pourront être prises contre lui s'il ne se
« met pas en règle... La loi indique que les poursui-
« tes ne devront être exercées que s'il y a un véritable
« intérêt public compromis. Il est donc convenable,
« avant d'user des voies de rigueur, de bien constater
« que l'on s'est trouvé obligé d'y recourir. »

Ainsi le retrait de la concession ne devrait être admis que lorsqu'il y a abandon inexcusable de l'exploitation par le concessionnaire, et lorsque d'ailleurs cet abandon compromet l'intérêt public. Lorsqu'il est manifeste que l'intention du concessionnaire est de ne pas remplir ses engagements ; lorsqu'il est incapable de tirer parti de la mine et que d'ailleurs cette incapacité n'est pas accidentelle et passagère ; lorsque par calcul intéressé ou par insuffisance de capitaux indispensables, il diminue le rendement de la mine pour spéculer sur les besoins des consommateurs et déterminer une hausse importante sur le prix du minerai, alors il est vrai de dire que le concessionnaire manque à ses engagements et viole les conditions de son titre. Mais s'il arrête momentanément son exploitation pour des motifs plausibles, tels que l'avilissement du prix de vente du minerai amenant la suppression du bénéfice de l'exploitation, ou encore tels que des embarras financiers momentanés, le concessionnaire n'a pas à être blâmé, encore moins à être puni : à son égard, il est vrai de dire que la nécessité fait loi. Il n'a jamais été admis que l'arrêt provisoire et passager d'une exploitation pût être une cause de déchéance (déclaration du Ministre des Travaux publics, chambre des députés, 6 mars 1884).

Les fauteurs de désordre encouragent souvent les ouvriers mineurs à la grève, par des raisonnements de ce genre : faute d'ouvriers, l'exploitant sera tenu d'interrompre ses travaux ; la mine restera déserte ; les consommateurs seront privés d'un produit dont ils ont un besoin urgent ; en définitive, l'exploitation sera suspendue de manière à compromettre les besoins des consommateurs ; le gouvernement aura donc besoin de sévir : il reprendra la mine au concessionnaire, et comme personne

ne voudra acquérir une mine ainsi désertée par les travailleurs, le gouvernement sera contraint de la céder aux
travailleurs eux-mêmes. C'est ainsi que dans plusieurs
syndicats ouvriers on entend le système de *la mine aux
mineurs*. Il n'est pas besoin de faire ressortir combien il
serait injuste et illégal de prononcer la déchéance du
concessionnaire à raison de faits qui ne lui sont pas imputables. La grève systématique dont nous venons de
parler, la grève qui tend à déposséder le patron et non
pas seulement à améliorer les salaires, est un cas de force
majeure comme l'incendie ou l'inondation de la mine. Il
serait aussi absurde de dépouiller un concessionnaire de
sa propriété, parce que les ouvriers mineurs s'obstinent
à refuser leur travail, que de la lui retirer lorsque l'in-
vasion des eaux souterraines vient empêcher provisoire-
ment toute exploitation de la mine. Le seul fait qu'on
puisse accréditer auprès des ouvriers les théories absur-
des que nous venons d'exposer sur l'exercice du retrait,
prouve l'insuffisance et le danger des dispositions contenues dans l'article 49 de la loi de 1810. S'il convient aux
agents de l'administration d'user arbitrairement des droits
qui leur sont conférés, ils n'ont à redouter que le contrôle
du Conseil d'État et le pouvoir de cassation attribué à ce
tribunal administratif est la seule sauvegarde que la loi
édicte, pour la défense de la propriété minière.

Lorsque la commission d'enquête parlementaire sur
l'état de l'industrie minérale eut présenté son rapport à
l'Assemblée nationale, on s'étonna beaucoup d'apprendre
que sur 627 concessions de mines de houille, 333 seulement étaient exploitées. En 1877, sur un ensemble de

1216 concessions de tous genres, 717 exploitations étaient abandonnées. M. Albert Christophle, alors ministre des travaux publics, résolut de sévir contre la négligence présumée des concessionnaires et, par une circulaire du 10 février 1877, il invita les préfets à assigner à tous les propriétaires de mines inexploitées un délai de deux mois pour opérer la reprise sérieuse de leur exploitation, sous peine du retrait de concession. Les préfets devaient d'ailleurs transmettre au ministre les observations auxquelles cette mise en demeure donnerait lieu : le ministre ne statuerait que toutes informations prises et après avoir demandé l'avis du conseil des mines.

Cette circulaire jeta un grand trouble dans notre industrie minérale, et de tous côtés de vives récriminations s'élevèrent. Aussi, le 15 juin suivant, M. Paris, nouveau ministre des travaux publics, adressa aux préfets une circulaire où il prescrivait de suspendre l'exécution des mesures ordonnées par son prédécesseur. « La sanction « du retrait de concession, disait le ministre, est si sé- « vère, que depuis 1810 il n'en a été usé que six fois. « Ces questions tiennent d'ailleurs à un ensemble de con- « sidérations, de besoins, de circonstances, qu'il est dif- « ficile de combiner ensemble pour donner satisfaction « aux droits de propriété, aux intérêts et aux besoins du « commerce et de l'industrie... Les dispositions des lois « de 1810 et même de 1838 ne sont pas assez nettes pour « assurer un droit indiscutable à l'administration. Par- « tant il y a lieu de procéder comme on le faisait avant « la circulaire du 10 février 1877. »

Le bon sens et l'expérience s'accordent à démontrer

que s'il y a beaucoup de concessions inexploitées, c'est
qu'il y en a beaucoup d'inexploitables. Napoléon avait
donc raison de dire que l'intérêt du concessionnaire était
la meilleure garantie d'une bonne exploitation. Les résul-
tats médiocres de la loi de 1838 attestent l'impuissance
de l'administration pour réprimer l'abandon des exploitations, et l'on peut se demander si la seule menace du
retrait n'est pas devenue plus dangereuse qu'utile.

Quatrième hypothèse. — Elle résulte du décret du 23
octobre 1852, qui défend de réunir ensemble plusieurs
concessions sans autorisation du gouvernement. Pour
comprendre les motifs et la portée de ce décret, il convient
de rappeler les circonstances qui l'ont fait édicter.

En 1846, une société civile se forma dans le bassin
houiller de la Loire pour réunir un certain nombre de
petites concessions et les assujettir à une exploitation
unique. Cette association, qui offrait aux concessionnaires
syndiqués de précieux avantages d'économie, parut menaçante pour les consommateurs qui n'auraient plus à
bénéficier de la concurrence suscitée naguère entre les
exploitants et seraient mis à la discrétion d'un producteur
unique. L'administration s'émut des doléances des consommateurs et fut amenée à poser la question de savoir
si l'association des mines de la Loire n'était plus contraire à la loi de 1810.

La difficulté venait de l'article 31 de cette loi qui porte
formellement que *plusieurs concessions pourront être réunies entre les mains du même concessionnaire, soit comme
individu, soit comme représentant une compagnie, mais à
la charge de tenir en activité l'exploitation de chaque con-*

cession. Cet article signifiait-il que le gouvernement pouvait accorder plusieurs concessions au même individu, et, plus généralement, réunir ensemble diverses concessions? Ou bien reconnaissait-il à l'exploitant le droit de réunir d'autres concessions à la sienne, sans avoir besoin d'aucune autorisation?

L'administration prétendait que l'article 31, se trouvant placé au titre 4, section 1, de la loi, sous la rubrique : *de l'obtention des concessions,* ne pouvait être entendu que dans le sens d'un droit conféré à l'État à l'occasion du choix du titulaire au moment de l'établissement d'une concession. On ajoutait que l'intention du législateur avait été de faire limiter par décret le *maximum* de l'étendue des concessions. Le rapporteur de la loi, Stanislas de Girardin, parlant de la réunion des houillères de Jemmapes, signalait en ces termes les inconvénients de la fusion de plusieurs concessions en une seule : « Réu-« nir ces compagnies en une seule, ce serait nuire à l'in-« térêt public. Jusqu'ici tout le charbon a été exploité, « tandis qu'une compagnie unique abandonnerait les « couches peu productives pour suivre exclusivement « l'exploitation de celles qui le sont davantage : mais un « plus grand inconvénient encore serait que cette compa-« gnie pût hausser à sa volonté le prix du charbon, et « faire peser sur les consommateurs tous les inconvé-« nients du monopole (1). »

Les défenseurs de la liberté de réunion soutenaient qu'en l'absence d'un texte précis, aucune considération ne

1. Cf. M. Dupont, tom. I, p. 405 ; Dalloz. Rep. Alph. V° *mines* n° 80.

permettait de déroger aux règles générales applicables à
la propriété et de supprimer la liberté de disposition, qui
est un attribut essentiel du droit de propriété. L'article
31 proclamait d'ailleurs le libre droit pour le concessionnaire d'acquérir une autre exploitation. On exige pourtant de lui une condition : c'est qu'il tienne en activité
l'exploitation de chaque concession, ou, en d'autres termes,
qu'il soit fidèle à l'application de l'article 49. Dans le système défendu par l'administration, on ne comprend pas
que l'article 31 ait été fait pour donner au gouvernement
le droit d'attribuer une concession nouvelle à un individu
déjà concessionnaire d'une autre mine. Ce droit, le gouvernement l'a en vertu de l'article 16 de la loi des mines :
il n'était pas besoin de le proclamer. L'article 31 signifie
donc que la réunion des concessions déjà obtenues est
licite. S'il est placé dans une section relative à l'obtention des concessions, c'est qu'il a précisément pour but
de déclarer qu'aucune concession nouvelle n'est nécessaire pour permettre aux propriétaires de concessions de
se réunir. Quant à l'opinion de M. de Girardin, on peut
l'interpréter dans un sens conforme à celui de l'article
31 : en présence des inconvénients possibles de la réunion des concessions, l'orateur officiel exprimait le vœu
que le concessionnaire unique ne pût pas impunément
restreindre les anciennes exploitations. Aussi, l'article 31
décide-t-il que la réunion peut avoir lieu, *à la charge de
tenir en activité l'exploitation de chaque concession* (1).

Ce second système finit par l'emporter et le ministre

1. Cf. Consultation de M. Duvergier, Paris, 1846; Dalloz, *Propriété
des mines*, tom. 1, p. 279.

des travaux publics, après avoir pris l'avis d'une commission spéciale, le reconnut conforme à la loi de 1810. Mais
aussitôt un projet de loi fut déposé à la chambre des
députés, pour réviser sur ce point la loi des mines et
pour prohiber dans l'avenir toute réunion de concessions
non autorisée par le gouvernement. Ce projet fut abandonné après une discussion qui ne put aboutir. Le 11 novembre 1848, M. Vivien, ministre des travaux publics,
présenta un projet de loi dans le même sens ; mais, un
mois, M. Faucher, successeur de M. Vivier au ministère,
jugea à propos de le retirer.

Cependant la crainte du monopole continuait à agiter
les esprits, lorsque le 23 octobre 1852, le *Moniteur* publia
un decret ainsi conçu :

*Vu les nombreuses réclamations adressées au Gouverne-
ment contre les réunions de mines opérées, sans autorisation administrative, sur divers points du territoire ;*

*Considérant que dans certains cas, ces réunions sont de
nature à porter un grave préjudice aux intérêts du commerce et de l'industrie ;*

*Considérant qu'il est dès lors du devoir de l'autorité publi-
que de s'y opposer ;*

Vu la loi du 21 avril 1810 ;

Vu l'article 6 de la Constitution ;

Décrète :

Article 1er. — *Défense est faite à tout concessionnaire de
mines, de quelque nature qu'elles soient, de réunir sa ou ses
concessions à d'autres concessions de même nature, par
association ou acquisition, ou de toute autre manière, sans
l'autorisation du gouvernement.*

Article 2. — *Tous actes de réunion opérés en opposition à l'article précédent seront, en conséquence, considérés comme nuls et non avenus, et pourront donner lieu au retrait des concessions, sans préjudice des poursuites que les concessionnaires de mines pourraient avoir encourues en vertu des articles 414 et 419 du Code pénal.*

La légalité de ce décret est des plus contestables. L'article 6 de la Constitution du 14 janvier 1852, accorde bien au chef du gouvernement le pouvoir de faire les règlements et décrets nécessaires pour l'exécution des lois, mais il ne lui reconnaît pas le droit de réformer la loi. Or, nous avons vu que depuis 1846 le législateur avait admis implicitement que la loi de 1810 ne faisait pas obstacle à la libre disposition des concessions et à leur réunion dans les mains du même propriétaire. L'Empereur ne pouvait pas prétendre édicter ce décret en vertu des pouvoirs qu'il avait exercés pendant la période dictatoriale. Depuis le 26 mars 1852 les nouveaux corps constitutionnels avaient pu fonctionner et, par suite, le chef de l'Etat avait perdu le droit de légiférer sur les matières réservées par la Constitution même au pouvoir législatif. La propriété minière, comme toute propriété, est inviolable dans ses attributs : toute restriction des droits qui en découlent ne peut provenir que d'une loi (1).

En fait, ce décret a été exécuté et en aucune circonstance les concessionnaires n'ont excipé devant les tribunaux administratifs de son caractère inconstitutionnel.

1. Cf. Féraud-Giraud, § 136.

Mais comme ce décret n'a pas d'effet rétroactif, la Cour
de cassation a pu être saisie de la question de savoir si
une réunion de concessions, opérée avant 1852, était contraire aux prescriptions de la loi de 1810. Par un arrêt
du 1ᵉʳ juin 1859 (S. 61, 1, 113) la Cour suprême a prononcé qu'aucun article de la loi des mines ne s'opposait à
la réunion des concessions.

Le décret de 1852 prohibe toute réunion non autorisée
à quelque titre qu'elle ait lieu, location, association, dona-
tion, acquisition à titre gratuit ou à titre onéreux. Avant
donc de réunir plusieurs concessions, il est nécessaire de
demander une autorisation administrative qui doit être
accordée dans la forme ordinaire des actes de concession,
c'est-à-dire par décret rendu en Conseil d'État. Il n'y a
d'exception à cette règle que si les concessions réunies ne
sont pas de même nature : alors, en effet, la crainte du
monopole ne se fait plus sentir et souvent même l'intérêt
d'une bonne exploitation d'associer ensemble deux mines
dont les produits servent à une œuvre commune, tels
que, par exemple, le fer et la houille.

Lorsqu'une réunion illicite a été formée, le ministre ne
devra pas à la hâte et sans information préalable prononcer le retrait. Il se peut que cette réunion soit avantageuse, parce que la concentration des capitaux est souvent le premier besoin des entreprises minières et aussi
parce que les exploitations pratiquées dans un périmètre
étendu sont quelquefois les seules profitables. Peut-être
l'autorisation préalable n'a pas été demandée, parce qu'elle
est accordée au prix de lenteurs, de dépenses et de pertes
de temps qui auraient fait échouer le projet de réunion.

Le ministre aura égard à toutes ces circonstances, et, sous prétexte de prendre la défense des consommateurs, il se gardera de compromettre la réussite des entreprises minières.

La nullité des acquisitions effectuées en violation de l'article 2 du décret est d'ordre public. Elle est opposable à la fois aux cédants et aux concessionnaires, et si le retrait est prononcé, il sera poursuivi en même temps contre les deux sortes de contractants.

III. — PROCÉDURE DU RETRAIT.

Cette procédure est organisée par l'article 6 de la loi de 1838 ainsi conçu :

A défaut de paiement dans le délai de deux mois à dater de la sommation qui aura été faite, la mine sera réputée abandonnée ; le ministre pourra prononcer le retrait de la concession, sauf le recours au Roi en son Conseil d'État, par la voie contentieuse. La décision du ministre sera notifiée aux concessionnaires déchus, publiée et affichée à la diligence du préfet. L'administration pourra faire l'avance du montant des taxes dues, jusqu'à ce qu'il ait été procédé à une concession nouvelle, ainsi qu'il sera dit ci-après. A l'expiration du délai de recours ou, en cas de recours, après la notification de l'ordonnance confirmative de la décision du ministre, il sera procédé publiquement, par voie administrative, à l'adjudication de la mine abandonnée. Les concurrents seront tenus de justifier des facultés suffisantes pour satisfaire aux conditions imposées par le cahier des charges. Celui des concurrents qui aura fait l'offre la plus

favorable, sera déclaré concessionnaire, et le prix d'adjudi-
cation, déduction faite des sommes avancées par l'État, ap -
partiendra au concessionnaire déchu ou à ses ayants-droits.
Ce prix, s'il y a lieu, sera distribué judiciairement et par
ordre d'hypothèques. Le concessionnaire déchu, pourra, jus-
qu'au jour de l'adjudication, arrêter les effets de la déppos-
session, en payant toutes les taxes arriérées, et en consi-
gnant la somme qui sera jugée nécessaire pour sa quote-
part dans les travaux qui resteront à exécuter. — S'il ne
se présente aucun concessionnaire, la mine restera à la
disposition du domaine, libre et franche de toutes charges
provenant du fait du propriétaire déchu. Celui-ci pourra,
en ce cas, retirer les chevaux, machines et agrès qu'il aura
attachés à l'exploitation et qui pourront être séparés sans
préjudice pour la mine, et sauf au domaine à retenir à dire
d'experts, les objets qu'il jugera utiles.

La première mesure préalable à tout retrait consiste
dans une mise en demeure adressée au concessionnaire
pour l'inviter à sortir d'une situation qui l'expose aux rigueurs de la loi. Lorsqu'il s'agit d'une injonction de payer
les taxes obligatoires régies par l'article 5 de la loi de 1838,
le concessionnaire a un délai de deux mois pour se mettre
en règle. Dans les trois autres hypothèses la loi ne parle
pas du délai à accorder au concessionnaire. S'il s'agit du
paiement des taxes obligatoires dont parle l'article 9, il
paraît assez naturel de les confondre avec celles prévues
directement par l'article 6, et d'accorder au concessionnaire, pour les acquitter, le même délai de deux mois. Au
contraire, pour les menaces de retrait fondées sur la réunion illicite de concessions ou sur l'insuffisance de l'exploi-

tation, il n'est pas de délai légal qui retarde leur mise à
exécution. Le ministre pourrait donc sans délai prononcer
le retrait de concession à la condition toutefois, dans le cas
de l'article 49, que le propriétaire ait été mis à même de formuler ses observations. En cette même hypothèse de l'article 49, nous avons vu que la circulaire ministérielle du
29 décembre 1838 prescrit une enquête ayant pour objet
de faire connaître dans quelle mesure l'insuffisance de
l'exploitation est capable de porter préjudice aux consommateurs ; si cette circulaire n'a pas pu engager les minis-
tres qui depuis 1838 ont été chargés d'exercer le droit de
retrait, elle leur rappelle du moins le véritable esprit de
la loi. Même dans les cas d'application du décret de 1852,
le ministre devrait avant de sévir procéder à une enquête
pour examiner si l'intérêt d'une bonne exploitation ne
commande pas d'accorder l'autorisation gouvernementale
à la réunion des concessions.

Après les délais impartis aux intéressés, le ministre
prononce la déchéance par un arrêté qui est notifié au
concessionnaire. La circulaire ministérielle du 29 décembre 1838 porte que si le domicile du titulaire de la concession ou de ses ayants-cause était inconnu, la sommation et la notification devraient être faites conformément
aux articles 68 et 69 du Code de procédure civile. L'arrêté
est en outre publié et affiché à la diligence du préfet,
sans doute pour prévenir les tiers intéressés qui, comme
nous allons le voir, peuvent, dans une certaine mesure,
arrêter les effets de la dépossession. Il convient aussi de
prévenir par cette publicité ceux qui pourront prétendre
à l'acquisition de la mine.

Un recours est ouvert au contentieux devant le Conseil d'Etat contre l'arrêté prononçant le retrait. Le concessionnaire pourra se prévaloir de ce que les formalités qui doivent précéder le retrait n'ont pas été remplies. Le pouvior peut se fonder encore sur le défaut de motifs suffisants pour légitimer l'exercice du retrait. Ainsi, en 1852, le Conseil d'État a admis le pouvoir du concessionnaire des mines de Mokta (Algérie) contre un arrêté de déchéance rendu contre lui le 14 septembre 1849 (1). L'arrêté avait été rendu sous prétexte que l'exploitation était restreinte de manière à inquiéter les besoins des consommateurs, et malgré un long délai accordé à l'exploitant pour régulariser sa situation. Le Conseil d'Etat donna raison au concessionnaire et annula le retrait par le motif : « que si nonobstant les mises en demeure du 12 avril et du 10 « novembre 1848, le sieur Péron n'a pas repris dans le « délai prescrit l'exploitation de la mine, il justifie de « l'existence, à cette époque, d'empêchements qui, d'après « les circonstances de l'affaire, doivent être considérés « comme une cause légitime de suspension de l'exploita- « tion. »

A l'expiration du délai de recours, ou, en cas de recours, après la notification de l'arrêt qui rejette le recours, il est procédé à l'adjudication de la concession. Cette adjudicaton, dit l'article 6, a lieu par voie administrative. Par l'effet du retrait, comme nous le verrons, la mine a fait retour au domaine privé de l'Etat, mais à

1. Trois autres arrêts furent rendus dans le même sens, le 28 juillet 1852, au profit des concessionnaires de Bon-Hamra, de Karésas, et de Aïn-Moska.

la condition d'attribuer au concessionnaire ou à ses ayants-droit le prix actuel de la concession. Pour déterminer ce prix il faut mettre en vente la mine devenue domaniale, et comme il s'agit d'un immeuble, on procédera suivant les lois des 15 et 16 floréal an X, c'est-à-dire par voie d'adjudication publique faite par le préfet, assisté du directeur des domaines du département. Comme le prix d'adjudication ne doit pas appartenir à l'Etat, il paraît inutile que le cahier des charges de la vente, aux termes de l'article 12, § 1, de la loi du 18 mai 1850, soit approuvé par le ministre des finances. Le cahier des charges à rédiger ne diffère pas, en effet, de ceux qui sont contenus dans les actes de concession. Il va sans dire que les clauses de ce cahier pourront différer de celles inscrites dans le décret qui formait le titre du concessionnaire rétrogé : toutefois nous discuterons ultérieurement la question de savoir si le ministre a la liberté de modifier, sans le consentement des propriétaires de la surface et de l'inventeur de la mine, les redevances périodiques qui ont été édictées à leur profit dans l'ancien acte de concession. En thèse générale, on peut admettre qu'après le retrait le gouvernement a le droit de disposer à nouveau de la mine, d'en régler l'usage, à la seule condition d'aliéner la mine à titre onéreux, de manière à en restituer la valeur au concessionnaire dépossédé.

Les concurrents, ajoute l'article 6, *seront tenus de justifier de facultés suffisantes pour satisfaire aux conditions imposées par le cahier des charges.* Cette disposition est un renvoi à l'article 14 de la loi de 1810, que nous avons commenté au début du chapitre troisième de notre précédente étude. On comprend très bien que pour l'attribution de la propriété minière par voie d'adjudication, la loi organise les mêmes précautions que pour l'attribution par voie de concession directe. Le but du retrait ne serait pas atteint si rien ne faisait obstacle à ce qu'un exploitant incapable de supporter les charges de la mine fût substitué à l'exploitant déchu.

Le concessionnaire retrayé peut, jusqu'au jour de l'adjudication, arrêter les effets de la dépossession en payant toutes les taxes arriérées et en consignant la somme qui sera jugée nécessaire pour sa quote-part dans les travaux qui resteront encore à exécuter. Le retrait prononcé pour refus de paiement des taxes obligatoires ne devient définitif que par le prononcé de l'adjudication. C'est donc tout à la fois une mesure comminatoire et une mesure pénale. Si le concessionnaire exécute ses obligations envers le Trésor en temps opportun, toute la procédure préparatoire à l'adjudication est considérée comme non avenue. Tout se passe comme s'il n'avait jamais été dépossédé, et par conséquent l'ancien cahier des charges demeure seul applicable.

Le concessionnaire doit payer les taxes arriérées, c'est-à-dire celles qui ont fait l'objet de sa mise en demeure. Parmi ces taxes arriérées, il faut encore comprendre, selon nous, celles qui correspondent aux travaux exécutés par l'administration depuis la dépossession du concessionnaire, attendu qu'il n'y a aucune raison de les distinguer de celles correspondant aux travaux antérieurs à la dépossession. Quant à la somme jugée nécessaire pour les travaux qui restent encore à exécuter, l'article 6 ne désigne pas l'autorité qui aura mission de la déterminer. Mais comme il s'agit de travaux à exécuter par ordre du préfet (Art. 50), il semble naturel de demander à ce représentant de l'administration la fixation de la somme à exiger. En pareil cas, le concessionnaire doit-il être admis à recourir par la voie contentieuse contre l'arrêté qui lui impose cette sorte de caution ? Evidemment, puisque cet arrêté peut mettre obstacle à l'exercice d'un droit et empêcher le concessionnaire déchu d'être remis en possession de la mine.

Lorsque le retrait a été prononcé pour cause de réunion illicite de concessions ou pour insuffisance d'exploitation, la loi ne prévoit pas le cas où le concessionnaire déchu voudrait se mettre en règle avant l'adjudication. Il faut donc décider que l'administration a en pareille occurrence les pouvoirs les plus étendus, et qu'elle pourra librement retirer ou maintenir la mise en adjudication.

Qu'arriverait-il si un tiers intéressé demandait à faire cesser l'effet de la déchéance en payant l'arriéré au lieu et place du concessionnaire en retard ? Cette offre, par exemple, peut être utilement faite par un créancier hypothécaire de la concession qui redoute de ne pouvoir se faire payer sur le prix d'adjudication. Dans l'espérance d'une amélioration future des bénéfices de la mine, il a intérêt à désintéresser le Trésor et à supprimer ainsi la cause du retrait : son intervention sera-t-elle admise? La loi ne dit rien à ce sujet ; néanmoins il est certain que le législateur de 1838 a reconnu ce droit d'intervention aux tiers intéressés. Dans la discussion de la loi à la Chambre des députés (séance du 21 mars 1838), un représentant, M. Davielle, formula la même question que nous venons de poser et l'un des auteurs du projet de loi, M. Teste répondit que l'offre des intéressés devrait être admise lorsqu'elle contiendrait la justification des moyens nécessaires pour la reprise sérieuse de l'exploitation.

Parmi les tiers intéressés à la reprise de l'exploitation, il faut compter outre les créanciers ayant hypothèque sur la mine, les redevanciers qui ont droit à une part des produits et qui ont avantage à ce que les travaux d'extraction ne soient pas suspendus. Par contre, le Conseil d'Etat a décidé qu'il fallait considérer comme non avenue l'offre faite par un simple participant d'une société propriétaire d'une concession, alors que cette société avait déjà été liquidée, après abandon de la mine (Arrêt du 26 mai 1876, mines de Fesques).

Le concessionnaire retrayé peut-il requérir la mise en adjudication de la mine lorsque l'administration néglige d'ordonner cette suite nécessaire du retrait ? Sur ce point encore la loi est muette et renvoie à l'application des principes généraux du droit. Il est certain que l'ancien concessionnaire a une créance sur la valeur de la mine qui a fait retour au domaine. Il ne peut donc dépendre de l'administration que cette créance demeure illusoire. Le véritable débiteur de cette créance n'est pas l'État, puisque la loi décide que le droit de l'ancien concessionnaire est reporté sur le prix d'adjudication. Seulement l'État, par l'intermédiaire de l'administration, est tenu d'une obligation de faire : il est tenu de mettre en mouvement la procédure légalement instituée pour la liquidation des droits du propriétaire retrayé. Nous admettons donc pour ce propriétaire le droit de citer le ministre devant le Conseil d'État pour faire déclarer l'obligation qui incombe à

l'administration d'ordonner la mise en vente de la mine·
et pour faire déterminer dans quel délai cette obligation
devra être remplie.

IV. — EFFETS DU RETRAIT.

Les effets de retrait deviennent définitifs par le prononcé de l'adjudication. *Celui des concurrents*, dit l'article 6, *qui aura fait l'offre la plus favorable, sera déclaré
concessionnaire, et le prix d'adjudication, déduction faite
des sommes avancées par l'Etat, appartiendra au concessionnaire déchu ou à ses ayants-droit. Ce prix, s'il y a lieu,
sera distribué judiciairement et par ordre d'hypothèques.* ·

Il ne faudrait pas croire que l'adjudicataire doive être
considéré comme l'ayant-cause direct du concessionnaire
retrayé. Le paragraphe 3 de notre article dit formellement *qu'il est procédé à une concession nouvelle*. L'exploitant qui est exposé au retrait est considéré comme *ayant
abandonné* sa propriété (art. 6, § 1). L'adjudication a pour
but de fixer l'indemnité due à l'ancien propriétaire pour
le dédommager de la valeur qu'il abandonne. Cette indemnité, au lieu d'être fournie directement par l'Etat, est
mise à la charge du concessionnaire ; au lieu d'être évaluée judiciairement, elle est fixée par voie d'enchères
publiques et se confond avec le prix d'adjudication.

Le principe de la loi de 1838, quant aux effets immé-
diats du retrait, a été parfaitement défini dans la discussion
parlementaire qui a précédé le vote de la loi. M. Legrand,
sous-secrétaire d'État, a dit alors en termes non équivo-
ques : « la dépossession n'annule pas la propriété telle

« qu'elle a été instituée ; elle la laisse subsister ; elle a pour
« but seulement de la faire passer en d'autres mains (1). »
Dans quelles mains passe d'abord cette propriété ? Evidemment, dans les mains de l'Etat, puisque si l'adjudication
n'aboutit pas, la mine *reste définitivement à la disposition
du domaine* (art. 6, § 6).

De ce que l'adjudicataire n'est pas l'ayant-cause du
concessionnaire retrayé, il faut en conclure qu'il acquiert
la mine libre et franche de toutes charges des créanciers réels du précédent propriétaire. Leurs droits sont
entièrement reportés sur le prix d'adjudication, sans qu'il
soit nécessaire de recourir à la purge ordinaire. « Ce
« sont là, disait M. Martin (du Nord), les principes qui
« règlent les adjudications en justice ; toute adjudication
« en justice purge, au profit du nouveau propriétaire,
« l'immeuble de toutes les hypothèques qui le grevaient
« du chef du précédent propriétaire. » Mais cette explication, bonne pour les adjudications en justice avant la
loi du 21 mai 1858, qui a exigé en outre la transcription
du jugement d'adjudication, est insuffisante pour expliquer
l'effet résolutoire du retrait quant aux droits réels qui grevaient l'ancienne concession. Ainsi aujourd'hui, si l'adjudication de l'article 6 de la loi de 1838 n'avait pas d'autres
effets que l'adjudication sur expropriation, l'effet résolutoire dont nous parlons ne se produirait qu'après la transcription de l'acte d'adjudication, et conformément aux dispositions de l'article 717 du Code de procédure civile. Or,
il est certain qu'il n'en est pas ainsi, puisque le premier

1. Séance du 12 avril 1837.

effet du retrait est d'attribuer la propriété de la mine au domaine privé de l'État (art. 6, § 6). L'effet résolutoire est donc attaché au retrait et non au prononcé de l'adjudication. De même que le décret de concession purge en faveur du concessionnaire les droits réels existant sur la mine concédée (art. 17 de la loi de 1810), de même le retrait de concession annule les charges réelles consenties par le propriétaire retrayé. Le prix d'adjudication n'est pas un prix de vente ; c'est une indemnité mise à la charge du nouveau concessionnaire. Néanmoins, comme les créanciers réels de la mine ont le droit d'être dédommagés de préférence à l'exploitant leur débiteur, la loi décide que cette indemnité sera distribuée judiciairement, s'il y a lieu et par ordre d'hypothèques. Au surplus, il semble bien que le concessionnaire nouveau doive faire transcrire l'acte d'adjudication qui lui sert de titre de propriété. Cet acte est translatif de propriété immobilière et tombe sous le coup de l'article 1er de la loi du 23 mars 1855. Il n'en est pas de même du décret de concession qui n'emporte pas une mutation de propriété, mais qui transforme une *res nullius* en une propriété nouvelle.

Une fois l'adjudication prononcée, le prix est attribué au concessionnaire déchu ou à ses ayants-droit. Ce prix, s'il y a lieu, est distribué judiciairement et par ordre d'hypothèques, conformément aux articles 772 et suivants du Code de procédure civile, avec cette différence qu'il n'est pas besoin, pour ouvrir l'ordre, de procéder préalablement aux formalités ordinaires de la purge. La distribution est judiciaire ; en conséquence, toutes les difficultés qui s'élèveront sur la répartition des deniers seront de la compétence de l'autorité judiciaire. Les créances de l'État, à raison des avances du Trésor, pour le paiement des travaux exécutés d'office, ne sont pas comprises dans la distribution. L'adjudicataire déduit du prix d'adjudication le montant de ces avances et désintéresse en premier lieu l'État. Ce n'est qu'après cette déduction qu'il remet le surplus du prix à l'ancien concessionnaire ou à ses ayants-droit.

Les créanciers réels du concessionnaire déchu sont traités avec une rigueur extrême par la loi de 1838. C'est à leur égard, plus encore peut-être que vis-à-vis du concessionnaire, que la compétence judiciaire serait désirable pour l'exécution de la procédure du retrait. La mise en adjudication, par voie administrative de la mine retrayée, leur est très préjudiciable. Ainsi, ils sont privés de la notification individuelle, qui leur ferait connaître les menaces dirigées contre leur débiteur, si l'adjudication était faite conformément aux règles du Code de procédure. Ils ne sont même prévenus d'aucune façon de la contrainte décernée contre le concessionnaire, par application des articles 5 et 9 de la loi de 1838. Ils ne connaissent le retrait que par les publications et affiches ordonnées par le préfet. La loi peut donc les atteindre et leur faire supporter le poids de la peine infligée à leur débiteur, sans qu'ils aient été mis en mesure de défendre leurs droits. Cela est d'autant plus regrettable que ces mêmes créanciers peuvent, dans certains cas, faire tomber les effets du retrait en acquittant personnellement les obligations légales dont l'inexécution provoque les sévérités de la loi. Enfin dans l'adjudication par voie administrative, on ne trouve pas la possibilité de la surenchère, qui est pourtant la garantie la meilleure contre les surprises et autres abus des ventes publiques. Le législateur de 1838 s'est-il bien rendu compte de la situation qu'il a faite aux créanciers hypothécaires du concessionnaire déchu ? On pourrait en douter si ce même législateur n'avait repoussé formellement une proposition défendue par Portalis devant la Chambre des pairs et tendant à appliquer au cas de retrait les règles ordinaires concernant les ventes immobilières faites sur expropriation. Aux arguments développés par Portalis on opposa les prétendus inconvénients que soulèverait l'ingérence du pouvoir judiciaire dans une question réservée aux libres décisions de l'autorité administrative.

Parmi les ayants-droit du concessionnaire nous n'avons cité que les créanciers hypothécaires nantis d'un droit réel sur la mine. Il est une autre classe d'ayants-droit beaucoup plus importante, qui tiennent leur titre de la loi elle-même et non du concessionnaire, et qui ont droit à une portion des produits de la mine : nous voulons parler des redevanciers, propriétaires de la surface ou inventeurs de la mine, dont la situation est réglée dans l'acte originaire de concession, conformément aux articles 6 et 16 de la loi de 1810. Les redevances qui leur sont accordées et qui leur attribuent une créance, soit à des prestations périodiques, soit à une somme déterminée en capital, peuvent-elles être modifiées par suite du retrait de concession ? Cette question présente le plus grave intérêt, parce que souvent c'est la charge excessive de ces redevances qui oblige le concessionnaire à suspendre son exploitation. Mieux vaut encore délaisser la mine que de courir les risques de l'exploitation pour le seul produit des redevanciers. Si cette charge doit être maintenue après le retrait de concession, il est fort à craindre que la mine ne trouve pas d'acquéreur. L'administration pourra-t-elle dans le nouveau cahier des charges réduire les redevances ? Un intérêt supérieur lui commande de décider cette réduction, mais la loi lui permet-elle d'opérer cette réforme ?

La réponse à ces questions se trouve implicitement indiquée dans le dernier paragraphe de l'article 6 : *s'il ne se présente aucun soumissionnaire, la mine restera à la disposition du domaine, libre et franche de toutes charges provenant du fait du concessionnaire déchu.* Ainsi l'effet du retrait est de résoudre les droits consentis sur la mine par le concessionnaire déchu, ou, si l'on aime mieux, provenant de son fait. Mais quant aux droits établis par l'acte originaire de concession délimités et édictés par décret, la loi ne contient aucune disposition. Qu'en faut-il conclure, sinon que ces droits demeurent invariables et sont à l'abri du retrait ? En définitive, la décision gouvernementale qui statue sur les droits de l'inventeur de la mine et sur ceux du propriétaire de la surface est une sorte de décision de justice pour la liquidation de droits indéterminés, reconnus et sanctionnés par la loi (Articles 6 et 16 de la loi de 1810). Cette décision a l'autorité d'une chose jugée : elle est irrévocable et définitive, et la loi devait la respecter. Les redevances établies par l'acte primitif de concession sont donc aussi durables que la propriété de la mine elle-même. Elles passent à la charge de l'adjudicataire de la mine en cas de retrait. Elles passent à la charge de l'Etat lui-même si l'Etat ne trouve aucun soumissionnaire qui veuille prendre là responsabilité de la mine. En définitive, il n'y a qu'un moyen de les éteindre : c'est de supprimer le bien qu'elles affectent, c'est de replacer la mine parmi les *res nullius*. Or, tout propriétaire de mine, comme nous le verrons plus loin, peut faire cesser la propriété minière qui lui appartient, par l'abandon régulier de la mine avec l'autorisation du gouvernement. Supprimer la mine pour pouvoir supprimer les redevances : le procédé est peu commode et le législateur aurait dû en indiquer le plus praticable. En fait, le concessionnaire grevé de redevances excessives cherche d'ordinaire à les réduire par une entente avec les redevanciers. L'intérêt même de ces derniers leur commande de ne pas se montrer trop exigeants : la menace d'abandonner la concession est entre les mains de l'exploitant un argument puissant pour amener les redevanciers à résipiscence.

S'il ne se présente aucun soumissionnaire, la mine restera à la disposition du domaine, libre et franche de toutes charges provenant du fait du concessionnaire déchu. Celui-ci pourra, en ce cas, retirer les chevaux, machines et agrès qu'il aura attachés à l'exploitation, et qui pourront être séparés sans préjudice pour la mine, à la charge de payer toutes les taxes dues jusqu'à la dépossession, et sauf au domaine à retenir, à dire d'experts, les objets qu'il jugera utiles (Art. 6 *in fine*). Cette disposition finale de l'article 6 ne peut guère soulever de difficultés. C'est par une mesure de faveur et non par une application rigoureuse des principes du droit, que le concessionnaire déchu est autorisé à retirer les chevaux, machines et agrès qu'il avait attachés à l'exploitation de la mine. En effet, ces objets, en vertu de l'article 8 de la loi de 1810, étaient devenus immeubles par destination et faisaient partie intégrante de la mine. Néanmoins la loi permet de les enlever lorsqu'ils peuvent être séparés du fonds sans préjudice pour la mine. Si la concession n'a pas trouvé preneur, il est à craindre qu'elle reste longtemps encore abandonnée et il y a urgence peut-être à vendre ces chevaux et machines dont l'entretien ne peut être qu'onéreux. Il serait peu équitable que le bénéfice de cette vente profitât au domaine : c'est pourquoi on permet au concessionnaire déchu de reprendre ces biens. Une fois cette règle admise on l'a étendue même aux immeubles par destination qui restent utiles à la mine. L'Etat les paiera au concessionnaire à dire d'experts et les difficultés d'estimation qui s'élèvraient à ce sujet seront tranchées par les tribunaux judiciaires. Il est universellement admis, en effet, que l'Etat, pour ses propriétés, est justiciable des tribunaux judiciaires (1). Or les difficultés d'estimation que nous prévoyons mettent simplement en jeu l'application de l'article 555 du Code civil à un bien du domaine privé de l'Etat. Pour une raison semblable, les mêmes tribunaux auraient le droit de décider sur quelles sortes de biens porte le droit de rétention que le représentant du domaine peut opposer aux revendications du concessionnaire déchu.

1. M. Ducrocq, n° 1056.

En toute hypothèse, le concessionnaire ne peut retirer ses chevaux, machines et agrès, avant d'avoir acquitté les taxes dues au trésor par application des articles 5 et 9 de la loi de 1838.

V. — DE L'ABANDON DE LA CONCESSION.

Nous avons parlé à deux reprises de l'abandon de l'exploitation : une première fois, à propos des mesures de police destinées à prévenir les dommages résultant de cet abandon ; une seconde fois, à propos de l'article 49 et du retrait de concession. L'abandon de la concession ne doit pas être confondu avec l'abandon de l'exploi ation : il consiste dans la renonciation du concessionnaire à la propriété même qui lui appartient. Cette renonciation est totale si le concessionnaire veut être complètement affranchi des charges qui grèvent sa propriété. Elle est partielle, si le concessionnaire désire seulement faire réduire le périmètre minier remis à sa garde.

La loi des mines est complètement muette sur la vacance de la concession par voie d'abandon, comme sur la vacance par voie de retrait. Nous avons dit plus haut qu'une loi relative à ces deux hypothèses avait été élaborée par le Conseil d'État en 1813, pour être ensuite et bientôt oubliée. Mais tandis que la loi de 1833 a comblé une des lacunes de la loi de 1810 en organisant le retrait de concession, aucun acte législatif n'a paré à l'insuffisance de la loi au sujet de la vacance de la mine par la renonciation du concessionnaire à son droit.

Aussi la question s'est-elle posée de savoir s'il était

légalemént possible qu'une mine concédée pût devenir
vacante et cesser d'exister par la volonté du propriétaire.

Un système, soutenu avec énergie en Belgique, par le
Conseil des mines, prétend que le droit de renoncer à la
concession impliquerait contradiction avec le principe que
les mines sont des propriétés parfaitement assimilables
aux propriétés ordinaires. Ou du moins faut-il admettre
que la renonciation ne fait pas disparaître la propriété
minière, mais la fait passer aux mains de l'Etat qui est
légalement institué propriétaire des biens vacants et sans
maître (art. 539 et 713 du Code civil). Pour que la mine
cessât de subsister, il faudrait que l'administration fût
investie par la loi du droit d'annuler la propriété des
mines, comme elle est investie du droit de la créer (1).

En France, au contraire, il est admis dans la pratique
qu'un concessionnaire peut avec l'autorisation de l'administration renoncer valablement à son titre et annuler
ainsi les effets de l'acte de concession. Une circulaire du
directeur général des mines du 30 novembre 1834 a
même organisé les mesures à prendre pour que le gouvernement donne suite à une demande en renonciation. On
a remarqué avec beaucoup de raison que lorsque le concessionnaire déserte la mine, cet abandon se fonde d'ordinaire sur l'inutilité des droits qui portent sur le tréfonds. En fait, il est impossible d'empêcher cet abandon,
à moins qu'il ne soit fautif, et alors se poserait l'hypothèse
du retrait. Comment obliger le concessionnaire à rester

1. Cf. avis du Conseil des mines de Belgique des 3 juillet et 24
octobre 1840. Cour de Cassation belge, 26 novembre 1883.

investi d'une qualité que rien peut-être ne justifie? Comment le contraindre à demeurer propriétaire de la mine, alors que la mine n'existe plus ou a cessé d'être exploitable, alors que les travaux entrepris ont démontré que les gisements sont épuisés et que les prévisions hypothétiques qui ont fait concéder la mine se trouvent démenties par les faits? Il ne peut y avoir de mine sans minerai et même sans minerai rationnellement exploitable. Au surplus, l'acte de concession est une sorte de contrat qui doit pouvoir être détruit par la volonté des deux contractants. La propriété des mines n'est pas naturellement perpétuelle. Elle est une fiction de la loi et doit pouvoir disparaître pour des motifs et par des moyens inverses de ceux qui l'ont fait établir: *jura quæ quodam jure nascuntur eodem et pereunt.*

La circulaire du 30 novembre 1834 et celle du 13 novembre 1848 ont organisé la procédure à suivre par l'exploitant qui veut faire résilier sa concession. Il doit tout d'abord adresser une demande en renonciation où il expose les motifs qui le déterminent à l'abandon de la mine. A cette demande doivent être annexés : 1° le plan de l'exploitation ; 2° un certificat du conservateur des hypothèques constatant qu'il n'existe pas d'inscriptions hypothécaires sur la concession. La demande et les documents annexés sont déposés à la préfecture, et par des publications et affiches analogues à celles qui précèdent l'obtention des concessions, les intéressés sont invités à présenter leurs observations et oppositions. L'instruction de la demande est faite par l'administration : les ingénieurs des mines visitent en totalité l'exploitation, vérifient les plans du demandeur et donnent leur avis sur l'opportunité de l'abandon. Tout se passe ensuite comme s'il s'agissait d'une demande en concession et les dispositions des articles 26 et 27 de la loi de 1810 sont reproduites intégralement dans les circulaires dont nous parlons. Enfin le gouvernement statue par un décret en Conseil d'État.

Il est à remarquer que l'administration n'accepte la renonciation que si la mine est exempte de toute charge hypothécaire. En cas d'abandon, les droits des créanciers réels du concessionnaire sont donc beaucoup mieux sauvegardés que dans le cas de retrait. C'est que l'abandon n'est pas comme le retrait une sorte d'expropriation qui entraîne la dépossession forcée de l'exploitant. C'est un acte volontaire de la part du concessionnaire et il eût été par trop injuste que la seule volonté de ce dernier eût pu priver ses créanciers des garanties réelles qui leur appartiennent.

L'administration, au contraire, statue sur la renonciation, malgré l'opposition des redevanciers qui tiennent leurs droits des articles 6 et 16 de la loi de 1810 (1). Il ne peut plus être question de droits sur les produits de la mine lorsque la mine n'existe plus à l'état de propriété distincte et est rattachée de nouveau à la surface. De même que le décret de concession fait une appréciation souveraine des droits de l'inventeur de la mine et des propriétaires de la surface sur les produits de l'exploita-

1. Cf. décrets d'acceptation de renonciations des 4 février 1852 et 5 janvier 1853.

tion, de même le décret qui supprime la concession déclare sans injustice que ces mêmes droits n'ont plus lieu d'être exercés. Si le créancier hypothécaire est traité avec plus de faveur c'est qu'on peut dire de lui : *luctat de domus vitando* ; le redevancier, au contraire, *luctat de lucro captando*.

La redevance consistant dans une part des produits de l'exploitation (article 6), on peut se demander dans quel intérêt le redevancier critiquerait une renonciation qui implique préalablement l'abandon de l'exploitation. Cet intérêt se manifeste dans l'hypothèse où le gouvernement disposerait à nouveau de la mine et rétablirait la concession au profit d'un nouvel exploitant. Alors, en effet, le gouvernement est libre de statuer à nouveau sur les droits de l'inventeur et des propriétaires de la surface, sans que le tarif des anciennes redevances puisse aucunement influencer sa décision. Dans une autre hypothèse, on aperçoit également le préjudice que peut causer aux redevanciers l'abandon de la mine. Supposons qu'en vertu du nouvel article 42 l'acte de concession ait, dès la création de la mine, évalué à une somme déterminée les droits de l'inventeur et des propriétaires ; la renonciation du concessionnaire sera-t-elle admise alors que la redevance fixe n'aura pas été intégralement payée ? Le sera-t-elle surtout dans le cas où le redevancier aurait requis l'inscription de l'hypothèque judiciaire sur la mine, pour la garantie de sa créance ? Il faut, selon nous, résoudre cette difficulté par une distinction. Si le concessionnaire n'est pas en faute et si l'acte de concession lui accordait certains délais pour se rédimer

de la redevance, il pourra, par sa renonciation valablement admise, être exempté de la portion de redevances
non encore exigible. On ne comprendrait pas, en effet, que
la forme de la redevance changeât la nature des droits du
redevancier et l'mitât les pouvoirs du gouvernement relativement à l'anéantissement de la propriété minière. Au
contraire, pour les fractions de redevances exigibles
avant la renonciation, l'ayant-droit peut être considéré
comme un créancier ordinaire de l'exploitant. S'il s'est
fait donner une garantie hypothécaire, il aura le droit de
s'opposer à l'admissibilité de la renonciation.

Quid, si la redevance a été fixée par un accord privé
entre le propriétaire de la surface et le propriétaire de la
mine ? Nous admettrons alors que l'obligation du concessionnaire doit disparaître avec la cause qui l'a produite.
L'indemnité transactionnelle promise au redevancier a été
fixée à forfait, mais pour la durée de l'exploitation seulement. Le concessionnaire ne doit pas être tenu dans l'avenir pour une qualité qu'il a perdue.

Si la mine supprimée est concédée à nouveau, il faut
admettre l'ancien propriétaire à invoquer contre le concessionnaire nouveau le bénéfice de l'article 46 et à lui
réclamer une indemnité à raison des travaux anciens qui
profiteront à la nouvelle exploitation.

Nous avons dit que l'État lui-même peut avoir intérêt
à faire abandon d'une mine retrayée qui a été attribuée
au domaine, par application du paragraphe final de l'article 6 de la loi de 1838. Le représentant du domaine devra
remplir toutes les formalités dont nous venons de parler,
avec cette exception toutefois, qu'il n'aura pas à se pré-

occuper des charges hypothécaires grevant la mine, puisqu'elles ont disparu par l'effet du retrait.

Les décrets qui prononcent la résiliation des concessions,
contiennent d'ordinaire une clause aux termes de laquelle
les droits des propriétaires de la surface, à raison des
dommages causés par les travaux de la mine abandonnée,
demeurent réservés. Cette clause est absolument inutile
et n'ajoute rien à la responsabilité du concessionnaire.
Aussi est-elle vivement critiquée par les auteurs qui n'admettent la responsabilité de l'exploitant que dans le cas
de faute dommageable. Si le décret disposait en outre
que le concessionnaire serait tenu de consigner une somme déterminée, pour garantir le paiement des indemnités éventuelles qui seraient mises à sa charge, cette stipulation nous paraîtrait inutile, car si l'administration a le
droit de prendre des mesures pour la sûreté du sol et des
habitations (Art. 50), elle n'a pas qualité pour garantir
les recours des propriétaires lésés, et il faudrait déclarer
nulles toutes les dispositions du décret qui tendraient à
compléter les articles 10 et 15 de la loi de 1810.

Ces quelques remarques relatives à l'abandon de la
concession montrent combien sont défectueux les termes
de la loi de 1838 (article 6, § 1), qui assimilent le concessionnaire exposé au retrait au propriétaire qui abandonne
la mine. Le retrait n'amène pas la disparition de la concession : il la transmet à l'Etat, franche et quitte de toutes
charges provenant du fait du concessionnaire, avec l'o-
bligation pour l'Etat de la mettre en vente. L'abandon
dûment autorisé entraîne, au contraire, l'anéantissement
de la propriété minière et la réunion du tréfonds à la sur-

face : il ne peut s'effectuer que si la mine est exempte de toutes charges réelles provenant du fait du concessionnaire. Mais tandis que l'abandon fait disparaître les redevances tréfoncières, le retrait les laisse subsister. Enfin, si la mine abandonnée est concédée à nouveau l'ancien propriétaire n'a droit qu'à une indemnité pour ses travaux utiles au nouvel exploitant ; lors, au contraire, que la mine retrayée est mise en vente, le prix d'adjudication est attribué à l'ancien propriétaire.

POSITIONS

THÈSE DE DROIT ROMAIN.

I. — La *cautio damni infecti* est une garantie subsidiaire.

II. — Le possesseur de bonne foi n'a pas droit à la
cautio ; il peut, au contraire, être tenu de la
fournir.

III. — L'acheteur d'un immeuble ne peut demander la
cautio damni infecti que lorsqu'il a pris à sa
charge la garde de la chose vendue.

IV. — L'envoyé en possession *ex primo decreto* peut
réparer l'immeuble dommageable, mais il n'est
pas tenu de le faire.

THÈSE DE DROIT FRANÇAIS.

I. — L'article 15 de la loi du 21 avril 1810 est applicable au concessionnaire aussi bien qu'à l'explorateur d'une mine.

II. — Lorsque les travaux souterrains des mines occasionnent le tarissement d'une source, l'exploitant est responsable des dommages qui en résultent, soit que le tarissement se produise dans
les fonds superposés au périmètre de la concession, soit qu'il se produise dans les fonds voisins.

III. — Le retrait de la concession purge toutes les charges réelles qui grèvent la mine à l'exception de
celles qui sont établies par l'acte originaire de
concession.

IV. — L'abandon de la concession est licite pourvu qu'il
soit approuvé par décret en Conseil d'Etat.

POSITIONS PRISES EN DEHORS DE LA THÈSE

DROIT ROMAIN

I. — Sous la législation de Justinien, le mari est resté
en principe *dominus dotis*.

II. — Dans un contrat de société, lorsque le règlement
des parts dans les bénéfices et dans les pertes
n'a pas été établi par convention, il s'effectue
par portions égales. Lors de la liquidation de la
société, la même solution est applicable au partage des biens sociaux, mais seulement après que
les associés auront prélevé leurs apports, dans
le cas où ce prélèvement a été tacitement convenu au début du contrat.

III. — Lorsqu'un contrat innommé a pris naissance par une dation, le créancier a le choix entre l'*actio præscriptis verbis* et la *condictio ob rem dati*. Il ne peut agir, en principe, par la *condictio ex pœnitentia*.

IV. — Le débiteur répond de sa *culpa levis* lorsqu'il s'est obligé dans son propre intérêt, et cela, sans distinguer si le créancier est lui-même intéressé ou non dans le contrat.

DROIT CIVIL

I. — L'élection du domicile peut résulter d'une volonté tacitement manifestée. Notamment, les sociétés de commerce et d'industrie sont présumées faire élection de domicile dans leurs succursales, à raison des actes qui y sont passés par leurs représentants.

II. — L'article 860 du Code civil n'apporte aucune dérogation à l'article 1351 du même Code.

III. — La présomption de l'article 1499 ne s'étend pas au mobilier échu à la femme depuis le mariage.

IV. — Le tribunal français appelé à donner l'*exequatur* à un jugement rendu par un tribunal étranger peut, dans tous les cas, réviser ce jugement.

DROIT ADMINISTRATIF

I. — D'après la constitution actuelle, toute loi devrait prendre pour date le jour du vote de la dernière assemblée appelée à le voter définitivement.

II. — Les cours d'eau qui ne sont ni navigables, ni flot-
tables, sont des *res nullius* dont l'usage est réglementé par la loi.

DROIT COMMERCIAL

La femme mariée peut être habilitée à faire le commerce
en vertu d'un simple consentement tacite de son
mari. En toute hypothèse, la révocation du consentement marital ne produit d'effets à l'égard
des tiers que lorsqu'elle a été portée à leur connaissance.

DROIT PÉNAL

La suggestion hypnotique peut être comme la démence
une cause d'irresponsabilité.

Vu par le Président de la thèse,
Th. DUCROCQ

Vu par le Doyen,
COLMET DE SANTERRE

Vu et permis d'imprimer,
Le Vice-Recteur de l'Académie de Paris,
GRÉARD

TABLE DES MATIÈRES

DROIT ROMAIN

DROIT FRANÇAIS

Du retrait des concessions de mines.

Henri JOUVE, Imprimeur de la Faculté de médecine, 15, rue Racine, Paris.